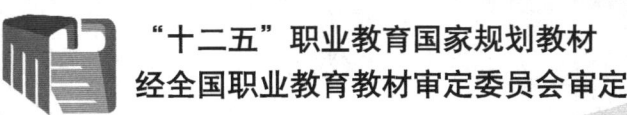

# 企业成本会计

## （第二版）

新世纪高职高专教材编审委员会 组编
总主编 赵丽生 高翠莲
主　编 杜国用 伊　娜 鞠永红
副主编 王　璐 林　萍

大连理工大学出版社

图书在版编目(CIP)数据

企业成本会计 / 杜国用，伊娜，鞠永红主编. --2版. --大连：大连理工大学出版社，2020.2(2024.6重印)
新世纪高职高专财务会计专业课程体系系列规划教材
ISBN 978-7-5685-2474-2

Ⅰ. ①企… Ⅱ. ①杜… ②伊… ③鞠… Ⅲ. ①企业管理－成本会计－高等职业教育－教材 Ⅳ. ①F275.3

中国版本图书馆 CIP 数据核字(2020)第 014464 号

大连理工大学出版社出版
地址：大连市软件园路 80 号　邮政编码：116023
电话：0411-84708842　邮购：0411-84708943　传真：0411-84701466
E-mail:dutp@dutp.cn　URL:https://www.dutp.cn
大连朕鑫印刷物资有限公司印刷　大连理工大学出版社发行

幅面尺寸：185mm×260mm　　印张：15　　字数：365 千字
2014 年 7 月第 1 版　　　　　　　　　　　2020 年 2 月第 2 版
2024 年 6 月第 4 次印刷

责任编辑：王　健　　　　　　　　　　　责任校对：刘俊如
　　　　　　　　　封面设计：张　莹

ISBN 978-7-5685-2474-2　　　　　　　　　定　价：39.80 元

本书如有印装质量问题，请与我社发行部联系更换。

# 前　言

《企业成本会计》（第二版）是"十二五"职业教育国家规划教材，也是新世纪高职高专财务会计专业课程体系系列规划教材之一。财务会计专业课程旨在从整体上确立高职财务会计专业人才的科学培养架构，是高等职业教育改革以来具有重大创新意义的成果。

对于高等职业教育而言，推动课程改革、课堂改造、方法改变是教育教学质量提升的关键。而在教育教学改革中，实施课堂教学改革，实现理实融合、学做一体，课程教材是重要的载体。基于此理念，我们修订了《企业成本会计》教材。

本教材具有以下特色：

**1. 课程的思政性**

本教材将课程思政融入教学实践，落实立德树人的根本任务，潜移默化地实现知识传授与价值引领相统一，把培育和践行社会主义核心价值融入教书育人的全过程。

**2. 内容的新颖性**

教材编写依据《企业产品成本核算制度（试行）》（财会〔2013〕17号）、《增值税会计处理规定》（财会〔2016〕22号财政部）等现行财税准则，体现了教材内容的实时性、新颖性。

**3. 体系的完整性**

在教材中，针对不同的生产费用分配方法，以常用的分配方法为主线，贯穿始终，数据前后勾稽，账户试算平衡，其他分配方法则以"知识链接"形式作为补充。修订后的教材更为注重知识的前后衔接，突出强调知识体系的完整性。与此同时，在每个项目之后设置"问题思考"和"案例阅读"，进一步延伸扩展知识体系。

**4. 知识的应用性**

教材设计的关键是将碎片化的知识内容重新建构成合理的知识体系，搭建完整的成本核算工作整体框架，树立成本核算的全盘账务处理观念，以满足学生胜任不同加工企业成本会计岗位的工作需要，加强理论知识的实践应用性。与此同时，在教材编写过程中，编写团队与哈尔滨市志诚会计代理记账有限公司合作，充分汲取行业企业技术骨干实践经验，有机嵌入职业标准，强化学生职业技能的培养和职业素质的养成。

**5. 课证的融通性**

在每个项目之后,设置"职业能力·职业资格测试",涵盖了会计专业技术资格考试的知识点,注重教材与职业资格考试相结合,实现课证融通。

本教材由黑龙江职业学院杜国用、浙江金融职业学院伊娜、黑龙江职业学院鞠永红任主编,黑龙江职业学院王璐、哈尔滨市志诚会计代理记账有限公司副总经理林萍任副主编。教材具体编写分工如下:杜国用编写项目一、项目二、项目七,伊娜编写项目三,鞠永红编写项目五,王璐编写项目六,林萍编写项目四。全书由杜国用负责总体构架设计、修改、补充和定稿。哈尔滨市志诚会计代理记账有限公司副总经理林萍对本教材实践案例的引用提供了大量素材,并提出了建设性意见。

在编写本教材的过程中,编者参考、引用和改编了国内外出版物中的相关资料以及网络资源,在此表示深深的谢意!相关著作权人看到本教材后,请与出版社联系,出版社将按照相关法律的规定支付稿酬。

本教材是教师教学经验的总结和集体智慧合作的结晶。尽管我们在教材的实用性、适用性等方面做出了许多努力,但由于编者的水平有限,书中难免存在疏漏之处。敬请读者给予批评和指正,以便我们进一步修订和完善。

编　者

2020 年 2 月

所有意见、建议请发往:dutpgz@163.com

欢迎访问教材服务网站:https://www.dutp.cn/sve/

联系电话:0411-84707492　84706671

# 目 录

## 项目一　认知成本会计工作 ································································· 1
  任务一　认知成本的含义 ························································· 1
  任务二　认知成本会计工作的要求、账户设置和程序 ························· 6
  任务三　认知成本核算的方法 ···················································· 13
  项目小结 ············································································· 16
  职业能力·职业资格测试 ························································ 17
  案例阅读 ············································································· 22

## 项目二　品种法核算产品成本 ··························································· 25
  任务一　原材料费用的归集和分配 ·············································· 26
  任务二　人工费用的归集和分配 ·················································· 34
  任务三　其他费用的归集和分配 ·················································· 39
  任务四　辅助生产费用的归集和分配 ············································ 40
  任务五　制造费用的归集和分配 ·················································· 56
  任务六　损失性费用的核算 ························································ 63
  任务七　完工产品成本和在产品成本的核算 ··································· 70
  项目小结 ············································································· 84
  职业能力·职业资格测试 ························································ 85
  案例阅读 ············································································· 106

## 项目三　分批法核算产品成本 ··························································· 109
  任务一　分配加工费用 ····························································· 110
  任务二　一般分批法核算产品成本 ·············································· 111
  任务三　简化分批法核算产品成本 ·············································· 123
  项目小结 ············································································· 133
  职业能力·职业资格测试 ························································ 133
  案例阅读 ············································································· 136

## 项目四　分步法核算产品成本 ··························································· 138
  任务一　逐步结转分步法核算产品成本 ········································ 139
  任务二　平行结转分步法核算产品成本 ········································ 149
  项目小结 ············································································· 154
  职业能力·职业资格测试 ························································ 154
  案例阅读 ············································································· 158

## 项目五　分类法核算产品成本 …… 161
### 任务一　核算联产品成本 …… 162
### 任务二　核算副产品成本 …… 168
### 任务三　核算等级品成本 …… 170
### 项目小结 …… 172
### 职业能力·职业资格测试 …… 173
### 案例阅读 …… 176

## 项目六　作业成本法核算成本 …… 177
### 任务一　认知作业成本法的有关概念和原理 …… 178
### 任务二　核算成本 …… 181
### 项目小结 …… 187
### 职业能力·职业资格测试 …… 187
### 案例阅读 …… 190

## 项目七　编制和分析成本报表 …… 193
### 任务一　编制成本报表 …… 194
### 任务二　分析成本报表 …… 210
### 项目小结 …… 223
### 职业能力·职业资格测试 …… 223
### 案例阅读 …… 229

# 项目一　认知成本会计工作

**教学目标**

知识
- 能阐述支出、费用和成本的联系与区别。
- 能说明成本核算的方法及其适用范围。

技能
- 能准确设置成本核算相关账户。
- 能针对不同类型加工企业选用适当的成本核算方法。

素养
- 具备沟通合作、严谨细致、遵规守则的职业素养。

　　成本核算是对生产费用的发生和产品成本的形成过程所进行的会计核算,是成本管理的基础环节,为成本分析和控制提供信息基础。在从事成本会计工作前,需要明确成本的含义、成本会计工作的要求、成本核算的账户设置、成本核算的程序以及成本核算的方法。

## 任务一　认知成本的含义

### 一、支出的含义和内容

　　支出是指企业为了取得资产、劳务或清偿债务等而发生的资产的流出或负债的减少,也就是企业在生产经营中各项开支和耗费的总称,主要包括资本性支出、收益性支出、营业外支出、利润分配支出、投资性支出和所得税支出等。

**请思考**

　　什么是资本性支出?

### 二、费用的含义和内容

#### (一)费用的含义

　　根据《企业会计准则——基本准则》的规定,费用是指企业在日常活动中发生的、会导致所有者权益减少的、与向所有者分配利润无关的经济利益的总流出。作为支出中的费用必须具备以下特征：

**1. 费用是企业在日常经营活动中所发生的经济利益总流出**

将费用界定为日常活动中所形成的，是为了区分费用与损失，损失是非日常活动中所形成的。在企业生产经营中，导致经济利益流出企业的处置固定资产净损失、因违约支付罚款、因非常原因造成资产毁损等交易或事项属于企业的损失，而不是费用。

另外，费用是相对于收入而言的，两者存在着配比关系；损失与利得是相对应的，但两者之间不存在配比关系。

**2. 费用会导致所有者权益的减少**

费用的发生既可能表现为资产的减少，也可能表现为负债的增加，或者两者兼而有之，其最终会导致所有者权益的减少。

**3. 费用与向所有者分配利润无关**

向所有者分配利润或股利属于企业利润分配的内容，不构成企业的费用。

### (二)费用的内容

**1. 按经济内容分类**

企业的生产经营过程也就是物化劳动（劳动对象、劳动手段）和活劳动的消耗过程，因而费用按经济内容分类，可以划分为劳动对象方面的费用、劳动手段方面的费用和活劳动方面的费用。具体包括以下内容：

外购材料是指为进行生产经营而耗费的从外部购入的原料、主要材料、辅助材料、周转材料、半成品和修理用备件等。

外购燃料是指为进行生产经营而耗费的从外部购入的固体、液体和气体燃料。

外购动力是指为进行生产经营而耗费的从外部购入的各种动力，如电力、热力等。

职工薪酬是指为生产经营而发生的应付给职工的薪酬。

折旧费是指按规定方法计提的固定资产折旧费用。

修理费是指为修理固定资产而发生的修理费用。

利息支出是指为借入款项而发生的利息支出减去利息收入后的净额。

税金是指企业发生的房产税、车船使用税、土地使用税和印花税等。

其他费用是指不属于以上的费用，如差旅费、保险费、办公费和租赁费等。

按照经济内容反映的费用，又称为要素费用。将费用分为若干要素进行分类可以反映企业一定时期内生产经营中发生了哪些费用，数额各是多少，并据以分析企业各个时期各种费用的构成及其变动情况。

**2. 按经济用途分类**

企业所发生的各项费用，按照其经济用途可以划分为生产费用和期间费用。

(1)生产费用

生产费用是指产品生产过程中物化劳动和活劳动消耗的货币表现。生产费用要形成产品实体，计入产品的成本。主要包括直接材料、直接人工和制造费用：

微课：生产费用按经济用途分类

直接材料是指直接用于产品生产并构成产品实体的原料、主要材料、辅助材料和其他直接材料费用等。

直接人工是指直接参加产品生产的生产工人的各种相关职工薪酬。

制造费用是指企业各生产车间为组织和管理生产而发生的各项间接费用。

按照经济用途反映的费用,又称为成本项目。成本项目是对产品成本分类核算的项目,是正确计算产品成本的关键。

## 知 识 链 接

### 直接计入生产费用和间接计入生产费用

生产费用按计入产品成本的方法,分为直接计入生产费用(简称直接费用)和间接计入生产费用(简称间接费用)。

直接计入生产费用是指可以根据有关原始凭证直接计入某种或某批产品成本的费用;间接计入生产费用是指几种或几批产品共同耗用的,不能直接计入某种或某批产品成本,而需按照一定标准分配计入某种或某批产品成本的费用。

**请思考**

直接材料、直接人工是直接计入生产费用吗?

(2)期间费用

期间费用是指为组织和管理生产经营活动而发生的并不形成产品实体而是直接计入当期损益的费用。具体包括销售费用、管理费用和财务费用:

销售费用是指企业在销售商品、提供劳务的过程中所发生的各项费用以及专设销售机构人员的职工薪酬和其他费用等。

管理费用是指企业行政管理部门为组织和管理生产而发生的各项费用。

财务费用是指企业在筹资等财务活动中发生的费用。

企业在生产经营过程中,如果费用是为了生产产品或提供劳务而发生的,则应该将其计入产品成本或劳务成本;如果费用是为了组织企业生产经营管理活动而发生的,则其属于期间费用,不计入产品成本,而应该将其计入当期损益。

## 三、成本的含义和内容

### (一)成本的含义

通常而言,成本是指为了达到特定目的所失去或放弃的资源。这里的"资源"不仅包括作为生产资料和生活资料的自然资源,也包括经过加工的物资资源;"失去"是指资源被消耗;"放弃"是指资源交给其他主体。"特定目的"是指需要对成本进行测量的各种活动,即成本对象(或称成本计算对象)。

对于企业而言,成本是在生产过程中发生的各种耗费或支出,而这种耗费或支出是相对于一定对象而言的,即归属于谁的耗费或支出。企业在生产经营过程中的每一阶段都会发生资金的耗费,将资金耗费对象化到不同的对象上,从而构成各种不同的成本。

综上所述,成本总是针对特定对象而言的,是特定对象的耗费。例如,生产准备阶段购买材料的资金耗费,对象化到材料上,构成材料成本;生产阶段生产产品发生的设备(折旧)、材料、职工薪酬等资金耗费,对象化到生产的产品上,构成产品的生产成本。再例如,企业提供某种劳务发生的资金耗费,对象化到某一劳务(如机修、运输)上,构成劳务成本;为筹集资金发生的资金耗费(如利息支出),构成筹资成本。

成本和费用的重要区别是成本有特定的对象,是对象化的费用,是转嫁到一定产出物的耗费,是针对一定的产出物计算归集的,而费用没有特定对象。换言之,费用强调资源的耗费,而成本则强调资源被"谁"耗费。

成本的含义比较广泛,在本书中主要是指产品的成本。

### (二)产品成本的内容

产品成本,也称产品的生产成本或者产品的制造成本,是指企业为生产一定种类、一定数量的产品所发生的生产费用的总和。

根据马克思的价值学说和成本价格理论,商品价值(W)=物化劳动(C)+活劳动(V)+剩余价值(M),C+V即为产品成本,具体包括以下内容:

(1)C:产品生产过程中消耗的劳动对象转移价值,表现为材料费、燃料费和动力费等;产品生产过程中劳动资料转移价值,表现为机器设备、厂房等固定资产的折旧费。

(2)V:劳动者的社会必要劳动转移的价值,表现为职工薪酬支出。

以上构成了产品理论成本的内容,也就是企业在生产经营过程中所耗费的生产资料转移的价值和劳动者为自己劳动所创造的价值的货币表现,即企业在生产经营中所耗费的资金总和。

正确理解产品成本的含义需要从耗费和补偿两个角度进行考虑。从耗费角度看,产品成本是生产过程中所消耗的物化劳动和活劳动中必要劳动的价值,即C+V部分,这是产品成本最基本的经济内涵;从补偿角度看,产品成本是补偿产品生产中资本消耗的价值尺度,即成本价格,是产品生产中已经耗费又必须在价值或实物上得以补偿的支出。

在成本会计工作中,产品成本一般由"直接材料""直接人工""制造费用"三个成本项目组成。

**请思考**

"要素费用"与"成本项目"有什么区别?

对于成本项目,由于生产的特点、各种费用支出的比重以及成本管理和核算的要求不同,企业可根据具体情况适当增减调整。

企业耗用的燃料和动力较多时,可增设"燃料及动力"成本项目,此时,产品成本由"原材料""燃料及动力""职工薪酬""制造费用"四个成本项目组成。若企业耗用的燃料和动力不多,为了简化核算,不单独设置"燃料及动力"成本项目,可将其中的燃料费用并入"直接材料"成本项目,将其中的动力费用并入"制造费用"成本项目。

另外,废品损失在产品成本中占有一定比例时,可增设"废品损失"成本项目;需要单独核算停工损失,也可专门设置"停工损失"成本项目。

> **请思考**
>
> **下列的三种计算结果是否正确？**
>
> 一个生产自行车的加工企业，2019年3月为生产产品发生下列支出：钢管300 000元，橡胶轮胎50 000元，油漆5 000元，其他配件10 000元，车间用电10 000元，厂部用电5 000元，生产工人工资100 000元，车间管理人员工资50 000元，厂级管理人员工资40 000元，生产设备修理费2 500元，生产设备折旧费10 000元。会计人员对上述支出进行分类，最后计算的结果为：
>
> 结果一：
> 外购材料365 000元，外购动力15 000元，工资190 000元，修理费2 500元，折旧费10 000元。
>
> 结果二：
> 生产费用535 000元，期间费用47 500元。
>
> 结果三：
> 直接材料365 000元，直接人工100 000元，制造费用70 000元。

## 知识链接

### 生产费用与产品成本的联系和区别

两者联系：

生产费用和产品成本反映的内容相同。计入产品成本的生产费用，按照生产费用的核算程序，其要素形态分别转化归属于相应的成本项目。

生产费用是企业在一定时期内生产产品发生的各种耗费，这种耗费的归集和分配即为产品成本。因此，生产费用是产品成本的基础，而产品成本则是对象化的生产费用。

两者区别：

(1) 生产费用的含义表述中不包括期间费用。生产费用和期间费用都是企业生产经营过程中发生的费用，但只有生产费用计入产品成本。

(2) 生产费用反映的是某一时期内发生的费用，而产品成本则反映的是某一时期内某种产品承担的费用。也就是说，生产费用与一定会计期间相联系，产品成本与一定种类、一定数量的产品相联系。

(3) 在一定的会计期间内，一个企业的生产费用总额与其完工产品成本总额不一定相等。在产品不存在未完工的情况下，在一定的会计期间内，一个企业的生产费用总额与其完工的产品成本总额相等。

对于制造企业而言，支出、费用和产品成本之间的关系如图1-1所示。

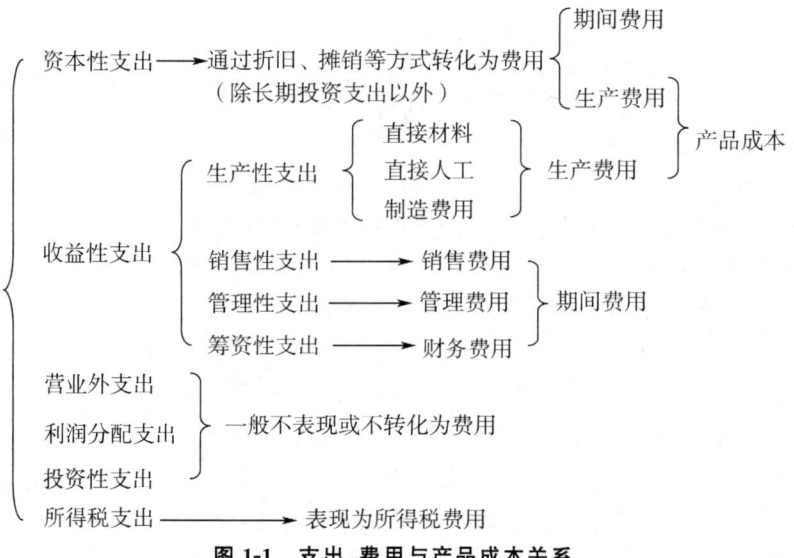

图 1-1 支出、费用与产品成本关系

## 任务二 认知成本会计工作的要求、账户设置和程序

### 一、成本会计工作的要求

成本会计工作,既是对生产经营过程中发生的各种耗费进行归类、反映的过程,也是为了满足企业管理要求进行信息反馈的过程,还是对成本计划的实施进行检验和控制的过程,其应符合以下要求:

#### (一)加强费用的审核和控制

进行成本会计工作,要对各项费用进行事前、事中的审核和控制,其核心是算管结合,算为管用。

#### (二)正确划分各种费用的界限

为了正确计算产品成本,必须正确划分以下五个方面的费用界限:

**1. 正确划分应否计入生产费用、期间费用的界限**

这一划分的重点是"应否计入",即企业发生的各项支出并非都属于费用(生产费用和期间费用),应按照用途的不同,确定哪些属于费用,哪些不属于费用。对于与生产经营无关的营业外支出等,不能计入企业的费用。

**2. 正确划分生产费用与期间费用的界限**

企业发生的各项费用,并不一定都计入产品成本。只有对象化、特定化的生产费用才形成产品成本。而当期的期间费用,与产品成本无直接关系,应直接全额计入当期损益。

**3. 正确划分本期生产费用与非本期生产费用的界限**

正确进行这一划分,是权责发生制的要求。对于应计入产品成本的生产费用,还存在着在本期和下期之间划分的问题。只有应由本期负担的生产费用,才能计入本期的产品成本;

反之,则不应计入。同样,对于应计入本期产品成本的生产费用,也不应递延到下期和以后各期。

**4. 正确划分各种产品成本的界限**

对于本期发生的生产费用,还要分清其归属。凡属于为生产某种产品而单独发生,且能够认定由某种产品负担的生产费用,均应作为直接费用;凡属于为生产几种产品而共同发生的生产费用,应采用适当的分配方法,分配计入该几种产品的成本。

**5. 正确划分完工产品成本与期末在产品成本的界限**

各会计期末,累计发生的生产费用,如果有未完工产品,需要采用适当的方法将生产费用在完工与在产品之间进行分配。

以上五个方面费用界限的划分过程,也就是产品成本计算和期间费用确认的过程。在这一过程中,应贯彻受益原则,即何者受益何者负担费用,何时受益何时负担费用;负担费用的多少应与受益程度的大小成正比。

综上所述,费用界限的划分如图1-2所示。

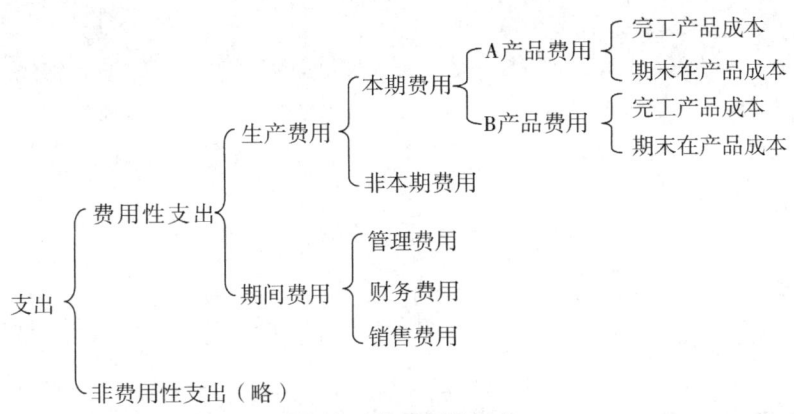

图1-2 费用界限划分

### (三)正确确定财产物资的计价和价值结转方法

不同的财产物资有不同的计价方式,不同的物资消耗也有不同的价值结转方法,其对产品成本的计算和期间费用的确认会产生不同的影响。

### (四)做好各项基础工作

**1. 建立原始记录的管理制度**

原始记录一般包括生产记录、考勤记录、设备利用记录和材料物资收发记录等。原始记录必须真实正确、内容完整、手续齐全、要素完备。

**2. 建立存货的计量、验收、领退和盘点制度**

若成本会计工作以实物计量为基础,则存货的计量、验收、领退和盘点也就至关重要。

**3. 科学制定和修改定额**

定额是指在一定生产技术组织条件下,对人力、财力、物力的消耗及占用所规定的数量标准,主要包括工时定额、产量定额、材料消耗定额、燃料及动力消耗定额等。在成本会计工作中,定额的制定和修改是产品生产发生耗费应该掌握的标准。

**4. 合理制定和修改内部结算价格**

内部结算价格是指企业内部各单位之间相互提供物资进行结算时所使用的价格。做好内部结算价格的制定和修改工作,有利于分清企业内部各单位的经济责任,评价和考核各单位工作业绩。

## 二、成本会计工作的账户设置

为了正确核算产品成本,在成本会计工作中主要设置以下账户:

### (一)"生产成本"账户

在"生产成本"账户下,应设置"基本生产成本"和"辅助生产成本"两个明细账户。企业根据需要,也可以将"生产成本"账户直接分设为"基本生产成本"和"辅助生产成本"两个一级账户。

**1."生产成本——基本生产成本"账户**

"生产成本——基本生产成本"账户是为了归集基本生产车间发生的生产费用并计算产品成本而设置的。该账户按照成本计算对象(产品的品种、类别、批别等)设置明细账,账内按成本项目分设专栏。账户余额在借方,表示尚未完工的在产品成本,即期末在产品成本。基本生产成本明细账格式见表 1-1。

表 1-1　　　　　　　　　　　　基本生产成本明细账

产品:

| 摘要 | 原材料 | 燃料及动力 | 职工薪酬 | 制造费用 | 合计 |
|---|---|---|---|---|---|
| 月初在产品成本 | | | | | |
| 本月生产费用 | | | | | |
| 生产费用合计 | | | | | |
| 本月完工产品成本 | | | | | |
| 月末在产品成本 | | | | | |

注:上述明细账也可按照"直接材料""直接人工""制造费用"等成本项目设置,也可按照"直接材料""燃料和动力""直接人工""制造费用"等成本项目设置。

## 知 识 链 接

### 基本生产车间

基本生产车间就是生产主产品的车间;基本生产成本就是生产主产品所耗费的"料、工、费"的总和,即产品成本。

**2."生产成本——辅助生产成本"账户**

"生产成本——辅助生产成本"账户是为了归集辅助生产车间生产产品(工具、模具等)或提供劳务(修理、运输等)发生的生产费用而设置的。账户按照辅助生产车间和生产的产品、劳务设置明细账,账内按要素费用或成本项目分设专栏。一般情况下,辅助生产车间发生的生产费用在期末要全部转出,"生产成本——辅助生产成本"账户期末无余额。辅助生产成本明细账格式见表1-2。

表1-2　　　　　　　　　　　　辅助生产成本明细账

辅助车间：

| 摘要 | 原材料 | 外购动力 | 职工薪酬 | 折旧费 | …… | 合计 |
|---|---|---|---|---|---|---|
| 原材料费用分配表 | | | | | | |
| 外购动力费用分配表 | | | | | | |
| 职工薪酬分配表 | | | | | | |
| 折旧费用分配表 | | | | | | |
| …… | | | | | | |
| 合　计 | | | | | | |

## 知 识 链 接

### 辅助生产车间

　　在制造企业,除了有基本生产车间生产产品外,一般还可能设有若干辅助生产车间,如机修车间、运输车间等。辅助生产车间可为基本生产车间供应劳务,也可为基本生产车间生产工具、模具等产品。

　　辅助生产车间生产的产品或提供的劳务一般不直接对外销售,主要是为基本生产车间及企业管理部门服务,因此,辅助生产成本最后也要按受益对象分配转入基本生产车间的产品成本、制造费用或期间费用中去。

### (二)"制造费用"账户

　　"制造费用"账户核算生产车间为生产产品和提供劳务而发生的各项间接费用,以及虽然直接用于产品生产但管理上不要求或不便于单独核算的费用。期末,将共同负担的制造费用按照一定的分配标准分配计入各成本对象,除季节性生产外,该账户期末无余额。该账户按车间名称设置明细账,账内按要素费用分设专栏。制造费用明细账格式见表1-3。

表1-3　　　　　　　　　　　　制造费用明细账

车间名称：

| 摘要 | 机物料消耗 | 职工薪酬 | 劳动保护费 | 办公费 | 折旧费 | …… | 合计 |
|---|---|---|---|---|---|---|---|
| | | | | | | | |
| | | | | | | | |
| | | | | | | | |

## 知识链接

### 辅助生产车间"制造费用"账户的设置

(1)辅助生产车间的制造费用通过"制造费用"账户核算

在辅助生产车间的制造费用数额较大的情况下,先通过"制造费用——辅助生产车间"账户单独进行归集,月末再将其结转至相应的"生产成本——辅助生产成本"账户。

在此种情况下,"麻雀虽小,五脏俱全",也就是说,辅助生产车间与基本生产车间地位虽然不同,但其与基本生产车间的账务处理程序相同。

(2)辅助生产车间的制造费用不通过"制造费用"账户核算

在辅助生产车间规模很小、制造费用很少的情况下,为简化核算,辅助生产车间的制造费用可不通过"制造费用——辅助生产车间"账户单独归集,而是直接记入"生产成本——辅助生产成本"账户。

**请思考**

辅助生产车间固定资产计提折旧,是否借记"生产成本"账户?

需要说明的是,为了简化核算,本书中的制造费用仅相对于基本生产车间而言,辅助生产车间不设置"制造费用"账户。

### (三)"废品损失"账户

对于内部成本管理上要求单独反映和控制废品损失的企业,可以专门设置"废品损失"账户。

### (四)"停工损失"账户

对于需要单独核算停工损失的企业,也可专门设置"停工损失"账户。

除上述账户外,为了便于核算期间费用,还应该设置"管理费用""销售费用""财务费用"等账户。

## 三、成本会计工作的程序

成本会计工作的程序就是将生产经营过程发生的各种耗费(即费用),按照经济内容进行归集形成各要素费用,然后将其中的生产性要素费用(即生产费用)按经济用途分配,计入本期各种产品的成本中,最终按照成本项目反映完工产品成本和期末在产品成本。

### (一)确定成本计算对象

成本计算对象是生产费用的归集对象和生产耗费的承担者,确定成本计算对象就是要确定将生产费用向"谁"进行归集和分配。对制造企业而言,可以按产品品种、产品批别和产品生产步骤等来确定成本计算对象。

### (二)确定成本计算期间

产品成本的计算,一般按月进行;也有以产品的生产周期为计算期的。

### (三)审核生产费用

对生产费用进行审核,主要是按照有关的规定,确定各项费用是否应该支付,然后确定支付的费用是计入产品成本还是计入期间费用。

### (四)归集、分配生产费用

生产费用的归集和分配,就是将应计入本期产品成本的生产费用在各种产品之间进行归集和分配。归集和分配时,凡是属于直接费用均应直接计入成本计算对象,间接费用应选择合理的标准分配计入有关的成本计算对象。

**1. 归集、分配原材料费用、外购动力费用、人工费用和其他费用**

对生产中产品所耗用的材料,可以根据领料凭证编制材料费用分配表;发生的人工费用,可根据产量通知单等产量工时记录凭证编制人工费用分配表,等等。凡是能直接计入产品成本的费用,根据各种费用分配表可直接计入"生产成本——基本生产成本""生产成本——辅助生产成本"账户及有关明细账户;不能直接计入产品成本的费用,先进行归集,记入"制造费用"账户及其有关明细账户。

在成本计算中,对于不能直接计入产品成本的费用,其分配计算的方法非常多,分配得是否合理往往决定成本计算正确与否,而做到合理分配的关键是找到适当的分配标准。

例如,××企业生产甲、乙两种产品,共消耗原材料 2 400 元,则 2 400 元原材料费用就应采用合理标准在两种产品之间分配。

如果能获得甲、乙两种产品投产量的相关资料,可以选用"投产量"作为分配标准。假定甲产品投产量 20 件,乙产品投产量 80 件。

则:甲产品应分配的材料费用 = 2 400 ÷ (20 + 80) × 20 = 480(元)

乙产品应分配的材料费用 = 2 400 ÷ (20 + 80) × 80 = 1 920(元)

如果无法获得材料实际消耗的重量,也可以采用"定额消耗量"作为分配标准。假定生产甲产品的材料定额消耗量为 1.5 吨,生产乙产品的材料定额消耗量为 8.5 吨。

则:甲产品应分配的材料费用 = 2 400 ÷ (1.5 + 8.5) × 1.5 = 360(元)

乙产品应分配的材料费用 = 2 400 ÷ (1.5 + 8.5) × 8.5 = 2 040(元)

从上例可以看出,采用不同的分配标准,分配结果大不相同。因此,选择适当的分配标准是合理分配生产费用的关键。

> **请思考**
> 上述两种分配标准哪个正确?

**2. 归集、分配辅助生产费用**

归集"生产成本——辅助生产成本"账户及其明细账户的费用,除对完工入库的自制工具等产品的成本转为存货成本外,应按受益对象和所耗用的劳务数量,编制辅助生产费用分配表,据以登记"生产成本——基本生产成本""制造费用"等账户及其相关明细账户。

**3. 归集、分配基本生产车间制造费用**

各基本生产车间的制造费用归集后,应分别不同车间,在期末编制制造费用分配表,分配至本车间的产品成本中,记入"生产成本——基本生产成本"账户及其明细账户。

经过上述归集和分配,各个基本生产成本明细账归集了本期发生的全部生产费用。

### (五)计算完工产品成本与期末在产品成本

经过以上费用分配,各种产品应负担的生产费用已全部计入有关的基本生产成本明细账中。

如果期末产品全部完工,所归集的生产费用即为完工产品成本。如果期末产品全部未完工,则为期末在产品成本。如果产品在期末既有完工产品又有在产品,应将期初在产品成本与本期生产费用之和,在完工产品和在产品之间进行分配,计算出完工产品成本和期末在产品成本。

对于本期完工验收入库产品的成本,从"生产成本——基本生产成本"账户及其明细账户结转至"库存商品"账户及有关明细账户。

### (六)已销售产品成本的结转

已销售产品成本要从"库存商品"账户及其明细账户结转到"主营业务成本"账户。

**请思考**

成本会计工作的程序和划分各种费用的界限有什么联系?

企业产品成本核算程序如图1-3所示。

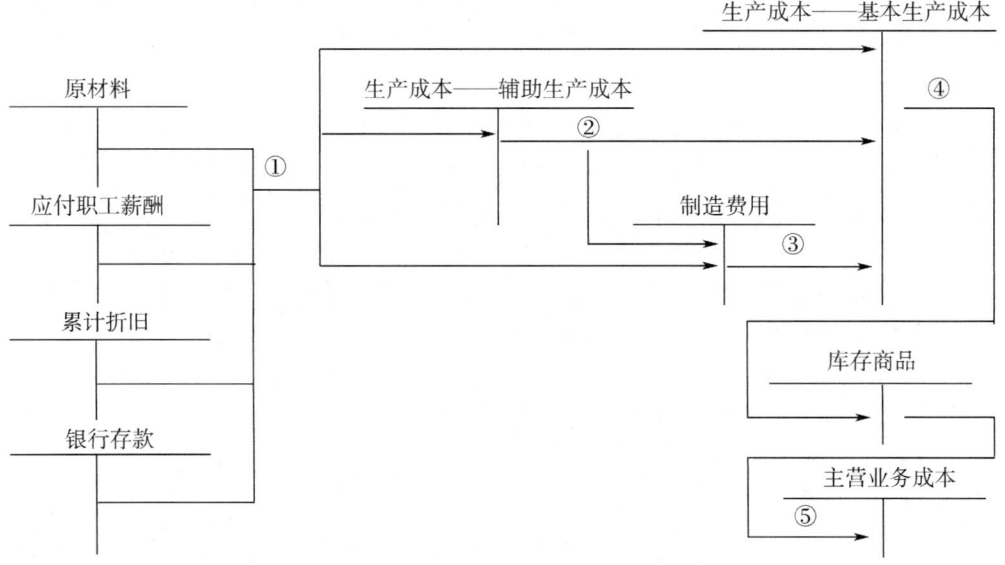

说明:①归集、分配原材料费用、外购动力费用、人工费用和其他费用;
②归集、分配辅助生产成本;
③归集、分配基本生产车间制造费用;
④确定月末在产品成本,计算并结转完工产品成本;
⑤结转已销售产品的生产成本。

图1-3 产品成本核算程序

## 任务三　认知成本核算的方法

### 一、企业的生产类型

制造企业的生产类型有多种分类方式,但从产品成本计算方法的角度来看,其生产类型可从生产工艺过程和生产组织两个角度来进行分类。

#### (一)按生产工艺过程分类

制造企业的生产,按其生产工艺过程,可以分为单步骤生产和多步骤生产两种类型。

**1. 单步骤生产**

单步骤生产也称简单生产,是指生产工艺过程不能间断、不可能或不需要划分为几个生产步骤的生产。生产周期短,工艺较简单。如发电、采掘等的生产。

**2. 多步骤生产**

多步骤生产也称复杂生产,是指生产工艺过程由若干个可以间断的、分散在不同地点、分别在不同时间进行的生产步骤所组成的生产,又可分为连续式多步骤生产和装配式多步骤生产两类。

(1)连续式多步骤生产

连续式多步骤生产是指从原材料投入生产后,依次经过各个生产步骤的加工,直到最后一个加工步骤才能生产出产成品。如纺织、造纸等的生产。

(2)装配式多步骤生产

装配式多步骤生产是指将原材料投入生产后,在各个步骤进行平行加工,生产产成品所需要的各种零部件,最后将各生产步骤生产的零部件组装成产成品。如机械制造等的生产。

#### (二)按生产组织的特点分类

制造企业的生产,按其生产组织的特点,可以分为大量生产、成批生产和单件生产三种类型。

**1. 大量生产**

大量生产是指不断地重复进行品种相同产品的生产。产品品种少、产量较大。如纺织、面粉、化肥等的生产。

**2. 成批生产**

成批生产是指按照事先规定的产品批别和数量进行的生产。产品品种较多、产量较大、生产具有重复性。如服装、汽车的生产。

根据批量的多少,成批生产可以分为大批生产和小批生产。大批生产性质上接近大量生产,产品批量较大,往往重复生产。小批生产性质上接近单件生产,产品批量较小,一批产品一般可同时完工。

**3. 单件生产**

单件生产是根据订货单位的要求,生产个别的、性质特殊的产品的生产。如造船、飞机、新产品试制等。

### (三)生产类型的综合分类

将上述两种方式综合起来进行分类,企业生产类型一般可以分为大量大批单步骤生产、大量大批多步骤生产、单件小批单步骤生产和单件小批多步骤生产四种类型。企业生产类型的综合分类如图1-4所示。

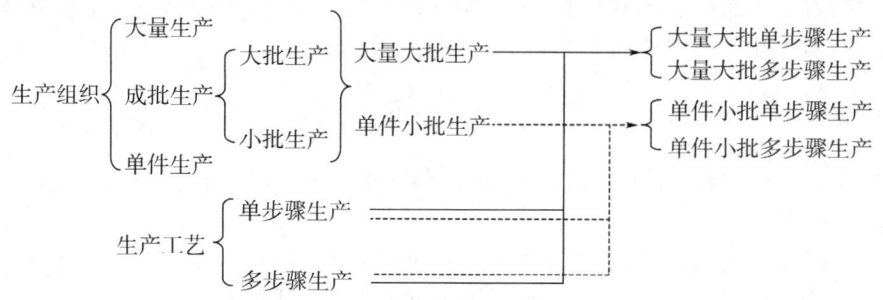

**图1-4 企业生产类型综合分类**

单件小批生产的企业,从生产工艺的特点来看,一般是多步骤生产。

## 二、成本计算方法的种类

为适应各类型生产的特点,成本计算方法主要包括品种法、分批法和分步法。在成本会计工作中,品种法、分批法和分步法又称为产品成本计算的基本方法。

### (一)品种法

品种法是以产品品种为成本计算对象,归集生产费用,计算产品成本的方法。品种法适用于大量大批单步骤生产的企业和管理上不要求分步计算成本的大量大批多步骤生产的企业。

### (二)分批法

分批法是以产品批别或订单为成本计算对象,归集生产费用,计算产品成本的方法。分批法适用于单件小批生产的企业。

### (三)分步法

分步法是以各生产步骤的产品(或半成品)为成本计算对象,归集生产费用,计算产品(或半成品)成本的方法。分步法适用于管理上要求分步计算成本的大量大批多步骤生产的企业。

除上述方法外,还有分类法和定额法两种辅助方法。在产品品种、规格繁多的制造企业,可以采用分类法;在定额管理工作有一定基础的制造企业,为加强生产费用和产品成本的定额管理,还可以采用定额法。

## 三、成本计算方法的选择

成本计算方法的选择,取决于生产类型和成本管理要求两个重要因素。也就是说,只有根据企业生产的特点和成本管理的不同要求,选择不同的成本计算方法,才能正确地计算产品成本。

### (一)生产类型对产品成本计算方法选择的影响

生产类型对产品成本计算方法选择的影响主要表现在成本计算对象、成本计算期、生产费用在完工产品与在产品之间分配三个方面。

**1. 对成本计算对象的影响**

成本计算对象即生产费用的承担者。确定了成本计算对象,也就解决了费用由谁来承担的问题,这是成本计算的前提,也是确定成本计算方法的关键。换言之,成本计算对象是区别各种成本计算方法的主要标志。

(1)对于大量大批单步骤生产的企业,其生产工艺过程不能间断,不能划分为几个步骤,而且不断重复生产一种或少数几种产品,也无法分批。因此,企业以产品的品种作为成本计算对象。

(2)对于大量大批多步骤生产的企业,其生产工艺过程间断,可以划分为若干个生产步骤,如果企业需要考核和控制各个生产步骤发生的生产费用,除了要计算各种产品成本外,还要计算产品各步骤的成本,这样的企业一般是以生产步骤作为成本计算对象。如果企业不考核各生产步骤的成本,就可以产品品种作为成本计算对象。

(3)对于单件小批多步骤生产的企业,其生产是按照订单来确定产品的品种和数量,且一般是在一批产品全部完工时一次交货。这样的企业一般以产品批别作为成本计算对象,归集生产费用,计算产品成本。

**2. 对成本计算期的影响**

对成本计算期的影响,主要考虑成本计算期与生产周期一致还是与会计报告期一致。

(1)在大量大批生产的企业,无论是单步骤生产,还是多步骤生产,定期在月末进行产品成本的计算,即成本计算期与会计报告期一致,与生产周期不一致。

(2)在单件小批生产的企业,一般在每一批次产品全部完工时,计算完工产品成本,因此成本计算期一般根据产品生产周期来确定,与生产周期一致,与会计报告期不一致。

**3. 对生产费用在完工产品与在产品之间分配的影响**

(1)对于大量大批单步骤生产的企业,生产过程不能间断,存在一定的在产品,一般存在将生产费用在完工产品与在产品之间进行分配。

(2)对于大量大批多步骤生产的企业,经常有在产品,一般需要将生产费用在完工产品与在产品之间进行分配。

(3)对于单件小批多步骤生产的企业,成本计算期与生产周期一致,一般不存在生产费用在完工产品与在产品之间进行分配。

### (二)成本管理要求对产品成本计算方法选择的影响

成本管理要求对产品成本计算方法选择的影响,主要表现在成本计算对象的确定方面。

(1)大量大批单步骤生产下,生产工艺过程不能间断,步骤单一,管理上需要掌握各种产品的成本,所以只能以产品品种作为成本计算对象。

(2)大量大批多步骤生产下,生产工艺过程可以划分为若干个步骤,而且每一个步骤都有自制半成品,管理上需要提供各步骤的半成品成本,就应该以生产步骤作为成本计算的对象。如果企业生产规模较小,管理上不要求提供各步骤的半成品成本,那么企业也可以采用品种法计算产品成本。

(3)单件小批多步骤生产下,生产车间按照生产批量或订单组织生产,管理上要求掌握各个批别产品的成本,所以就要以产品批别作为成本计算对象。

成本计算基本方法的特点和适用范围见表1-4。

表1-4　　　　　　　　成本计算基本方法的特点和适用范围

| 计算方法 | 生产类型和管理要求 | | 成本计算对象 | 成本计算期 | 月末是否存在生产费用在完工产品与在产品之间的分配 |
| --- | --- | --- | --- | --- | --- |
| | 生产组织特点 | 生产工艺特点和管理要求 | | | |
| 品种法 | 大量大批生产 | 单步骤生产和管理上不要求分步计算成本的多步骤生产 | 产品品种 | 月 | 一般存在 |
| 分批法 | 单件小批生产 | 多步骤生产管理上要求分批计算成本 | 产品批别 | 生产周期 | 一般不存在 |
| 分步法 | 大量大批生产 | 管理上要求分步计算成本的多步骤生产 | 产品品种及其步骤 | 月 | 一般存在 |

综上可以看出,企业成本计算方法的最终确定主要取决于企业生产类型,同时也需要考虑成本管理要求的影响,二者缺一不可。

## 项目小结

本项目主要内容是认知成本会计工作,包括认知成本的含义,认知成本会计工作的要求、账户设置和程序,认知成本核算的方法。

认知成本会计工作
- 认知成本的含义
  - 支出的含义和内容
  - 费用的含义和内容
  - 成本的含义和内容
- 认知成本会计工作的要求、账户设置和程序
  - 成本会计工作的要求
  - 成本会计工作的账户设置
  - 成本会计工作的程序
- 认知成本核算的方法
  - 企业的生产类型
  - 成本计算方法的种类
  - 成本计算方法的选择

### 问题思考

1. 如何理解支出、费用和成本的含义?
2. 费用和损失有何区别?
3. 费用和成本有何区别?
4. 生产费用和产品成本有何联系? 又有何区别?
5. 生产费用和期间费用有何区别?
6. 成本核算中有哪些基本要求?
7. 如何正确划分各种费用支出的界限?
8. 在成本核算中,所划分的各种费用支出界限是否有内在的逻辑先后顺序?
9. 成本核算中设置哪些主要账户?
10. "生产成本——基本生产成本"账户和"生产成本——辅助生产成本"账户在成本核算中如何登记? 登记中应该注意哪些问题?
11. 企业成本会计的核算按照什么程序进行?
12. 品种法、分批法和分步法各有什么特点? 其适用范围是什么?

### 职业能力·职业资格测试

#### 一、单项选择题

1. 下列支出最终不能形成费用的是（    ）。
   A. 购买无形资产支出            B. 支付广告费支出
   C. 税收罚款支出                D. 固定资产修理支出
2. 下列属于费用的是（    ）。
   A. 自然灾害造成资产毁损        B. 计提固定资产折旧
   C. 分配现金股利                D. 对外捐赠支出
3. 下列不属于要素费用的是（    ）。
   A. 外购材料                    B. 折旧费
   C. 税金                        D. 罚款支出
4. 要素费用中的应付职工薪酬不能记入（    ）账户。
   A. "制造费用"                  B. "销售费用"
   C. "生产成本"                  D. "营业外支出"
5. 要素费用是指费用按（    ）的分类。
   A. 经济用途                    B. 经济内容
   C. 计入产品成本的方式          D. 生产特点
6. 下列属于生产费用的是（    ）。
   A. 支付的借款利息              B. 销售机构支付的广告费
   C. 厂部支付的办公费            D. 生产车间支付给生产工人的津贴
7. 成本是相对于（    ）而言的。
   A. 特定对象                    B. 特定时期
   C. 特定企业                    D. 特定单位

8.产品成本项目由（　　）。
A.企业主管部门统一确定
B.国家统一规定
C.根据财政部发布的规定确定
D.企业根据生产特点自行确定

9.下列各项中不应计入产品成本的是（　　）。
A.车间厂房的折旧费
B.企业行政管理部门固定资产的折旧费
C.车间生产用设备的折旧费
D.车间管理人员的工资

10.下列应计入产品成本的是（　　）。
A.厂部办公楼的修理费
B.在建工程人员的工资
C.基本车间设备的折旧费
D.产品的展览费

11.产品成本是指为生产一定种类、一定数量的产品所发生的各项（　　）。
A.制造费用总和
B.管理费用总和
C.生产费用总和
D.期间费用总和

12.下列各项中属于产品成本项目的是（　　）。
A.制造费用
B.管理费用
C.销售费用
D.利息费用

13.下列不属于制造费用的是（　　）。
A.车间管理人员的职工薪酬
B.车间固定资产的折旧费
C.车间固定资产修理费
D.车间水电费

14.下列不属于期间费用的是（　　）。
A.生产车间设备的折旧费
B.行政管理人员的工资
C.产品销售的促销费
D.短期借款的利息费

15.下列各项中应计入制造费用的是（　　）。
A.银行借款的利息支出
B.银行存款的利息收入
C.产品销售的广告费
D.车间管理人员的工资

16.下列说法中不正确的是（　　）。
A.生产费用的含义表述中不包括期间费用，但包括制造费用
B.生产费用和期间费用都是企业生产经营过程中发生的耗费
C.生产费用和期间费用都应计入产品成本
D.管理费用和财务费用属于期间费用

17."生产成本——基本生产成本"账户根据（　　）设置明细账户。
A.产品品种
B.车间名称
C.车间负责人
D.费用项目

18."生产成本——辅助生产成本"账户根据（　　）设置明细账户。
A.产品步骤
B.辅助车间名称
C.费用项目
D.车间负责人

19.核算期间费用的账户不包括（　　）。
A.管理费用
B.销售费用
C.废品损失
D.财务费用

20. 企业本月生产甲、乙两种产品,共消耗材料8 000元,甲产品产量为3 000件,乙产品产量为2 000件,按照产品产量比例进行分配,甲产品应分配的材料费用为(　　)元。
   A. 4 800	B. 3 200
   C. 3 600	D. 4 400

21. 对于基本生产车间完工验收入库产品的成本应从"生产成本——基本生产成本"账户结转至(　　)账户。
   A. "固定资产"	B. "原材料"
   C. "库存商品"	D. "主营业务成本"

22. 在期末编制基本生产车间的制造费用分配表后,要将制造费用转入本车间的产品成本中,记入(　　)账户。
   A. "固定资产"	B. "生产成本——辅助生产成本"
   C. "制造费用"	D. "生产成本——基本生产成本"

23. 已销售产品的成本应从"库存商品"账户结转到(　　)账户。
   A. "其他业务成本"	B. "主营业务成本"
   C. "营业外支出"	D. "管理费用"

24. 制造企业的生产按其生产工艺过程可以分为(　　)。
   A. 简单生产和单步骤生产	B. 单步骤生产和多步骤生产
   C. 复杂生产和多步骤生产	D. 大批大量生产和单件生产

25. 制造企业的生产按其生产组织的特点可以分为(　　)。
   A. 简单生产和复杂生产	B. 大量生产、成批生产和单件生产
   C. 复杂生产和多步骤生产	D. 大批大量生产和单件生产

26. 多步骤生产按其产品的加工方式,可以分为(　　)式生产和装配式生产两种。
   A. 集中	B. 分散
   C. 连续	D. 分工制作

27. (　　)生产是指不间断地重复进行品种相同产品的生产。
   A. 大量	B. 大批
   C. 成批	D. 重复

28. 成批生产是指按照事先规定的产品(　　)和数量进行的生产。
   A. 批别	B. 类别
   C. 规格	D. 品种

29. 大批生产,由于产品的批量大,往往重复生产,其性质接近于(　　)生产。
   A. 成批	B. 大量
   C. 批量	D. 小量

30. 小批生产,由于产品的批量小,一批产品一般可同时完工,其性质则接近于(　　)生产。
   A. 成批	B. 批量
   C. 小量	D. 单件

31. 区别不同成本计算方法的最主要标志是(　　)。
   A. 生产工艺过程的特点	B. 产品成本计算对象
   C. 产品成本计算期	D. 生产组织的特点

## 二、多项选择题

1. 下列各项目属于费用的有(    )。
   A. 固定资产的盘亏损失          B. 生产人员的职工薪酬
   C. 生产车间机物料消耗          D. 自然灾害引起资产毁损损失

2. 下列属于要素费用的有(    )。
   A. 外购材料                    B. 外购动力
   C. 管理费用                    D. 职工薪酬

3. 要素费用中的外购材料包括(    )。
   A. 原料                        B. 主要材料
   C. 修理用备件                  D. 辅助材料

4. 要素费用中的税金包括(    )。
   A. 房产税                      B. 印花税
   C. 增值税                      D. 土地使用税

5. 生产费用要素中的修理费不应计入产品成本的有(    )。
   A. 生产车间设备的修理费        B. 行政管理办公楼的修理费
   C. 销售机构办公楼的修理费      D. 生产车间厂房的修理费

6. 按照马克思的成本理论,产品成本是产品价值中的(    )部分。
   A. C(物化劳动)                 B. V(活劳动)
   C. M(剩余价值)                 D. C+M(物化劳动+剩余价值)

7. 产品成本是生产过程中耗费的(    )的货币表现。
   A. 物化劳动                    B. 活劳动
   C. 部分活劳动                  D. 部分物化劳动

8. 下列可以作为成本项目的有(    )。
   A. 直接材料                    B. 直接人工
   C. 制造费用                    D. 废品损失

9. 期间费用包括(    )。
   A. 销售费用                    B. 财务费用
   C. 管理费用                    D. 制造费用

10. 下列人员的职工薪酬应由产品成本负担的有(    )。
    A. 生产工人                   B. 行政管理人员
    C. 车间管理人员               D. 销售人员

11. 下列属于产品成本构成项目的有(    )。
    A. 直接材料                   B. 直接人工
    C. 营业外支出                 D. 制造费用

12. 下列各项中,不计入产品成本的有(    )。
    A. 直接材料费用               B. 销售部门人员工资
    C. 车间厂房折旧费             D. 厂部办公楼折旧费

13. 下列说法中正确的有（　　）。
A. 生产费用与一定会计期间相联系，产品成本与某种产品相联系
B. 生产费用反映的是某一种产品生产发生的费用
C. 生产费用的含义表述中不包括期间费用
D. 对企业在一定时期内生产一定种类、一定数量的产品发生各种耗费进行归集、汇总和分配就是产品成本

14. 下列不应计入产品成本的有（　　）。
A. 宣传广告费　　　　　　　　　　B. 利息支出
C. 车间设备修理费　　　　　　　　D. 车间设备折旧费

15. 正确划分各种支出费用的界限，包括（　　）。
A. 正确划分生产费用和期间费用的界限
B. 正确划分本期生产费用和非本期生产费用的界限
C. 正确划分各种产品成本的界限
D. 正确划分完工产品成本和期末在产品成本的界限

16. 定额按其反映的内容不同主要包括（　　）。
A. 工时定额　　　　　　　　　　　B. 产量定额
C. 计划定额　　　　　　　　　　　D. 材料消耗定额

17. 选择适当的产品成本计算方法应考虑（　　）因素。
A. 生产工艺特点　　　　　　　　　B. 生产组织特点
C. 成本管理要求　　　　　　　　　D. 管理层意图

18. "生产成本"账户属于成本类账户，该账户还应该设置（　　）明细账户。
A. "基本生产成本"　　　　　　　　B. "辅助生产成本"
C. "制造费用"　　　　　　　　　　D. "水电费"

19. 成本核算中，设置的主要账户有（　　）。
A. 生产成本——基本生产成本　　　B. 生产成本——辅助生产成本
C. 制造费用　　　　　　　　　　　D. 固定资产

20. "制造费用"账户核算内容包括（　　）。
A. 车间的管理人员职工薪酬　　　　B. 车间办公费
C. 固定资产修理费　　　　　　　　D. 车间水电费

21. 成本核算的程序主要包括（　　）。
A. 确定成本计算对象　　　　　　　B. 确定成本计算期间
C. 归集和分配生产费用　　　　　　D. 计算完工产品成本与月末在产品成本

22. 对制造企业而言，可以按照（　　）来确定成本计算对象。
A. 产品的品种　　　　　　　　　　B. 产品的批别
C. 产品的生产步骤　　　　　　　　D. 产品的生产工时

23. "生产成本——基本生产成本"明细账可按照（　　）设置成本项目。
A. 直接材料　　　　　　　　　　　B. 直接人工
C. 制造费用　　　　　　　　　　　D. 折旧费用

24. "制造费用"明细账可按照（　　）设置费用项目。
A. 职工薪酬　　　　　　　　　　B. 办公费
C. 水电费　　　　　　　　　　　D. 直接材料
25. 下列属于成本计算基本方法的有（　　）。
A. 品种法　　　　　　　　　　　B. 分类法
C. 分批法　　　　　　　　　　　D. 分步法

### 三、判断题

1. 成本的经济实质是生产经营过程中耗费的生产资料转移价值的货币表现。（　）
2. 生产费用和期间费用是生产经营过程中发生的耗费，均计入产品成本。（　）
3. 凡不应计入产品成本的支出，全部作为营业外支出处理。（　）
4. 产品成本是企业为生产产品而发生的各种耗费，包括管理费用。（　）
5. 费用和损失都是日常活动中发生的。（　）
6. 外购动力是费用按经济内容分类的一个要素费用。（　）
7. 成本和费用的重要区别就是成本有特定的对象，费用没有特定的对象。（　）
8. 企业可以根据自己的特点和管理要求，对成本项目进行适当增减。（　）
9. 固定资产折旧费属于生产费用，应全部计入产品成本。（　）
10. 在一定的会计期间内，一个企业的生产费用总额与其完工产品成本总额一定相等。（　）
11. "生产成本——辅助生产成本"账户期末应无余额。（　）
12. "生产成本——基本生产成本"账户应该按成本计算对象设置明细分类账，账内按成本项目分设专栏。（　）
13. "生产成本——辅助生产成本"账户根据产品品种设置明细账户。（　）
14. "制造费用"账户用来核算企业为管理和组织生产经营活动而发生的各项费用。（　）
15. "生产成本——基本生产成本"账户在月末要全部分配转出，因而该账户月末没有余额。（　）
16. 基本生产车间生产产品领用的原材料，应直接计入各成本计算对象的产品成本明细账。（　）
17. "制造费用"账户按车间名称设置明细账，并按成本项目设置专栏。（　）
18. 生产类型对产品成本计算方法选择的影响主要表现在成本计算对象、成本计算期、生产费用在完工产品与在产品之间分配三个方面。（　）
19. 分类法和定额法也属于产品成本计算的基本方法。（　）
20. 品种法和分步法的成本计算期与会计报告期一致。（　）

### 案例阅读

**1. 三鹏公司费用、成本的划分**

三鹏公司为一家生产山地自行车的公司。12月发生如下业务：

(1) 生产耗用原材料 60 000 元；
(2) 生产耗用燃料 3 000 元；

(3)生产耗用水电费1 000元；
(4)结算生产工人工资15 000元；
(5)结算车间管理人员工资5 000元；
(6)结算销售部门人员工资4 000元；
(7)结算企业管理人员工资9 000元；
(8)支付车间办公费1 000元；
(9)支付厂部办公室电话费800元；
(10)支付厂部报纸杂志费600元；
(11)支付生产工人劳保用品费1 400元；
(12)支付车间机器设备修理费300元；
(13)支付购买生产设备的借款利息30 000元；
(14)固定资产报废清理净损失10 000元；
(15)分配利润15 000元。

该公司会计人员将上述费用分类列示如下：
产品成本＝(1)＋(4)＋(5)＋(6)＝84 000（元）
生产费用＝(2)＋(3)＋(8)＋(12)＝5 300（元）
期间费用＝(7)＋(9)＋(10)＋(11)＋(13)＋(14)＝51 800（元）

问题：
根据上述资料分析该公司会计人员对产品成本、生产费用和期间费用的分类是否正确，并说明理由。

**2. 糕点店新增服务**

张兰玥创业经营一家糕点店，现打算增加一项送货上门服务。该决策从经济效益考虑是否可行，取决于增加此项服务后的收入和成本的变动情况。糕点店预计利润表见表1-5。

表1-5　　　　　　　　　　　糕点店预计利润表　　　　　　　　　　　单位：元

| 项目 | 原经营项目金额 | 增加送货上门服务后经营项目金额 | 差异 |
| --- | --- | --- | --- |
| 销售收入 | 41 000.00 | 52 000.00 | 11 000.00 |
| 成本： | | | |
| 原料 | 16 000.00 | 20 800.00 | 4 800.00 |
| 人工 | 6 400.00 | 8 200.00 | 1 800.00 |
| 水电费 | 2 000.00 | 2 400.00 | 400.00 |
| 租金 | 8 000.00 | 8 000.00 | 0.00 |
| 折旧 | 2 000.00 | 2 000.00 | 0.00 |
| 其他 | 1 600.00 | 1 760.00 | 160.00 |
| 成本合计 | 36 000.00 | 43 160.00 | 7 160.00 |
| 营业利润 | 5 000.00 | 8 840.00 | 3 840.00 |

张兰玥请来学会计的刘同霞和杜力红两位同学帮忙出主意。刘同霞认为增加销量，就意味着增加收入，可以增加送货上门服务；杜力红不同意，认为虽然这样会增加收入，但也会

相应增加成本,如果再增加雇员,那就不赚钱了。

问题:

(1)你同意谁的观点?为什么?

(2)刘同霞和杜力红提出的哪些观点是正确的?是否有欠缺?分析其原因。

(3)张兰玥应如何解决此问题?

**3. 三政汽车配件厂成本核算**

三政汽车配件厂主要生产与现代轿车配套的Ⅰ型前驱轴和Ⅱ型前驱轴两种产品。产品通过签订销售合同,直接销售给北京现代汽车股份公司。产品生产经过以下阶段:下料与清洗阶段、初加工与热处理阶段、打磨与精加工阶段、组装阶段、检验阶段。该厂设有一个机修辅助生产车间,负责对全厂机器设备进行维修。

该厂根据产品的生产特点和成本管理的要求,认为成本控制是企业重要任务。在财务管理会议上,财务经理张宏凯认为应设置成本核算中心,同时实行定额管理。会计主管李涛认为没必要成立成本核算中心,采用品种法核算同时辅以定额管理即可。

问题:

(1)该厂设置成本核算中心是否有必要?为什么?

(2)如何评价张宏凯和李涛的观点?该厂成本核算应采取哪种方法?说明原因。

(3)该厂成本核算应设置哪些成本明细账?

# 项目二　品种法核算产品成本

**教学目标**

知识
- 能描述品种法的含义、特点及核算程序。
- 能列举各种生产费用的分配方法。

技能
- 能填制生产费用分配表、产品成本计算单等成本核算单据。
- 能执行按照产品品种核算成本的成本核算制度。

素养
- 具备沟通合作、严谨细致、遵规守则的职业素养。

品种法是以产品品种为成本计算对象，归集生产费用，计算产品成本的一种方法。

在成本会计工作中，品种法核算成本主要包括核算原材料费用、核算人工费用、核算其他费用、核算辅助生产费用、核算制造费用、核算废品损失和停工损失、核算完工产品成本和在产品成本等内容。

微课：品种法的工作原理

## 知识链接

### 运用品种法核算产品成本程序

品种法核算产品成本程序如图2-1所示。
①根据原始凭证和其他相关资料编制各种生产费用分配表；
②根据生产费用分配表登记各种成本费用明细账；
③根据辅助生产成本明细账编制辅助生产费用分配表；
④根据辅助生产费用分配表登记各种成本费用明细账；
⑤根据制造费用明细账编制制造费用分配表；
⑥根据制造费用分配表登记基本生产成本明细账；
⑦根据基本生产成本明细账编制产品成本计算单；
⑧根据产品成本计算单编制完工产品成本汇总表。

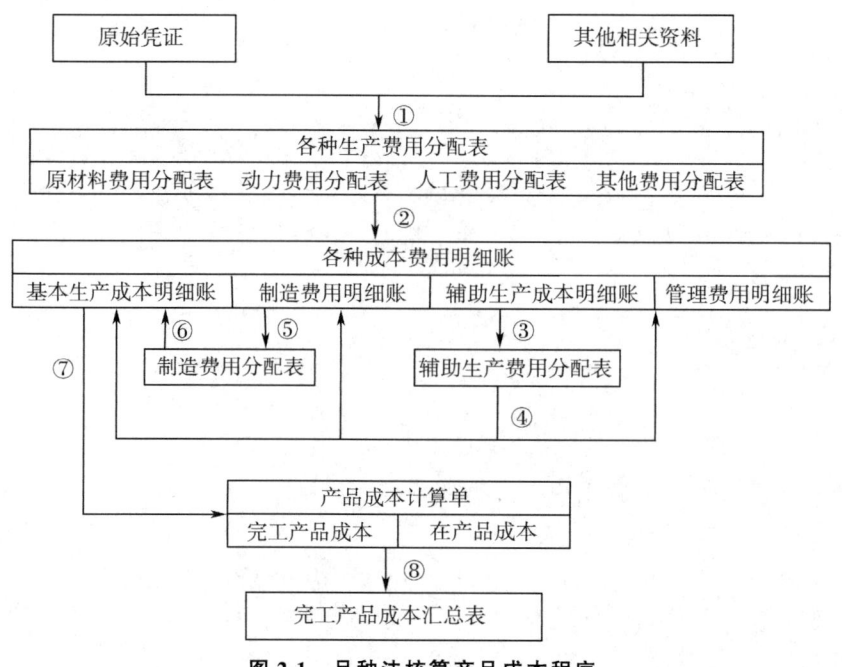

图2-1 品种法核算产品成本程序

## 任务一　原材料费用的归集和分配

原材料是指企业在生产过程中经过加工改变其形态或性质并构成产品实体的各种原料及主要材料、辅助材料、燃料、修理用备件(备品备件)、包装材料、外购半成品(外购件)等。

各种原材料虽然在产品生产过程中所起的作用不同,但是它们价值转移的方式相同。一般来说,原材料费用在企业产品成本中所占的比重较大,原材料费用归集和分配的正确与否对成本核算的准确性影响很大。

### 一、归集原材料费用

原材料费用的归集是指将本期发生的原材料费用采用一定的方法进行汇总,从而计算出本期原材料消耗的实际成本。在成本会计工作中,需要加强原材料费用的日常核算,准确核算原材料收、发、存的成本。其主要内容包括:

#### (一)做好归集原材料费用的基础工作

建立和健全原材料领发的计量制度、原材料领发的凭证制度、原材料的退库和盘点制度,从而为原材料费用的准确归集奠定基础。

#### (二)准确核算原材料收、发、存的成本

在成本会计工作中,核算原材料收、发、存的成本通常有实际成本法和计划成本法。采用计划成本法,可以简化记账工作,且利于企业内部业绩考核,一般来说,其应用比较广泛。企业应根据实际情况选用实际成本法或计划成本法,方法一经确定,不得随意变更。

## 二、分配原材料费用

### (一)分配对象

原材料费用的分配对象主要解决生产中消耗的原材料费用由谁来承担的问题。也就是说,在成本会计工作中,要将消耗的原材料费用按照一定的标准计入各个产品的成本中。

### (二)分配原则

**1. 直接计入原则**

凡属产品直接耗用的原材料费用应直接计入该产品成本,凡不能直接计入产品成本的原材料费用应通过一定的分配方法分配计入各产品成本。

**2. 重要性原则**

在产品成本中原材料费用占有较大比重,应以单独的成本项目"直接材料"或"原材料"列示。

微课:产品成本归集分配和结转的基本原则

### (三)分配方法

在成本会计工作中,构成产品实体并能直接确定归属对象的原材料费用,应直接计入该产品成本明细账的"直接材料"或"原材料"成本项目;对于几种产品共同耗费的间接原材料费用,应选择适当的分配方法,通过编制"原材料费用分配表",间接计入各产品成本明细账的"直接材料"或"原材料"成本项目,分配方法主要有产量比例法、定额耗用量比例法等。

**1. 直接原材料费用的分配**

直接原材料是指能够根据领料凭证直接区分出由某种产品或几种产品分别耗用的原材料。因此,这类原材料费用可以直接根据审核后的领料凭证汇总计算出来,并记入有关成本费用账户。

## 能力训练 2-1

哈尔滨三辅机械制造厂有限责任公司是一家生产电动堆高车和电动托盘车两种产品的加工制造企业,设有一个基本生产车间,下设原料裁剪中心、车体加工中心和电机装配中心,设有机修和供电两个辅助生产车间。

原材料中,主要材料(钢材、密封件、电器元件)日常收发按计划成本核算。周转材料及辅助材料(润滑油)按实际成本核算,周转材料在领用当月一次全额摊销。原材料在生产开始时一次投入。2019年3月电动堆高车和电动托盘车两种产品产量情况见表2-1。

表 2-1　　　　　　　　　　　产品产量表　　　　　　　　　　单位:台

| 产品种类 | 月初在产品 | | 本月投产 | 本月完工 | 月末在产品 | |
| --- | --- | --- | --- | --- | --- | --- |
|  | 数量 | 进度(%) |  |  | 数量 | 进度(%) |
| 电动堆高车 | 30 | 60% | 50 | 70 | 10 | 50% |
| 电动托盘车 | 10 | 40% | 35 | 40 | 5 | 40% |

2019年3月电动堆高车和电动托盘车生产领用原材料(电器元件)见表2-1和表2-2。

表2-2　　　　　　　　　　　领 料 单　　　　　　　　　　No. 1226

2019年3月6日

领料部门：基本生产车间　　　　　　　　　　　　　　　用途：生产电动堆高车

| 类别 | 编号 | 材料名称 | 计量单位 | 数量 | | 计划单价 | 计划总成本 |
| --- | --- | --- | --- | --- | --- | --- | --- |
| | | | | 请领 | 实领 | | |
| 主要材料 | | 电器元件 | 套 | 55 | 55 | 105.00 | 5 775.00 |
| | | | | | | | |
| | | | | | | | |
| | | | | | | | |
| 合计 | | | | 55 | 55 | | 5 775.00 |

第二联　会计部门记账

仓库主管：赵月红　　　　　发料人：李兰丹　　　　　领料人：宋大海

表2-3　　　　　　　　　　　领 料 单　　　　　　　　　　No. 1227

2019年3月6日

领料部门：基本生产车间　　　　　　　　　　　　　　　用途：生产电动托盘车

| 类别 | 编号 | 材料名称 | 计量单位 | 数量 | | 计划单价 | 计划总成本 |
| --- | --- | --- | --- | --- | --- | --- | --- |
| | | | | 请领 | 实领 | | |
| 主要材料 | | 电器元件 | 套 | 40 | 40 | 105.00 | 4 200.00 |
| | | | | | | | |
| | | | | | | | |
| | | | | | | | |
| 合计 | | | | 40 | 40 | | 4 200.00 |

第二联　会计部门记账

仓库主管：赵月红　　　　　发料人：李兰丹　　　　　领料人：宋大海

根据"电器元件领料单"编制会计分录：

借：生产成本——基本生产成本(电动堆高车)　　　5 775.00
　　　　——基本生产成本(电动托盘车)　　　4 200.00
　　贷：原材料——电器元件　　　　　　　　　　　9 975.00

**2. 间接原材料费用的分配**

间接原材料是指由几种产品共同耗用，而不能直接区分应由哪一种产品耗用的原材料。对于基本生产车间生产两种或两种以上的产品共同耗用的间接原材料费用，根据"谁受益，谁承担"的原则，需要采用一定的方法在各种受益的产品之间进行分配，计入各种产品成本。

通常，间接原材料费用的分配方法主要有产量比例法、定额消耗量比例法，并通过编制"原材料费用分配表"来进行计算。

(1)产量比例法

产量比例法是指按照各种产品本月实际投产量的比例来分配间接原材料费用的一种方法。具体计算公式为

$$原材料费用分配率 = \frac{本月应分配的原材料费用}{\sum 各产品投产量}$$

某种产品应分配的原材料费用 = 原材料费用分配率 × 该种产品投产量

## 知识链接

### 投产量和产量的区别与联系

两者区别：

投产量是指生产指令配料的量，即目标量；产量是指实际投入后的产出量，是一批产品生产完工后的统计数。

两者联系：

月初在产品产量 + 本月投产量 = 本月完工产品产量 + 月末在产品产量

> **请思考**
>
> 将原材料费用在各种产品之间分配的过程中，为什么以各产品的投产量而不是产量为分配标准？

## 能力训练 2-2

2019年3月，哈尔滨三辅机械制造厂有限责任公司生产电动堆高车和电动托盘车，领用原材料（密封件），见表2-4。

表 2-4　　　　　　　　领 料 单　　　　　　　　No. 1228

2019 年 3 月 7 日

领料部门：基本生产车间　　　　　　　用途：生产电动堆高车、电动托盘车

| 类别 | 编号 | 材料名称 | 计量单位 | 数量 请领 | 数量 实领 | 计划单价 | 计划总成本 |
|---|---|---|---|---|---|---|---|
| 主要材料 |  | 密封件 | 千克 | 300 | 300 | 107.00 | 32 100.00 |
|  |  |  |  |  |  |  |  |
|  |  |  |  |  |  |  |  |
|  |  |  |  |  |  |  |  |
| 合计 |  |  |  | 300 | 300 |  | 32 100.00 |

第二联　会计部门记账

仓库主管：赵月红　　　　　发料人：李兰丹　　　　　领料人：宋大海

原材料费用分配率 = $\frac{32\ 100.00}{50+35}$ = 377.647 1（元/台）

电动堆高车分配的密封件费用 = 377.647 1 × 50 = 18 882.36（元）

电动托盘车分配的密封件费用 = 32 100 − 18 882.36 = 13 217.64（元）

根据上述计算过程编制密封件原材料费用分配表,见表2-5。

表2-5　　　　　　　　　　　原材料费用分配表　　　　　　　　　　　金额单位:元

2019年3月

| 分配对象 | 产品投产量(台) | 分配率 | 应分配密封件原材料费用 |
| --- | --- | --- | --- |
| 电动堆高车 | 50 | | 18 882.36 |
| 电动托盘车 | 35 | 377.647 1 | 13 217.64 |
| 合计 | 85 | | 32 100.00 |

会计主管:袁晓玲　　　　　　审核:孙正茂　　　　　制单:何明春

根据密封件"领料单"和密封件"原材料费用分配表"编制会计分录:

借:生产成本——基本生产成本(电动堆高车)　18 882.36
　　　　　　——基本生产成本(电动托盘车)　13 217.64
　贷:原材料——密封件　　　　　　　　　　　　　　　　32 100.00

**请思考**

电动托盘车分配的费用按照"377.647 1×35"来计算是否正确?

(2)定额消耗量比例法

定额消耗量是指一定产量下按照单位产品消耗定额计算的原材料消耗数量。原材料定额消耗量用公式表示为

定额消耗量＝产品产量×单位产品定额消耗量

公式中产品产量指的是投产量,不是完工产品产量。

在成本会计工作中,关于原材料的定额有"定额消耗量"和"定额费用"之分,单位产品定额也就对应有"单位产品定额消耗量"和"单位产品定额费用"之分。

定额费用
＝产品产量×单位产品定额费用
＝产品产量×单位产品定额消耗量×原材料计划单价
＝定额消耗量×原材料单价

通过分析单位产品定额消耗量和单位产品定额费用之间的关系,即

单位产品定额费用＝单位产品定额消耗量×原材料计划单价

可以看出,按照定额消耗量比例法分配原材料费用,再结合"原材料计划单价",该分配方法可以演变为定额费用比例法。

## 知 识 链 接

**产品生产工时用定额表示的方法**

关于产品生产工时的定额有定额工时和单位产品定额工时之分,其关系为

定额工时＝产品产量×单位产品定额工时

定额消耗量比例法是指以定额消耗量作为分配标准的一种费用分配方法。如果企业各项原材料消耗定额健全而且制定比较准确,则可以采用该方法分配间接原材料费用。具体计算公式为

$$原材料费用分配率 = \frac{本月应分配的原材料费用}{\sum 各产品定额消耗量}$$

$$某种产品应分配的原材料费用 = 原材料费用分配率 \times 该种产品定额消耗量$$

实际工作中,也可按照定额费用比例法进行分配。具体计算公式为

$$原材料费用分配率 = \frac{本月应分配的原材料费用}{\sum 各产品定额费用}$$

$$某种产品应分配的原材料费用 = 原材料费用分配率 \times 该种产品定额费用$$

## 能力训练 2-3

2019年3月,哈尔滨三辅机械制造厂有限责任公司单位产品原材料消耗定额见表2-6。

表2-6　　　　　　　　　单位产品原材料消耗定额表

| 材料 | 电动堆高车 | | | 电动托盘车 | | |
| --- | --- | --- | --- | --- | --- | --- |
| | 材料计划单价 | 定额消耗量 | 定额费用 | 材料计划单价 | 定额消耗量 | 定额费用 |
| 钢材 | 4 230.00元/吨 | 0.6吨/台 | 2 538.00元/台 | 4 230.00元/吨 | 0.5吨/台 | 2 115.00元/台 |
| 密封件 | 107.00元/千克 | 1.8千克/台 | 192.60元/台 | 107.00元/千克 | 1.5千克/台 | 160.50元/台 |
| 电器元件 | 106.00元/套 | 1套/台 | 106.00元/台 | 106.00元/套 | 1套/台 | 106.00元/台 |

生产电动堆高车和电动托盘车领用原材料(钢材)见表2-7。

表2-7　　　　　　　　　　　领 料 单　　　　　　　　　　No.1229

2019年3月8日

领料部门:基本生产车间　　　　　　　　　用途:生产电动堆高车、电动托盘车

| 类别 | 编号 | 材料名称 | 计量单位 | 数量 | | 计划单价 | 计划总成本 |
| --- | --- | --- | --- | --- | --- | --- | --- |
| | | | | 请领 | 实领 | | |
| 主要材料 | | 钢材 | 吨 | 55 | 55 | 4 230.00 | 232 650.00 |
| | | | | | | | |
| | | | | | | | |
| | | | | | | | |
| 合计 | | | | 55 | 55 | | 232 650.00 |

第二联　会计部门记账

仓库主管:赵月红　　　　　发料人:李兰丹　　　　　领料人:宋大海

$$原材料费用分配率 = \frac{232\ 650.00}{50 \times 2\ 538.00 + 35 \times 2\ 115.00} = 1.1579$$

电动堆高车分配的密封件费用 = 1.1579 × 50 × 2 538 = 146 937.51(元)

电动托盘车分配的密封件费用 = 232 650.00 − 146 937.51 = 85 712.49(元)

根据上述计算过程编制钢材费用分配表,见表2-8。

表2-8  **材料费用分配表**

2019年3月  金额单位:元

| 分配对象 | 产品投产量(台) | 单位产品定额费用 | 定额费用 | 分配率 | 应分配钢材费用 |
|---|---|---|---|---|---|
| 电动堆高车 | 50 | 2 538.00 | 126 900.00 | 1.157 9 | 146 937.51 |
| 电动托盘车 | 35 | 2 115.00 | 74 025.00 | | 85 712.49 |
| 合计 | | | 200 925.00 | | 232 650.00 |

会计主管:袁晓玲　　　　　审核:孙正茂　　　　　制单:何明春

根据钢材"领料单"和"材料费用分配表"编制会计分录:

借:生产成本——基本生产成本(电动堆高车)　146 937.51
　　　　　　——基本生产成本(电动托盘车)　85 712.49
　贷:原材料——钢材　　　　　　　　　　　　232 650.00

## 能力训练2-4

2019年3月,哈尔滨三辅机械制造厂有限责任公司计算发出主要材料分摊的材料成本差异,见表2-9至表2-11。

表2-9  **材料成本差异率计算表**

2019年3月

| 材料名称 | 期初结存 | | 本期入库 | | 差异率 |
|---|---|---|---|---|---|
| | 计划成本 | 成本差异 | 计划成本 | 成本差异 | |
| 钢材 | 21 150.00 | −369.50 | 253 800.00 | −4 799.56 | −1.88% |
| 密封件 | 1 070.00 | −60.23 | 42 800.00 | −2 791.22 | −6.50% |
| 电器元件 | 1 575.00 | −153.17 | 21 000.00 | −2 230.75 | −10.56% |

会计主管:袁晓玲　　　　　审核:孙正茂　　　　　制单:何明春

表2-10  **主要材料发料凭证汇总表**

2019年3月

| 产品名称 \ 材料名称 | 主要材料 | | | 合计 |
|---|---|---|---|---|
| | 钢材 | 密封件 | 电器元件 | |
| 电动堆高车 | 146 937.51 | 18 882.36 | 5 775.00 | 171 594.87 |
| 电动托盘车 | 85 712.49 | 13 217.64 | 4 200.00 | 103 130.13 |
| 合计 | 232 650.00 | 32 100.00 | 9 975.00 | 274 725.00 |

会计主管:袁晓玲　　　　　审核:孙正茂　　　　　制单:何明春

表 2-11　　　　　　　　发出材料分摊材料成本差异计算表

2019 年 3 月

| 材料名称 | 差异率 | 电动堆高车 | | 电动托盘车 | | 分摊差异额合计 |
|---|---|---|---|---|---|---|
| | | 计划成本 | 分摊差异额 | 计划成本 | 分摊差异额 | |
| 钢材 | −1.88% | 146 937.51 | −2 762.43 | 85 712.49 | −1 611.39 | −4 373.82 |
| 密封件 | −6.50% | 18 882.36 | −1 227.35 | 13 217.64 | −859.15 | −2 086.50 |
| 电器元件 | −10.56% | 5 775.00 | −609.84 | 4 200.00 | −443.52 | −1 053.36 |
| 合计 | | 171 594.87 | −4 599.62 | 103 130.13 | −2 914.06 | −7 513.68 |

会计主管：袁晓玲　　　　　审核：孙正茂　　　　　制单：何明春

根据"材料成本差异率计算表""主要材料发料凭证汇总表""发出材料分摊材料成本差异计算表"编制会计分录：

借：生产成本——基本生产成本（电动堆高车）　　4 599.62
　　　　　　——基本生产成本（电动托盘车）　　2 914.06
　　贷：材料成本差异　　　　　　　　　　　　　7 513.68

需要说明的是，原材料费用中的辅助材料费用、燃料费用等与原材料费用分配的方法基本相同。

辅助材料费用直接计入或间接分配计入各产品基本生产成本明细账的"原材料"或"直接材料"成本项目。

燃料费用直接计入或间接分配计入各产品基本生产成本明细账的"原材料"或"直接材料"成本项目，若其占产品成本的比重较大，应单设并计入"燃料及动力"成本项目。对于几种产品共同消耗的燃料费用，一般可按产品耗用燃料的定额消耗量比例进行分配，如果产品所耗燃料费用与所耗生产工时成正比，也可按各产品的生产工时比例进行分配。

辅助材料费用、燃料费用通过编制"辅助材料费用分配表""燃料费用分配表"来进行计算。

# 知 识 链 接

**分配燃料费用：生产工时比例法**

××企业 2019 年 3 月根据燃料耗用汇总表（略）编制燃料费用分配表，见表 2-12（假定燃料费用通过银行存款转账支付）。

表 2-12                     燃料费用分配表

2019 年 3 月                                                        金额单位:元

| 应借账户 | | 直接计入 | 分配计入 | | | 合计 |
|---|---|---|---|---|---|---|
| | | | 生产工时（小时） | 分配率 | 分配金额 | |
| 生产成本——基本生产成本 | 甲产品 | | 500 | | 2 000.00 | 2 000.00 |
| | 乙产品 | 100.00 | 200 | 4.00 | 800.00 | 900.00 |
| | 小计 | 100.00 | 700 | | 2 800.00 | 2 900.00 |
| 生产成本——辅助生产成本 | 运输车间 | 1 000.00 | | | | 1 000.00 |
| 合 计 | | 1 100.00 | | | 2 800.00 | 3 900.00 |

会计主管：              审核：           制单：

根据"燃料费用分配表"编制会计分录：

借：生产成本——基本生产成本（甲产品）　　　2 000.00
　　　　　　——基本生产成本（乙产品）　　　　 900.00
　　　　　　——辅助生产成本（运输车间）　　 1 000.00
　贷：银行存款　　　　　　　　　　　　　　　3 900.00

# 任务二　　人工费用的归集和分配

人工费用是指企业在生产过程中发生的职工薪酬的总和。人工费用一般按照班组、部门（车间）、整个企业逐级汇总填制，班组职工薪酬汇总表、部门（车间）职工薪酬汇总表、企业职工薪酬汇总表是人工费用分配的依据。

## 一、归集人工费用

人工费用主要包括：职工工资、奖金、津贴、补贴；职工福利费；社会保险费（医疗保险费、养老保险费、失业保险费、工伤保险费和生育保险费）；住房公积金；工会经费和职工教育经费；非货币性福利；因解除与职工的劳动关系给予的补偿；其他与获得职工提供的服务相关的支出。

为了正确核算人工费用，企业应做好人工费用归集、汇总的原始记录。原始记录主要包括：

### （一）考勤记录

考勤记录是反映企业职工出勤和缺勤的记录，是归集、汇总人工费用的重要依据。考勤记录的形式有考勤簿和考勤卡两种。

**1. 考勤簿**

考勤簿是按部门或车间设置的，根据各部门或车间人员逐日登记，月末对个人出勤情况进行归类和汇总。

### 2. 考勤卡

采用考勤卡形式时,月末由考勤人员负责汇总,统计出每个职工全月的出勤情况,由部门或车间负责人员签章,连同有关证明文件报送部门或车间核算人员和财会部门。

## (二)产量和工时记录

产量和工时记录是登记每个生产工人或每个生产班组在出勤日内完成产品数量、质量和所耗费工时的原始记录。

产量和工时记录在不同行业、不同企业的车间或班组,由于生产工艺特点和成本管理要求不同,其具体格式、登记程序也不尽相同,一般有工作通知单、工序进程单和工作班组产量记录单以及其他凭证等。

### 1. 工作通知单

工作通知单是对每个生产工人或每个生产班组按照每项工作或每道工序签发的,用以分配生产任务,并记录其产量和工时的一种原始凭证。生产调度部门根据生产计划的安排签发并通知工人照单进行工作。工作完成后,同产品一并交付检验人员验收,签证后作为计算工资的依据。

### 2. 工序进程单和工作班组产量记录单

工序进程单和工作班组产量记录单在成本会计工作中一般是结合在一起使用的。工序进程单是按照投入生产的每一批加工对象的整个生产工艺流程签发的,用以记录每道工序的产量、实际工时以及各工序间加工对象交接数量的一种原始记录。

工作班组产量记录单是按生产班组设置的,反映一个班组在一定时期内完成的产品数量和所耗工时数量的原始记录。

## (三)其他凭证

人工费用的归集除了考勤记录、产量和工时记录外,还需要填制一些其他凭证,例如扣款通知单等。这些原始记录在月末结算工资前要送交财会部门,以便在工资结算时考虑在内。

## 二、分配人工费用

人工费用通常是按照各产品的实际生产工时比例进行分配的。按照产品实际生产工时比例分配人工费用,能将产品所分配的人工费用与劳动生产率联系起来,但取得实际工时统计数据的工作量比较大。因此,对于定额制度比较健全、各产品的单位定额工时比较准确的企业,可以按照产品的定额工时比例分配人工费用。

### 能力训练 2-5

哈尔滨三辅机械制造厂有限责任公司单位产品定额工时见表2-13。

表2-13　　　　　　　　　单位产品定额工时表

| 产品名称 | 单位产品定额工时 |
| --- | --- |
| 电动堆高车 | 50 小时 |
| 电动托盘车 | 30 小时 |

2019年3月,结算与汇总人工费用,见表2-14至表2-16。

表2-14　　　　　　　　　班组应付职工薪酬汇总表
2019年3月

单位:基本生产车间——原料裁剪中心　　　　　　　　　　　　　　　　单位:元

| 序号 | 姓名 | 基本工资 | 岗位津贴 | 奖金 | 房补 | 中班津贴 | 夜班津贴 | 加班津贴 | 病假扣款 | 事假扣款 | 应扣奖金 | 应付工资 |
|---|---|---|---|---|---|---|---|---|---|---|---|---|
| 1 | 李海 | 1 300.00 | 540.00 | 350.00 | 219.00 | 60.00 | 50.00 | 40.00 | | | | 2 559.00 |
| 2 | 赵红开 | 1 500.00 | 540.00 | 250.00 | 229.00 | 50.00 | 50.00 | | | | | 2 619.00 |
| 3 | 齐天 | 640.00 | 540.00 | 100.00 | 128.00 | 40.00 | 50.00 | | | 60.96 | 20.00 | 1 417.04 |
| 4 | 郭向民 | 700.00 | 540.00 | 50.00 | 129.00 | 50.00 | 50.00 | | | | | 1 519.00 |
| 5 | 孙亮 | 500.00 | 490.00 | 100.00 | 109.00 | | 50.00 | | 29.76 | | 100.00 | 1 169.24 |
| 6 | 张德凯 | 400.00 | 540.00 | | 99.00 | 50.00 | 50.00 | | | | | 1 189.00 |
| 7 | 李家军 | 400.00 | 540.00 | | 99.00 | 50.00 | 50.00 | | | | | 1 189.00 |
| 合计 | | 5 440.00 | 3 730.00 | 950.00 | 1 012.00 | 350.00 | 350.00 | 40.00 | 29.76 | 60.96 | 120.00 | 11 661.28 |

会计主管:袁晓玲　　　　审核:孙正茂　　　　制单:何明春

注:基本生产车间——车体加工中心、基本生产车间——电机装配中心两个班组职工的应付职工薪酬汇总表略。

表2-15　　　　　　　　　车间应付职工薪酬汇总表
2019年3月

单位:基本生产车间　　　　　　　　　　　　　　　　　　　　　　　　单位:元

| 部门 | 人员 | 基本工资 | 岗位津贴 | 奖金 | 房补 | 中班津贴 | 夜班津贴 | 加班津贴 | 病假扣款 | 事假扣款 | 应扣奖金 | 应付工资 |
|---|---|---|---|---|---|---|---|---|---|---|---|---|
| 基本生产车间 | 生产工人 | | | | | | | | | | | |
| | 原料裁剪中心人员 | 5 440.00 | 3 730.00 | 950.00 | 1 012.00 | 350.00 | 350.00 | 40.00 | 29.76 | 60.96 | 120.00 | 11 661.28 |
| | 车体加工中心人员 | 3 720.00 | 3 780.00 | 650.00 | 815.00 | 60.00 | 100.00 | 120.00 | 35.00 | 28.00 | 50.00 | 9 132.00 |
| | 电机装配中心人员 | 2 850.00 | 2 700.00 | 450.00 | 600.00 | 100.00 | 80.00 | 100.00 | 26.00 | | 20.00 | 6 834.00 |
| | 小计 | 12 010.00 | 10 210.00 | 2 050.00 | 2 427.00 | 510.00 | 530.00 | 260.00 | 90.76 | 88.96 | 190.00 | 27 627.28 |
| | 管理人员 | 1 500.00 | 2 700.00 | 300.00 | 450.00 | | | | 9.00 | 20.00 | 20.00 | 4 901.00 |
| 合计 | | 13 510.00 | 12 910.00 | 2 350.00 | 2 877.00 | 510.00 | 530.00 | 260.00 | 99.76 | 108.96 | 210.00 | 32 528.28 |

会计主管:袁晓玲　　　　审核:孙正茂　　　　制单:何明春

表 2-16　　　　　　　　　　　　**公司应付职工薪酬汇总表**

2019 年 3 月

单位：哈尔滨三辅机械制造厂有限责任公司　　　　　　　　　　　　　　　　　单位：元

| 部门 | 人员 | 基本工资 | 岗位津贴 | 奖金 | 房补 | 中班津贴 | 夜班津贴 | 加班津贴 | 病假扣款 | 事假扣款 | 应扣奖金 | 应付工资 |
|---|---|---|---|---|---|---|---|---|---|---|---|---|
| 基本车间 | 生产工人 | 12 010.00 | 10 210.00 | 2 050.00 | 2 427.00 | 510.00 | 530.00 | 260.00 | 90.76 | 88.96 | 190.00 | 27 627.28 |
| | 管理人员 | 1 500.00 | 2 700.00 | 300.00 | 450.00 | | | | 9.00 | 20.00 | 20.00 | 4 901.00 |
| 机修车间 | 生产工人 | 8 500.00 | 6 300.00 | 1 500.00 | 1 630.00 | 246.00 | | 122.00 | | | | 18 298.00 |
| | 管理人员 | 1 800.00 | 1 620.00 | 400.00 | 382.00 | | | | 15.00 | | 10.00 | 4 177.00 |
| 供电车间 | 生产工人 | 10 000.00 | 8 100.00 | 2 000.00 | 2 010.00 | | 332.00 | | 136.00 | 78.00 | 450.00 | 21 778.00 |
| | 管理人员 | 1 800.00 | 1 620.00 | 350.00 | 377.00 | | | | | | | 4 147.00 |
| 销售机构 | | 8 500.00 | 5 400.00 | 3 500.00 | 1 740.00 | | | | | | | 19 140.00 |
| 管理部门 | | 37 500.00 | 30 240.00 | 4 500.00 | 7 224.00 | | | | 35.00 | 266.00 | 950.00 | 78 213.00 |
| 合计 | | 81 610.00 | 66 190.00 | 14 600.00 | 16 240.00 | 756.00 | 862.00 | 382.00 | 285.76 | 452.96 | 1 620.00 | 178 281.28 |

会计主管：袁晓玲　　　　　　　审核：孙正茂　　　　　　　制单：何明春

$$人工费用分配率 = \frac{27\,627.28}{50 \times 50 + 35 \times 30} = 7.78(元/小时)$$

电动堆高车分配的人工费用 = 50×50×7.78 = 19 450.00(元)

电动托盘车分配的人工费用 = 27 627.28 − 19 450.00 = 8 177.28(元)

根据上述计算过程编制人工费用分配表，见表 2-17。

表 2-17　　　　　　　　　　　　**人工费用分配表**

2019 年 3 月　　　　　　　　　　　　　　　　　　　　　　　　　金额单位：元

| 部门 | 人员 | 分配对象 | 定额工时(小时) | 分配率 | 分配金额(元) |
|---|---|---|---|---|---|
| 基本生产车间 | 生产工人 | 电动堆高车 | 2 500 | 7.78 | 19 450.00 |
| | | 电动托盘车 | 1 050 | | 8 177.28 |
| | | 小计 | 3 550 | | 27 627.28 |
| | 管理人员 | | | | 4 901.00 |
| 机修车间 | 生产工人 | | | | 18 298.00 |
| | 管理人员 | | | | 4 177.00 |
| 供电车间 | 生产工人 | | | | 21 778.00 |
| | 管理人员 | | | | 4 147.00 |
| 销售机构 | | | | | 19 140.00 |
| 管理部门 | | | | | 78 213.00 |
| 合计 | | | | | 178 281.28 |

会计主管：袁晓玲　　　　　　　审核：孙正茂　　　　　　　制单：何明春

根据"班组应付职工薪酬汇总表""车间应付职工薪酬汇总表""公司应付职工薪酬汇总表""人工费用分配表"编制会计分录:

借:生产成本——基本生产成本(电动堆高车)　　　　19 450.00
　　　　——基本生产成本(电动托盘车)　　　　8 177.28
　　制造费用——基本生产车间　　　　4 901.00
　　生产成本——辅助生产成本(机修车间)　　　　22 475.00
　　生产成本——辅助生产成本(供电车间)　　　　25 925.00
　　销售费用　　　　19 140.00
　　管理费用　　　　78 213.00
　　贷:应付职工薪酬——工资　　　　178 281.28

## 能力训练 2-6

2019年3月哈尔滨三辅机械制造厂有限责任公司计提医疗保险、工伤保险、生育保险、工会经费和职工教育经费等其他职工薪酬,见表2-18。

表 2-18　　　　　　　其他职工薪酬计提表
2019年3月

单位:哈尔滨三辅机械制造厂有限责任公司　　　　　　　　　　　　　　　　单位:元

| 分配对象 | | 医疗保险 | 工伤保险 | 生育保险 | 住房公积金 | 工会经费 | 职工教育经费 | 总计 |
|---|---|---|---|---|---|---|---|---|
| 基本生产车间 | 生产工人 电动堆高车 | 4 084.50 | 1 750.50 | 155.60 | 1 945.00 | 389.00 | 486.25 | 8 810.85 |
| | 生产工人 电动托盘车 | 1 717.23 | 735.96 | 65.42 | 817.73 | 163.55 | 204.43 | 3 704.32 |
| | 小计 | 5 801.73 | 2 486.46 | 221.02 | 2 762.73 | 552.55 | 690.68 | 12 515.17 |
| | 管理人员 | 1 029.21 | 441.09 | 39.21 | 490.10 | 98.02 | 122.53 | 2 220.16 |
| 机修车间 | 生产工人 | 3 842.58 | 1 646.82 | 146.38 | 1 829.80 | 365.96 | 457.45 | 8 288.99 |
| | 管理人员 | 877.17 | 375.93 | 33.42 | 417.70 | 83.54 | 104.43 | 1 892.19 |
| 供电车间 | 生产工人 | 4 573.38 | 1 960.02 | 174.22 | 2 177.80 | 435.56 | 544.45 | 9 865.43 |
| | 管理人员 | 870.87 | 373.23 | 33.18 | 414.70 | 82.94 | 103.68 | 1 878.60 |
| 销售机构 | | 4 019.40 | 1 722.60 | 153.12 | 1 914.00 | 382.80 | 478.50 | 8 670.42 |
| 管理部门 | | 16 424.73 | 7 039.17 | 625.70 | 7 821.30 | 1 564.26 | 1 955.33 | 35 430.49 |
| 合计 | | 37 439.07 | 16 045.32 | 1 426.25 | 17 828.13 | 3 565.63 | 4 457.05 | 80 761.45 |

会计主管:袁晓玲　　　审核:孙正茂　　　制单:何明春

根据"其他职工薪酬计提表"编制会计分录:

借:生产成本——基本生产成本(电动堆高车)　　　　8 810.85
　　　　——基本生产成本(电动托盘车)　　　　3 704.32
　　制造费用——基本生产车间　　　　2 220.16
　　生产成本——辅助生产成本(机修车间)　　　　10 181.18
　　生产成本——辅助生产成本(供电车间)　　　　11 744.03

|  |  |
|---|---|
| 销售费用 | 8 670.42 |
| 管理费用 | 35 430.49 |
| 贷：应付职工薪酬——社会保险费 | 54 910.64 |
| ——住房公积金 | 17 828.13 |
| ——工会经费 | 3 565.63 |
| ——职工教育经费 | 4 457.05 |

## 任务三　其他费用的归集和分配

其他费用是指除原材料费用、外购动力费用、人工费用以外的在生产经营过程发生的其他各种费用，主要包括折旧费、利息费、保险费、办公费、差旅费、劳动保护费、业务招待费和租赁费等。

### 一、归集其他费用

正确归集其他费用，一是费用划分要正确，即正确划分生产费用和期间费用的界限，如果费用划分错误，应列为期间费用，误归入产品成本，则成本计算不可能正确；二是费用归集汇总要按照一定的程序进行，否则就会发生费用的漏记或重记等情况。

例如，要做好折旧费用的归集，除了选择适当的折旧方法外，还必须做好以下几方面工作：

（1）正确确定应计提折旧固定资产的范围和价值。在企业里有多种多样的固定资产，但并非所有固定资产都要计提折旧。正确确定应计提折旧固定资产的范围及其价值，是正确计算折旧费用的前提。

（2）合理估计固定资产使用年限、净残值和清理费用。固定资产使用年限、净残值和清理费用这三项因素的合理确定对于正确计算折旧都是重要的前提条件。

（3）采用适合的折旧率计算折旧。企业固定资产计提折旧，可以用个别折旧率、分类折旧率和综合折旧率对固定资产计提折旧。但在成本核算的工作中，必须从实际出发，合理选择方法，准确计算产品的成本费用。

（4）按车间、部门归集折旧费用。企业的各个车间生产的零部件或产品不同，各部门服务的对象和职责不同，其配备的机器设备等也是不相同的，折旧费用必须按车间、部门进行归集，以便分别计算车间、部门有关产品成本费用。

### 二、分配其他费用

其他费用项目繁杂，但金额一般较小，有的构成产品成本组成部分，有的则直接计入当期的期间费用。这些费用在发生时，根据有关的原始凭证，按照费用发生的地点和用途进行分类，分别记入"制造费用""管理费用""销售费用"等账户。

### 能力训练 2-7

2019年3月哈尔滨三辅机械制造厂有限责任公司报销出差人员差旅费，见表2-19和表2-20。

表2-19　　　　　　　　　　　　差旅费报销单

2019年3月11日　　　　　　　　　　　　　　　　　部门：销售科

| 姓名 | | | 周恒开 | | | 出差事由 | | 长春出差 | | | | |
|---|---|---|---|---|---|---|---|---|---|---|---|---|
| 出发地 | | | 到达地 | | | 公出补助 | | 车船飞机票 | 宿费 | 市内车费 | 其他 | 合计 |
| 月 | 日 | 时 | 地点 | 月 | 日 | 时 | 地点 | 天数 | 标准 | 金额 | | | | | |

| 月 | 日 | 地点 | 月 | 日 | 地点 | 天数 | 标准 | 金额 | 车船飞机票 | 宿费 | 市内车费 | 其他 | 合计 |
|---|---|---|---|---|---|---|---|---|---|---|---|---|---|
| 3 | 6 | 哈尔滨 | 3 | 6 | 长春 | 5 | 80.00 | 400.00 | 190.00 | 1 040.00 | 150.00 | 200.00 | 1 980.00 |
| 3 | 10 | 长春 | 3 | 10 | 哈尔滨 | | | | 190.00 | | | | 190.00 |
| | | | | | 合计 | | | 400.00 | 380.00 | 1 040.00 | 150.00 | 200.00 | 2 170.00 |

附单据6张

合计人民币（大写）：贰仟壹佰柒拾元整　　　　　　　　¥ 2 170.00

备注

单位负责人：卫电生　　会计主管：袁晓玲　　审核：孙正茂　　公出人：周恒开

注：差旅费报销单所附单据略。

表2-20

## 交款单

2019年3月11日　　　　　　　　　　　　No：000366

交款单位名称
（或姓名）　　周恒开　　　　　　　　　　收款方式　现金

人民币（大写）捌佰叁拾元整　　　　　　　　¥830.00

收款事由　返还预借差旅费余款

单位盖章　财务主管：袁晓玲　记账：何露春　审核：孙正茂　出纳：哈宏丽　经手：周恒开

第二联交财务处

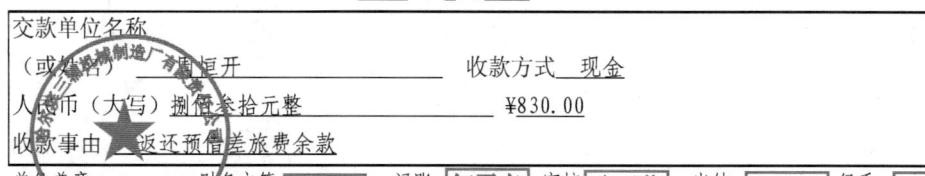

根据"差旅费报销单"和"交款单"编制会计分录：
　　借：销售费用——差旅费　　　　　　　　　　　2 170.00
　　　　库存现金　　　　　　　　　　　　　　　　　830.00
　　　贷：其他应收款——周恒开　　　　　　　　　　　　　3 000.00

## 任务四　辅助生产费用的归集和分配

对于加工制造企业而言，基本生产车间是生产加工主要产品的车间，而辅助生产车间（也称辅助生产单位或辅助生产部门）是为基本生产和经营管理生产产品或提供劳务的部门。辅助生产车间是保障企业主要产品生产和维护生产经营正常进行必不可少的部门。

### 一、归集辅助生产费用

辅助生产车间为生产产品或提供劳务而发生的原材料费用、动力费用、人工费用等，也就是辅助生产车间在生产产品或提供劳务的过程中发生的各项耗费，称为辅助生产费用。

辅助生产费用的归集是指根据各项费用分配表将各项费用记入辅助生产成本明细账，从而计算出辅助生产车间发生的费用总额。辅助生产费用按照辅助生产车间以及一定种类、一定数量的产品或劳务归集的过程，也是辅助生产车间产品和劳务成本的计算过程。

辅助生产费用归集通过"生产成本——辅助生产成本"账户进行。通常，根据辅助生产费用中制造费用的归集程序不同，辅助生产费用的归集相应有两种不同的归集方式。

## （一）辅助生产车间的制造费用通过"制造费用"账户归集

在辅助生产车间对外提供产品、劳务，且辅助生产车间的制造费用数额较大的情况下，辅助生产车间的制造费用应先通过"制造费用——辅助生产车间"账户单独进行归集，月末再将其结转至相应的"生产成本——辅助生产成本"账户，从而计算辅助生产车间的产品或劳务的成本。其归集程序如图2-2所示。

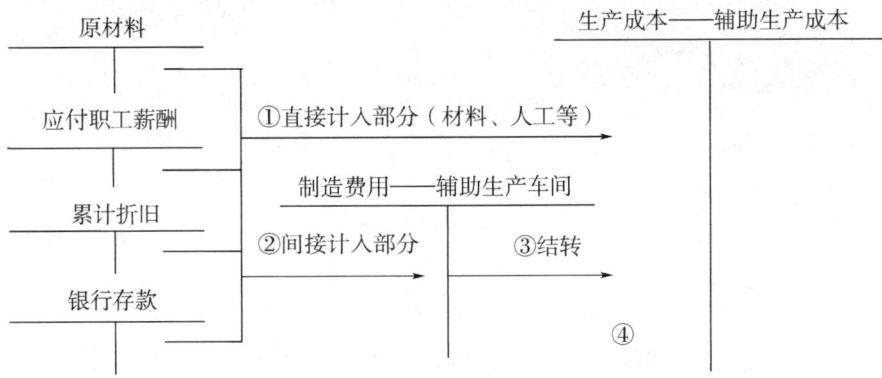

说明：
①根据各项费用分配表，将直接计入部分登记辅助生产成本明细账；
②根据各项费用分配表，将间接计入部分登记制造费用明细账；
③期末将辅助生产车间的制造费用转入辅助生产成本明细账；
④计算辅助生产车间的产品或劳务的成本。

图2-2 辅助生产车间的制造费用通过"制造费用"账户归集程序

在此程序下，制造费用按基本生产车间和辅助生产车间设置明细账进行核算。

## （二）辅助生产车间的制造费用不通过"制造费用"账户归集

在辅助生产车间不对外提供产品、劳务，且辅助生产车间规模很小、制造费用很少的情况下，为简化核算，辅助生产车间的制造费用不通过"制造费用——辅助生产车间"账户单独归集，而是直接记入"生产成本——辅助生产成本"账户。其归集程序如图2-3所示。

在此程序下，制造费用仅按基本生产车间设置明细账进行核算。

前已述及，本书中，辅助生产车间不设置"制造费用"账户，其所发生的制造费用直接记入"生产成本——辅助生产成本"账户。

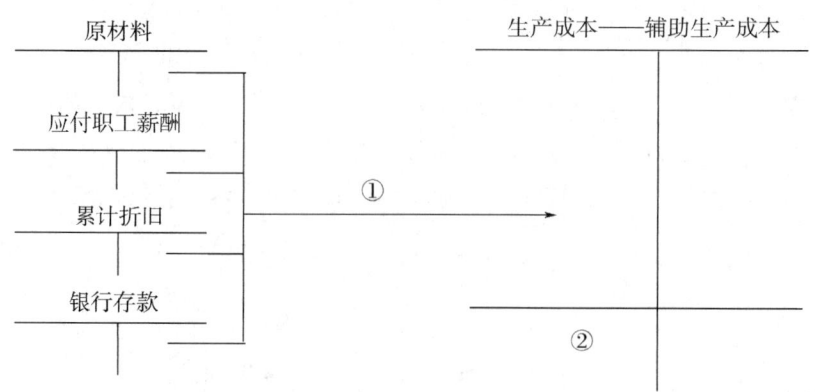

说明：
①根据各项费用分配表，将生产费用记入辅助生产成本明细账；
②计算辅助生产车间的产品或劳务的成本。

图 2-3 辅助生产车间的制造费用不通过"制造费用"账户归集程序

## 能力训练 2-8

2019 年 3 月哈尔滨三辅机械制造厂有限责任公司供电车间和机修车间领用辅助材料（润滑油），见表 2-21。

表 2-21　　　　　　　　　　　　　领 料 单　　　　　　　　　　　　　No. 1230

用途：一般消耗　　　　　　　　　2019 年 3 月 12 日

| 类别 | 领用部门 | 材料名称 | 计量单位 | 请领数量 | 实领数量 | 实际单价 | 实际成本 |
|---|---|---|---|---|---|---|---|
| 辅助材料 | 供电车间 | 润滑油 | 千克 | 10 | 10 | 8.80 | 88.00 |
| 辅助材料 | 机修车间 | 润滑油 | 千克 | 15 | 15 | 8.80 | 132.00 |
|  |  |  |  |  |  |  |  |
|  |  |  |  |  |  |  |  |
| 合计 |  |  |  | 25 | 25 |  | 220.00 |

第二联　会计部门记账

仓库主管：赵月红　　　　　　发料人：李兰丹　　　　　　领料人：宋大海

根据润滑油"领料单"编制会计分录：

借：生产成本——辅助生产成本（供电车间）　　88.00
　　　　　　——辅助生产成本（机修车间）　　132.00
　　贷：原材料——润滑油　　　　　　　　　　220.00

## 能力训练 2-9

2019 年 3 月哈尔滨三辅机械制造厂有限责任公司供电车间和机修车间领用周转材料（工具），见表 2-22。

表 2-22　　　　　　　　　　　　　领　料　单　　　　　　　　　　　　　No. 1231

用途：一般消耗　　　　　　　　　2019 年 3 月 13 日

| 类别 | 领用部门 | 材料名称 | 计量单位 | 请领数量 | 实领数量 | 实际单价 | 实际成本 |
|---|---|---|---|---|---|---|---|
| 周转材料 | 供电车间 | 工具 | 套 | 10 | 10 | 380.00 | 3 800.00 |
| 周转材料 | 机修车间 | 工具 | 套 | 20 | 20 | 380.00 | 7 600.00 |
|  |  |  |  |  |  |  |  |
|  |  |  |  |  |  |  |  |
| 合计 |  |  |  | 30 | 30 |  | 11 400.00 |

第二联　会计部门记账

仓库主管：赵月红　　　　　　　　发料人：李兰丹　　　　　　　　领料人：宋大海

根据周转材料"领料单"编制会计分录：

借：生产成本——辅助生产成本（供电车间）　　　3 800.00
　　　　　　——辅助生产成本（机修车间）　　　7 600.00
　　贷：周转材料——低值易耗品（工具）　　　　　11 400.00

## 能力训练 2-10

2019 年 3 月哈尔滨三辅机械制造厂有限责任公司机修车间支付设计费，原始凭证见表 2-23 和表 2-24。

表 2-23

云南增值税普通发票　　No 6630689

发票代码：5300134140
发票号码：6630689
开票日期：2019 年 03 月 27 日

| 购买方 | 名　称： | 哈尔滨三辅机械制造厂有限责任公司 |
|---|---|---|
|  | 纳税人识别号： | 912300127028410242 |
|  | 地址、电话： | 黑龙江省哈尔滨市南岗区长江路498号　0451-63166070 |
|  | 开户行及账号： | 工行哈尔滨开发区长江支行　23001865951050501069 |

教学版

| 货物或应税劳务、服务名称 | 规格型号 | 单位 | 数量 | 单价 | 金额 | 税率 | 税额 |
|---|---|---|---|---|---|---|---|
| 设计费 |  |  |  |  | 6310.68 | 3% | 189.32 |
| 合　计 |  |  |  |  | ¥6310.68 |  | ¥189.32 |

价税合计（大写）　　⊗陆仟伍佰元整　　　　　　　　（小写）¥6500.00

| 销售方 | 名　称： | 云南天奇建筑工程有限公司 |
|---|---|---|
|  | 纳税人识别号： | 915301215688286525 |
|  | 地址、电话： | 昆明市五华区北京大道188号　0871-85326899 |
|  | 开户行及账号： | 工行云南省分行昆明北京路支行 2502010000204253 |

收款人：　　　　　复核：　　　　　开票人：张欣　　　　　销售方：（章）

表 2-24

**中国工商银行**
**转账支票存根**
**10205320**
**00122365**

附加信息

出票日期 2019 年 03 月 27 日

| 收款人： | 云南天奇建筑工程有限公司 |
| --- | --- |
| 金　额： | ￥6500.00 |
| 用　途： | 支付设计费 |

单位主管　　　　会计

根据增值税普通发票和支票存根编制会计分录：

借：生产成本——辅助生产成本（机修车间）　　6 500.00
　　贷：银行存款　　　　　　　　　　　　　　　　　　6 500.00

## 能力训练 2-11

2019年3月哈尔滨三辅机械制造厂有限责任公司机修车间支付办公费，原始凭证见表2-25和表2-26。

表 2-25

云南增值税普通发票　No 6630688

机器编码：440205212052　开票日期：2019年03月27日

购买方　名称：哈尔滨三辅机械制造厂有限责任公司
　　　　纳税人识别号：912301027028410242
　　　　地址、电话：黑龙江省哈尔滨市南岗区长江路498号　0451-83166070
　　　　开户行及账号：工行哈尔滨开发区长江支行　2300186595105050 1069

教学版

| 货物或应税劳务、服务名称 | 规格型号 | 单位 | 数量 | 单价 | 金额 | 税率 | 税额 |
| --- | --- | --- | --- | --- | --- | --- | --- |
| 三排文件座 | | | | | 3387.88 | 3% | 101.64 |
| 合　计 | | | | | ￥3387.88 | | ￥101.64 |

价税合计（大写）　叁仟肆佰捌拾玖元伍角贰分　（小写）￥3489.52

销售方　名称：云南中大远红有限公司
　　　　纳税人识别号：915301320635167427
　　　　地址、电话：昆明市五华区北京大道158号　0871-85369790
　　　　开户行及账号：工行云南分行昆明北京路支行 2502010339200088998

收款人：　　　　复核：　　　　开票人：　　　　　销售方：（章）

表2-26

中国工商银行
转账支票存根
**10205320**
00122366

附加信息：_____

出票日期 2019 年 03 月 27 日

收款人：云南中大远红有限公司
金　额：¥3489.52
用　途：支付办公费

单位主管　　会计

根据增值税普通发票和支票存根编制会计分录：

借：生产成本——辅助生产成本（机修车间）　　　3 489.52
　贷：银行存款　　　　　　　　　　　　　　　　　3 489.52

## 能力训练 2-12

2019年3月哈尔滨三辅机械制造厂有限责任公司供电车间支付电费，原始凭证见表2-27和表2-28。

表2-27

**黑龙江增值税专用发票**　No 09534236

开票日期：2019年03月27日

**教学版**

| 购买方 | 名　称： | 哈尔滨三辅机械制造厂有限责任公司 |
| | 纳税人识别号： | 912301027028410242 |
| | 地址、电话： | 黑龙江省哈尔滨市南岗区长江路498号　0451-83166070 |
| | 开户行及账号： | 工行哈尔滨开发区长江支行2300186591050501069 |

| 货物或应税劳务、服务名称 | 规格型号 | 单位 | 数量 | 单价 | 金额 | 税率 | 税额 |
|---|---|---|---|---|---|---|---|
| 电费 | | 度 | 200000 | 0.58961485 | 117922.97 | 16% | 18867.68 |
| 合　计 | | | | | ¥117922.97 | | ¥18867.68 |

价税合计（大写）　⊗壹拾叁万陆仟柒佰玖拾元陆角伍分　　（小写）¥136790.65

| 销售方 | 名　称： | 黑龙江省电力有限公司哈尔滨供电公司 |
| | 纳税人识别号： | 912301001270489416 |
| | 地址、电话： | 黑龙江省哈尔滨市南岗区海运路28号　0451-86852369 |
| | 开户行及账号： | 建行南岗支行　56896932569-25 |

收款人：　　　复核：张宏垒　　　开票人：周湘南

表 2-28

```
中国工商银行
转账支票存根
10205320
00122367
```

附加信息

出票日期 2019 年 03 月 27 日

收款人：黑龙江省电力有限公司
哈尔滨供电公司

金　额：¥136790.65

用　途：支付电费

单位主管　　　会计

根据增值税专用发票和支票存根编制会计分录：

借：生产成本——辅助生产成本（供电车间）　　　117 922.97
　　应交税费——应交增值税（进项税额）　　　　18 867.68
　贷：银行存款　　　　　　　　　　　　　　　　　136 790.65

## 能力训练 2-13

2019 年 3 月哈尔滨三辅机械制造厂有限责任公司计算供电车间和机修车间的折旧，原始凭证见表 2-29。

表 2-29　　　　　　　　折旧计算表
2019 年 3 月　　　　　　　　　　　　　　　　　　　　单位：元

| 使用部门 | 名称 | 原始价值 | 月折旧率(%) | 应计提折旧额 |
|---|---|---|---|---|
| 供电车间 | 房屋及建筑物 | 1 600 000.00 | 0.17 | 2 720.00 |
|  | 机器设备 | 3 200 000.00 | 0.81 | 25 920.00 |
|  | 办公设备 | 500 000.00 | 0.83 | 4 150.00 |
|  | 小计 | 5 300 000.00 |  | 32 790.00 |
| 机修车间 | 房屋及建筑物 | 1 000 000.00 | 0.17 | 1 700.00 |
|  | 机器设备 | 2 600 000.00 | 0.81 | 21 060.00 |
|  | 办公设备 | 300 000.00 | 0.83 | 2 490.00 |
|  | 小计 | 3 900 000.00 |  | 25 250.00 |
| 总计 |  | 9 200 000.00 |  | 58 040.00 |

会计主管：袁晓玲　　　　审核：孙正茂　　　　制单：何明春

根据"折旧计算表"编制会计分录：
借：生产成本——辅助生产成本（供电车间）　　　32 790.00
　　　　　——辅助生产成本（机修车间）　　　　25 250.00
　　贷：累计折旧　　　　　　　　　　　　　　　　　　58 040.00

## 二、分配辅助生产费用

由于辅助生产车间可能是生产产品，也可能是提供劳务，所以两种情形下分配的程序和方法并不完全相同。

若生产产品，其计算方法和分配程序与基本生产车间的产品核算相同。

若提供劳务，需要按照一定的标准和方法，根据辅助生产车间所提供的劳务量在各受益部门、车间之间进行分配。其分配程序如图2-4所示。

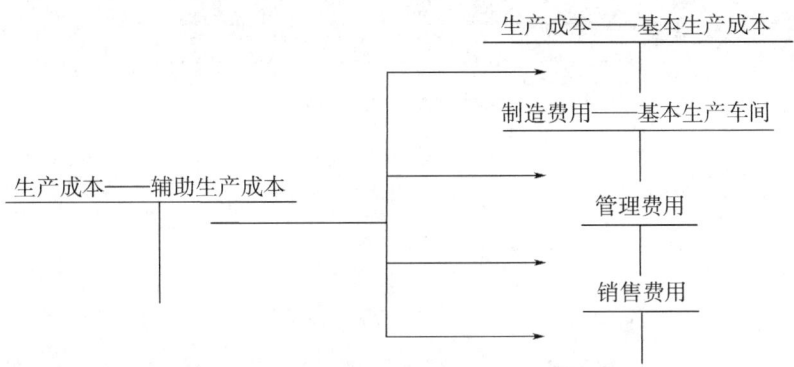

**图2-4　辅助生产费用（提供劳务）分配程序**

辅助生产费用的分配方法主要有直接分配法、交互分配法、计划成本分配法和代数分配法。

## 能力训练 2-14

根据【能力训练 2-1】至【能力训练 2-13】资料，归集汇总"生产成本——辅助生产成本（供电车间）"和"生产成本——辅助生产成本（机修车间）"账户的借方发生额，发生额如下：

生产成本——辅助生产成本（供电车间）
工资　　　　　　25 925.00 元
其他职工薪酬　　11 744.03 元
辅助材料费　　　　　88.00 元
周转材料费　　　3 800.00 元
电费　　　　　117 922.97 元
折旧费　　　　 32 790.00 元　　　　　共计：192 270.00 元

生产成本——辅助生产成本(机修车间)

| | |
|---|---|
| 工资 | 22 475.00 元 |
| 其他职工薪酬 | 10 181.18 元 |
| 辅助材料费 | 132.00 元 |
| 周转材料费 | 7 600.00 元 |
| 设计费 | 6 500.00 元 |
| 办公费 | 3 489.52 元 |
| 折旧费 | 25 250.00 元 |

共计:75 627.70 元

辅助生产车间劳务供应量见表2-30。

表 2-30　　　　　　　　辅助生产车间劳务供应量表

2019 年 3 月

| 供应部门 | | 供电车间(度) | 机修车间(小时) |
|---|---|---|---|
| 供电车间 | | | 650 |
| 机修车间 | | 5 000 | |
| 基本生产车间 | 产品生产 | 150 000 | |
| | 一般消耗 | 15 000 | 2 000 |
| 管理部门 | | 25 000 | 200 |
| 销售机构 | | 5 000 | 150 |
| 合计 | | 200 000 | 3 000 |

审核:孙正茂　　　　　　　　制单:何明春

## (一)直接分配法

直接分配法是指将辅助生产车间发生的费用直接分配给辅助生产车间以外的各受益部门,不考虑辅助生产车间相互之间所提供的劳务。简而言之,就是将辅助生产费用直接分配给辅助生产车间以外的各受益对象。其具体的计算公式为

微课:
直接分配法

$$\text{辅助生产费用分配率} = \frac{\text{该辅助生产车间待分配费用总额}}{\text{该辅助生产车间提供的劳务总量} - \text{提供给其他辅助生产车间的劳务量}}$$

$$\text{某受益单位分配的辅助生产费用} = \text{辅助生产费用分配率} \times \text{该受益单位接受的劳务量}$$

## 能力训练 2-15

2019 年 3 月哈尔滨三辅机械制造厂有限责任公司采用直接分配法分配辅助生产费用,见表2-31。

表 2-31　　　　辅助生产费用分配表(直接分配法)
2019 年 3 月

| 项目 | 供电车间 数量(度) | 供电车间 金额(元) | 机修车间 数量(度) | 机修车间 金额(元) | 合计(元) |
| --- | --- | --- | --- | --- | --- |
| 待分配费用 |  | 192 270.00 |  | 75 627.70 |  |
| 提供辅助生产车间以外的劳务供应量 | 195 000 |  | 2 350 |  |  |
| 费用分配率 |  | 0.986 0 |  | 32.182 0 |  |
| 基本生产车间产品生产 | 150 000 | 147 900.00 |  |  | 147 900.00 |
| 基本生产车间一般消耗 | 15 000 | 14 790.00 | 2 000 | 64 364.00 | 79 154.00 |
| 管理部门 | 25 000 | 24 650.00 | 200 | 6 436.40 | 31 086.40 |
| 销售部门 | 5 000 | 4 930.00 | 150 | 4 827.30 | 9 757.30 |
| 合计 | 195 000 | 192 270.00 | 2 350 | 75 627.70 | 267 897.70 |

会计主管:袁晓玲　　　　审核:孙正茂　　　　制单:何明春

供电车间费用分配率 $= \dfrac{192\ 270.00}{195\ 000} = 0.986\ 0$ (元/度)

机修车间费用分配率 $= \dfrac{75\ 627.70}{2\ 350} = 32.182\ 0$ (元/小时)

根据表 2-17 和表 2-31 相关资料分配基本生产车间产品生产耗用的 147 900.00 元辅助生产费用,见表 2-32。

表 2-32　　　　基本生产车间消耗辅助生产费用分配表
2019 年 3 月

| 产品名称 | 定额工时(小时) | 分配率 | 分配金额(元) |
| --- | --- | --- | --- |
| 电动堆高车 | 2 500 | 41.662 0 | 104 155.00 |
| 电动托盘车 | 1 050 |  | 43 745.00 |
| 合计 | 3 550 |  | 147 900.00 |

会计主管:袁晓玲　　　　审核:孙正茂　　　　制单:何明春

根据"辅助生产费用分配表(直接分配法)"和"基本生产车间消耗辅助生产费用分配表"编制会计分录:

借:生产成本——基本生产成本(电动堆高车)　　　　104 155.00
　　　　　　——基本生产成本(电动托盘车)　　　　 43 745.00
　　制造费用——基本生产车间　　　　　　　　　　　79 154.00
　　管理费用　　　　　　　　　　　　　　　　　　　31 086.40
　　销售费用　　　　　　　　　　　　　　　　　　　 9 757.30
　贷:生产成本——辅助生产成本(供电车间)　　　　192 270.00
　　　　　　——辅助生产成本(机修车间)　　　　　 75 627.70

采用直接分配法,辅助生产费用只在辅助生产车间以外的各受益部门之间分配,因而计算简便。但其没有考虑辅助生产车间相互之间的劳务消耗,因此,计算结果不准确,也不利于各辅助生产车间降低相互之间的消耗。

直接分配法适用于辅助生产车间相互之间不提供劳务或只提供少量劳务的企业。

### (二)交互分配法

交互分配法,首先根据各辅助生产车间本月发生的费用以及提供劳务的数量,计算交互分配率,进行一次交互分配(也称对内分配);然后根据辅助生产车间交互分配后的实际费用,即交互分配前的费用加上分配转入的费用减去分配转出的费用,以及对外提供劳务的数量,计算对外分配率,以此进行直接分配(也称对外分配)。简而言之,就是在分配辅助生产费用时,不仅要把各辅助生产费用分配给其他各受益对象,而且在辅助生产车间之间也要对应地相互分配费用。其具体的计算公式为

(1)交互分配(对内分配)

$$\text{辅助生产费用交互分配率} = \frac{\text{该辅助生产车间待分配费用总额}}{\text{该辅助生产车间提供的劳务总量}}$$

$$\text{某辅助生产车间分配的辅助生产费用} = \text{辅助生产费用交互分配率} \times \text{该辅助生产车间消耗其他辅助生产车间的劳务量}$$

(2)直接分配(对外分配)

$$\text{辅助生产费用对外分配率} = \frac{\text{该辅助生产车间待分配费用总额} - \text{分配转出费用} + \text{分配转入费用}}{\text{该辅助生产车间对外提供的劳务总量}}$$

$$\text{某受益单位分配的辅助生产费用} = \text{辅助生产费用对外分配率} \times \text{该受益单位接受的劳务量}$$

## 知 识 链 接

### 分配辅助生产费用:交互分配法

承接【能力训练2-14】资料,采用交互分配法分配辅助生产费用,辅助生产费用分配表见表2-33。

表2-33　　　　　　　　　辅助生产费用分配表(交互分配法)

2019年3月　　　　　　　　　　　　　　　　　　　　　　　　金额单位:元

| 项目 | 交互分配 | | 对外分配 | | 合计 |
|---|---|---|---|---|---|
| | 供电车间 | 机修车间 | 供电车间 | 机修车间 | |
| 待分配费用 | 192 270.00 | 75 627.70 | 203 848.98 | 64 048.72 | |
| 劳务数量 | 200 000 | 3 000 | 195 000 | 2 350 | |
| 费用分配率 | 0.961 4 | 25.209 2 | 1.045 4 | 27.254 8 | |

(续表)

| 项目 | | | 交互分配 | | 对外分配 | | |
|---|---|---|---|---|---|---|---|
| | | | 供电车间 | 机修车间 | 供电车间 | 机修车间 | 合计 |
| 辅助生产车间 | 供电车间 | 数量 | | 650 | | | |
| | | 金额 | | 16 385.98 | | | 16 385.98 |
| | 机修车间 | 数量 | 5 000 | | | | |
| | | 金额 | 4 807.00 | | | | 4 807.00 |
| | 小计 | | 4 807.00 | 16 385.98 | | | 21 192.98 |
| 基本生产车间产品生产 | | 数量 | | | 150 000 | | |
| | | 金额 | | | 156 810.00 | | 156 810.00 |
| 基本生产车间一般消耗 | | 数量 | | | 15 000 | 2 000 | |
| | | 金额 | | | 15 681.00 | 54 509.60 | 70 190.60 |
| 管理部门 | | 数量 | | | 25 000 | 200 | |
| | | 金额 | | | 26 135.00 | 5 450.96 | 31 585.96 |
| 销售部门 | | 数量 | | | 5 000 | 150 | |
| | | 金额 | | | 5 222.98 | 4 088.16 | 9 311.14 |
| 合计 | | | | | 203 848.98 | 64 048.72 | 267 897.70 |

会计主管：　　　　　　审核：　　　　　　制单：

供电车间交互分配率 $= \dfrac{192\ 270.00}{200\ 000} = 0.961\ 4$（元/度）

机修车间交互分配率 $= \dfrac{75\ 627.70}{3\ 000} = 25.209\ 2$（元/小时）

根据"辅助生产费用分配表（交互分配法）"的交互分配编制会计分录：

借：生产成本——辅助生产成本（供电车间）　　　　　16 385.98
　　　　——辅助生产成本（机修车间）　　　　　　　4 807.00
　贷：生产成本——辅助生产成本（供电车间）　　　　4 807.00
　　　　——辅助生产成本（机修车间）　　　　　　16 385.98

经过交互分配后，"生产成本——辅助生产成本（供电车间）"和"生产成本——辅助生产成本（机修车间）"的账户余额计算如图2-5和图2-6所示。

生产成本——辅助生产成本（供电车间）

| 原发生额 | 192 270.00 | | |
|---|---|---|---|
| 分进来费用 | 16 385.98 | 分出去费用 | 4 807.00 |
| 余额 | 203 848.98 | | |

图 2-5　生产成本——辅助生产成本（供电车间）账户

生产成本——辅助生产成本（机修车间）

| 原发生额 | 75 627.70 | | |
|---|---|---|---|
| 分进来费用 | 4 807.00 | 分出去费用 | 16 385.98 |
| 余额 | 64 048.72 | | |

图 2-6　生产成本——辅助生产成本（机修车间）账户

供电车间对外分配率 $=\dfrac{203\,848.98}{195\,000}=1.045\,4$（元/度）

机修车间对外分配率 $=\dfrac{64\,048.72}{2\,350}=27.254\,8$（元/小时）

根据表 2-17 相关资料分配基本生产车间产品生产耗用的 156 810.00 元辅助生产费用，见表 2-34。

表 2-34　　　　　　　基本生产车间消耗辅助生产费用分配表

2019 年 3 月

| 产品名称 | 定额工时（小时） | 分配率 | 分配金额（元） |
| --- | --- | --- | --- |
| 电动堆高车 | 2 500 | 44.171 8 | 110 429.50 |
| 电动托盘车 | 1 050 | | 46 380.50 |
| 合计 | 3 550 | | 156 810.00 |

会计主管：　　　　　审核：　　　　　制单：

根据"辅助生产费用分配表（交互分配法）"和"基本生产车间消耗辅助生产费用分配表"编制会计分录：

借：生产成本——基本生产成本（电动堆高车）　　　　110 429.50
　　　　　　　——基本生产成本（电动托盘车）　　　　46 380.50
　　制造费用——基本生产车间　　　　　　　　　　　70 190.60
　　管理费用　　　　　　　　　　　　　　　　　　　31 585.96
　　销售费用　　　　　　　　　　　　　　　　　　　9 311.14
　　贷：生产成本——辅助生产成本（供电车间）　　　　203 848.98
　　　　　　　　——辅助生产成本（机修车间）　　　　64 048.72

经过对外分配后，"生产成本——辅助生产成本（供电车间）"和"生产成本——辅助生产成本（机修车间）"的账户余额为零。

**请思考**

在交互分配法中，分配到"生产成本——基本生产成本"账户中的 156 810.00 元为什么还需要在两种产品之间分配？

交互分配法的优点是考虑了辅助生产车间相互之间提供的劳务，成本计算的准确性较直接分配法有所提高，而且也有利于降低辅助生产车间之间的相互消耗，利于加强经济核算。

交互分配法的缺点是第一次交互分配的费用分配率（单位成本）是根据交互分配前的待分配费用进行计算的，并不是各辅助生产车间的实际单位成本，所以，分配结果也并不准确。同时，各辅助生产费用都要计算两个分配率（如果辅助生产车间在两个以上，计算的分配率会更多），而且要进行两次分配，计算工作量比较大。

因此，交互分配法主要适用于辅助生产车间较多，且相互耗用劳务金额较大的企业。

## (三)计划成本分配法

计划成本分配法是指按照事先设定的辅助生产车间提供劳务的计划单位成本和各受益部门接受辅助生产车间提供劳务的数量,计算各受益部门应负担的辅助生产费用的一种分配方法。

采用这种方法,由于各受益部门负担的辅助生产费用是按计划单位成本计算分配的,这样,会出现辅助生产成本差异。为了简化核算,在成本会计工作中,可以将此项差额记入"管理费用"账户。

## 知识链接

### 分配辅助生产费用:计划成本分配法

××企业2019年3月供电车间生产费用29 120.00元,供水车间生产费用26 880.00元。供电车间计划成本为0.35元/度,供水车间计划成本为3.46元/吨。辅助生产车间劳务供应量见表2-35,辅助生产费用分配表见表2-36。

表2-35　　　　　　　　　**辅助生产车间劳务供应量表**

2019年3月

| 受益单位 | | 供电车间(度) | 供水车间(吨) |
|---|---|---|---|
| 辅助生产车间 | 供电 | — | 480 |
| | 供水 | 8 000 | — |
| 基本生产车间 | 甲产品 | 60 000 | — |
| | 一般消耗 | 6 000 | 6 000 |
| 行政管理部门 | | 14 000 | 2 000 |
| 合计 | | 88 000 | 8 480 |

审核:　　　　　　　　　　　　　　制单:

表2-36　　　　　　　**辅助生产费用分配表(计划成本分配法)**

2019年3月　　　　　　　　　　　　　　　　　　　　　　金额单位:元

| 项目 | 供电车间 | | 供水车间 | | 合计 |
|---|---|---|---|---|---|
| | 数量(度) | 金额 | 数量(吨) | 金额 | |
| 待分配费用 | | 29 120.00 | | 26 880.00 | |
| 计划单位成本 | | 0.35 | | 3.46 | |
| 供电车间 | | | 480 | 1 660.80 | 1 660.80 |
| 供水车间 | 8 000 | 2 800.00 | | | 2 800.00 |
| 基本生产车间甲产品生产 | 60 000 | 21 000.00 | | | 21 000.00 |
| 基本生产车间一般消耗 | 6 000 | 2 100.00 | 6 000 | 20 760.00 | 22 860.00 |
| 行政管理部门 | 14 000 | 4 900.00 | 2 000 | 6 920.00 | 11 820.00 |
| 合计 | 88 000 | 30 800.00 | 8 480 | 29 340.80 | 60 140.80 |

会计主管:　　　　　　　　　审核:　　　　　　　　　制单:

根据"辅助生产费用分配表（计划成本分配法）"编制会计分录：

借：生产成本——辅助生产成本（供电车间）　　　　　1 660.80
　　　　　　——辅助生产成本（供水车间）　　　　　2 800.00
　　生产成本——基本生产成本（甲产品）　　　　　　21 000.00
　　制造费用　　　　　　　　　　　　　　　　　　　22 860.00
　　管理费用　　　　　　　　　　　　　　　　　　　11 820.00
　　贷：生产成本——辅助生产成本（供电车间）　　　30 800.00
　　　　　　　——辅助生产成本（供水车间）　　　　29 340.80

登记相应"生产成本——辅助生产成本"账户，如图 2-7 和图 2-8 所示。

生产成本——辅助生产成本（供电车间）

| 原发生额 | 29 120.00 |  |  |
|---|---|---|---|
| 增加额 | 1 660.80 | 减少额 | 30 800.00 |
| 余额 |  |  | 19.20 |

图 2-7　生产成本——辅助生产成本（供电车间）账户

生产成本——辅助生产成本（供水车间）

| 原发生额 | 26 880.00 |  |  |
|---|---|---|---|
| 增加额 | 2 800.00 | 减少额 | 29 340.80 |
| 余额 | 339.20 |  |  |

图 2-8　生产成本——辅助生产成本（供水车间）账户

辅助生产费用经过分配后，"生产成本——辅助生产成本"账户余额应为零。但按照计划单位成本分配，"生产成本——辅助生产成本"账户会出现余额。因此，按照账户余额为零的思路将余额直接调整并记入"管理费用"账户。

调整分录如下：

借：管理费用　　　　　　　　　　　　　　　　　　　320.00
　　贷：生产成本——辅助生产成本（供电车间）　　　19.20
　　　　　　　——辅助生产成本（供水车间）　　　　339.20

**请思考**

针对【能力训练 2-14】的资料，采用计划成本分配法如何分配辅助生产费用？

　　计划成本分配法的优点是可以按照事先制定的计划单位成本进行分配，在一定程度上简化了计算工作；同时，通过辅助生产成本差异的计算，有利于成本控制、考核各部门的业绩。

　　计划成本分配法的缺点是将出现辅助生产成本差异转入"管理费用"账户，不仅影响当期损益，而且若企业计划单位成本制定不准确，就会影响辅助生产费用分配的准确性。

　　因此，计划成本分配法适用于计划管理水平较高、计划单位成本制定比较准确的企业。

## (四)代数分配法

代数分配法是通过建立多元一次方程组,计算求解出各辅助生产车间提供劳务的单位成本,再按各部门实际耗用劳务数量进行分配的一种方法。

采用这种分配方法,首先应根据各辅助生产车间相互提供产品或劳务的数量,求解联立方程组,计算出各种辅助生产产品或劳务的单位成本,然后根据各受益单位耗用产品或劳务的数量和单位成本,计算分配辅助生产费用。

## 知识链接

### 分配辅助生产费用:代数分配法

承接计划成本分配法中的业务资料,采用代数分配法分配辅助生产费用。

设电的单位成本为 X 元/度,水的单位成本为 Y 元/吨,则方程组为:

88 000X = 29 120.00 + 480Y

8 480Y = 26 880.00 + 8 000X

解得:X = 0.35

Y = 3.50

辅助生产费用分配表见表 2-37。

表 2-37　　　　　　　**辅助生产费用分配表(代数分配法)**

2019 年 3 月　　　　　　　　　　　　　　　　　金额单位:元

| 项目 | 分配电费 | | 分配水费 | | 合计 |
|---|---|---|---|---|---|
| | 数量(度) | 金额 | 数量(吨) | 金额 | |
| 待分配费用 | | 29 120.00 | | 26 880.00 | |
| 劳务供应总量 | 88 000 | | 8 480 | | |
| 单位成本 | | 0.35 | | 3.50 | |
| 供电车间 | | | 480 | 1 680.00 | 1 680.00 |
| 供水车间 | 8 000 | 2 800.00 | | | 2 800.00 |
| 基本生产车间甲产品生产 | 60 000 | 21 000.00 | | | 21 000.00 |
| 基本生产车间一般消耗 | 6 000 | 2 100.00 | 6 000 | 21 000.00 | 23 100.00 |
| 行政管理部门 | 14 000 | 4 900.00 | 2 000 | 7 000.00 | 11 900.00 |
| 合计 | 88 000 | 30 800.00 | 8 480 | 29 680.00 | 60 480.00 |

会计主管:　　　　　　　　审核:　　　　　　　制单:

根据"辅助生产费用分配表(代数分配法)"编制会计分录:

　　借:生产成本——辅助生产成本(供电车间)　　　　1 680.00

　　　　　　——辅助生产成本(供水车间)　　　　2 800.00

　　生产成本——基本生产成本(甲产品)　　　　21 000.00

　　制造费用　　　　23 100.00

　　管理费用　　　　11 900.00

　　贷:生产成本——辅助生产成本(供电车间)　　　　30 800.00

　　　　　　——辅助生产成本(供水车间)　　　　29 680.00

> 请思考
>
> 针对【能力训练 2-14】的资料,采用代数分配法如何分配辅助生产费用?

采用代数分配法分配辅助生产费用,分配的结果最为准确。但是,如果企业辅助生产车间较多,相应地就要设立较多的未知数及方程式,则方程组求解计算的工作量较大。

因此,代数分配法主要适用于辅助生产车间较少或成本核算实行电算化的企业。

## 任务五　制造费用的归集和分配

制造费用是为生产产品或提供劳务而发生的不能直接计入各成本计算对象的各项间接生产费用。

### 一、归集制造费用

#### (一)制造费用的内容

对于加工制造企业而言,制造费用范围广、内容多,通常包括三类:

**1. 为组织和管理产品生产而发生的费用**

这类费用是车间(分厂)管理机构及人员在日常生产管理过程中发生的费用,主要包括:生产管理人员的职工薪酬;生产管理部门的固定资产折旧费用、保险费用及租赁费用;生产管理中低值易耗品的摊销费用、照明费、通信费、差旅费、办公费等。

**2. 直接用于产品生产未单独设置成本项目的费用**

这类费用主要包括:用于产品生产但未单独设置"燃料及动力"成本项目的动力费用;专门用于产品生产的机器设备的折旧费、租赁费、保险费;生产车间的低值易耗品摊销费、图纸设计费和产品试验检验费等。

**3. 间接用于产品生产不能单设产品成本项目的费用**

这类费用比较多,通常包括生产用的房屋、建筑物、机器、设备的折旧费、保险费及租赁费;车间的机物料消耗费、照明费、通风费、除尘费等;生产工人的劳动保护费;季节性停工或固定资产大修理期间停工所造成的停工损失等。

"制造费用"账户一般设置职工薪酬、折旧费、保险费、租赁费、低值易耗品摊销、水电费、取暖费、运输费、差旅费、办公费、机物料消耗、劳动保护费、设计制图费、试验检验费等明细账户。

#### (二)制造费用的归集

制造费用的归集按照其记账依据的不同可以分为两种情况:

(1)对于办公费、差旅费、劳动保护费等,一般而言,费用发生时,应根据付款单据或据已编制的费用分配表,借记"制造费用"账户,贷记"银行存款"等账户。

(2)对于机物料消耗、动力费用、职工薪酬、折旧费等,月末汇总编制费用分配表,借记"制造费用"账户,贷记"原材料""应付职工薪酬""累计折旧"等账户。

## 能力训练 2-16

2019年3月哈尔滨三辅机械制造厂有限责任公司基本生产车间领用辅助材料（润滑油）、低值易耗品（工具），见表2-38和表2-39。

表 2-38　　　　　　　　　　　**领 料 单**　　　　　　　　　No.1241
　　　　　　　　　　　　　　　2019 年 3 月 15 日

领料单位：基本生产车间　　　　　　　　　　　　　　　　　用途：一般消耗

| 类别 | 编号 | 材料名称 | 计量单位 | 数量 | | 实际单价 | 实际总成本 |
| --- | --- | --- | --- | --- | --- | --- | --- |
| | | | | 请领 | 实领 | | |
| 辅助材料 | | 润滑油 | 千克 | 8 | 8 | 8.80 | 70.40 |
| | | | | | | | |
| | | | | | | | |
| | | | | | | | |
| 合计 | | | | 8 | 8 | | 70.40 |

第二联　会计部门记账

仓库主管：赵月红　　　　　发料人：李兰丹　　　　　领料人：宋大海

表 2-39　　　　　　　　　　　**领 料 单**　　　　　　　　　No.1242
　　　　　　　　　　　　　　　2019 年 3 月 16 日

领料单位：基本生产车间　　　　　　　　　　　　　　　　　用途：一般消耗

| 类别 | 编号 | 材料名称 | 计量单位 | 数量 | | 实际单价 | 实际总成本 |
| --- | --- | --- | --- | --- | --- | --- | --- |
| | | | | 请领 | 实领 | | |
| 低值易耗品 | | 工具 | 套 | 30 | 30 | 380.00 | 11 400.00 |
| | | | | | | | |
| | | | | | | | |
| | | | | | | | |
| 合计 | | | | 30 | 30 | | 11 400.00 |

第二联　会计部门记账

仓库主管：赵月红　　　　　发料人：李兰丹　　　　　领料人：宋大海

根据润滑油和工具"领料单"编制会计分录：

借：制造费用——基本生产车间　　　　　　　　11 470.40
　　贷：原材料——润滑油　　　　　　　　　　　　　70.40
　　　　周转材料——低值易耗品（工具）　　　　11 400.00

## 能力训练 2-17

2019年3月哈尔滨三辅机械制造厂有限责任公司基本生产车间购买办公用品，原始凭证见表2-40和表2-41。

表 2-40

云南增值税普通发票  No 6630696

开票日期: 2019年03月30日

| 购买方 | 名称 | 哈尔滨三铺机械制造厂有限责任公司 | 密码区 | 略 |
| | 纳税人识别号 | 912301027028410242 | | |
| | 地址、电话 | 黑龙江省哈尔滨市南岗区长江路498号 0451-83166070 | | |
| | 开户行及账号 | 工行哈尔滨开发区长江支行 23001865951050501069 | | |

| 货物或应税劳务、服务名称 | 规格型号 | 单位 | 数量 | 单价 | 金额 | 税率 | 税额 |
|---|---|---|---|---|---|---|---|
| 三排文件座 | | | | | 7767.96 | 3% | 233.04 |
| 合计 | | | | | ¥7767.96 | | ¥233.04 |

价税合计(大写)  ⊗ 捌仟零壹元整   (小写) ¥8001.00

| 销售方 | 名称 | 云南中大远红有限公司 | 备注 | |
| | 纳税人识别号 | 915301320635167327 | | |
| | 地址、电话 | 昆明市五华区北京大道158号 0871-85369790 | | |
| | 开户行及账号 | 工行云南省分行昆明北京路支行 2502010339200088998 | | |

收款人：　　复核：　　开票人：张欣　　销售方：(章)

表 2-41

中国工商银行
转账支票存根

**10205320**
00122368

附加信息

出票日期 2019 年 03 月 30 日

| 收款人： | 云南中大远红有限公司 |
| 金　额： | ¥ 8001.00 |
| 用　途： | 支付办公费 |

单位主管　　　会计

根据增值税普通发票和支票存根编制会计分录：

借：制造费用——基本生产车间　　　8 001.00
　　贷：银行存款　　　　　　　　　　　　　　8 001.00

## 能力训练 2-18

2019年3月哈尔滨三辅机械制造厂有限责任公司计提折旧,见表2-42。

表2-42　　　　　　　　　　　　　**折旧计算表**

2019年3月　　　　　　　　　　　　　　　　　　　　　　　　　单位:元

| 使用部门 | 名称 | 原始价值 | 月折旧率(%) | 应计提折旧额 |
|---|---|---|---|---|
| 基本生产车间 | 房屋及建筑物 | 1 000 000.00 | 0.17 | 1 700.00 |
|  | 机器设备 | 4 600 000.00 | 0.81 | 37 260.00 |
|  | 办公设备 | 300 000.00 | 0.83 | 2 490.00 |
|  | 小计 | 5 900 000.00 |  | 41 450.00 |

会计主管:袁晓玲　　　　　　审核:孙正茂　　　　　　制单:何明春

根据"折旧计算表"编制会计分录:

借:制造费用——基本生产车间　　　　41 450.00

贷:累计折旧　　　　　　　　　　　　　　　　41 450.00

## 二、分配制造费用

当生产车间只生产一种产品时,其所归集的制造费用全部由该产品负担,计入该产品的成本;如果生产多种产品,则其所归集的制造费用需要采用适当的分配方法分配计入各产品的成本中。

常用的制造费用分配方法主要有生产工时比例法、生产工人工资比例法、机器工时比例法和年度计划分配率法等。

## 能力训练 2-19

根据【能力训练 2-1】至【能力训练 2-18】的资料,归集汇总"制造费用——基本生产车间"账户的借方发生额,发生额如下:

制造费用——基本生产车间

工资　　　　　　　　　　　　　4 901.00 元

其他职工薪酬　　　　　　　　　2 220.16 元

分配辅助生产费用(电费)　　　14 790.00 元

分配辅助生产费用(机修费)　　64 364.00 元

辅助材料费　　　　　　　　　　　　70.40 元

周转材料费　　　　　　　　　　11 400.00 元

办公费　　　　　　　　　　　　 8 001.00 元

折旧费　　　　　　　　　　　　41 450.00 元　　　共计:147 196.56 元

## (一)生产工时比例法

生产工时比例法是按照各产品所耗用生产工时(实际工时或定额工时)的比例分配制造费用的一种方法。其计算公式为

$$制造费用分配率 = \frac{制造费用总额}{\sum 产品生产工时}$$

某种产品分配的制造费用 = 制造费用分配率 × 该产品生产工时

### 能力训练 2-20

2019年3月哈尔滨三辅机械制造厂有限责任公司分配制造费用,编制制造费用分配表,见表2-43。

表 2-43  制造费用分配表

2019 年 3 月

| 产品名称 | 定额工时(小时) | 分配率 | 分配金额(元) |
|---|---|---|---|
| 电动堆高车 | 2 500 | 41.463 8 | 103 659.50 |
| 电动托盘车 | 1 050 |  | 43 537.06 |
| 合 计 | 3 550 |  | 147 196.56 |

会计主管:袁晓玲　　　　　审核:孙正茂　　　　　制单:何明春

根据"制造费用分配表"编制会计分录:

借:生产成本——基本生产成本(电动堆高车)　　103 659.50
　　　　　　——基本生产成本(电动托盘车)　　 43 537.06
　贷:制造费用——基本生产车间　　　　　　　　147 196.56

生产工时比例法是较为常用的一种分配方法,其优点是计算方法简便,而且工时资料比较易于取得,在企业的生产工时记录比较健全的企业,可以考虑采用这种分配方法。

但是,该方法应用的前提是制造费用与生产工时具有关联性,制造费用的消耗能反映劳动生产率的水平。因此,采用这种方法时,各产品生产的机械化程度不能相差太大,否则机械化程度低的产品所负担的折旧费等费用会显得不合理。

## (二)生产工人工资比例法

生产工人工资比例法是以各产品的生产工人工资的比例分配制造费用的一种方法。其计算公式为

$$制造费用分配率 = \frac{制造费用总额}{\sum 生产工人工资}$$

某种产品分配的制造费用 = 制造费用分配率 × 该产品生产工人工资

# 知识链接

## 分配制造费用：生产工人工资比例法

××企业2019年3月归集的第一车间制造费用总额为27 700.00元，第一车间投产甲、乙两种产品。生产工人工资13 850.00元，其中甲产品生产工人工资7 200.00元，乙产品生产工人工资6 650.00元。

$$制造费用分配率 = \frac{27\ 700.00}{7\ 200.00 + 6\ 650.00} = 2.00$$

甲产品分配的制造费用 = 2.00 × 7 200.00 = 14 400.00（元）
乙产品分配的制造费用 = 2.00 × 6 650.00 = 13 300.00（元）

编制的制造费用分配表见表2-44。

表2-44　　　　　　　　　制造费用分配表
2019年3月

| 产品名称 | 分配标准（生产工人工资） | 分配率 | 分配金额（元） |
| --- | --- | --- | --- |
| 甲产品 | 7 200.00 | 2.00 | 14 400.00 |
| 乙产品 | 6 650.00 | | 13 300.00 |
| 合计 | 13 850.00 | | 27 700.00 |

会计主管：　　　　　　　　审核：　　　　　　　　制单：

根据"制造费用分配表"编制会计分录：

借：生产成本——基本生产成本（甲产品）　　14 400.00
　　　　　——基本生产成本（乙产品）　　13 300.00
　贷：制造费用　　27 700.00

生产工人工资比例法的主要优点在于可以直接利用人工费用分配表中现成的生产工人工资资料，核算工作比较简便。

通常而言，制造费用与生产机械化程度呈正相关，而生产工人工资与机械化程度呈负相关。当各产品生产机械化程度相差较大，如果采用生产工人工资比例法分配制造费用，则会导致机械化程度高的产品因其所占工资比例较小而分配较少的制造费用，这显然是不合理的。因此，生产工人工资比例法主要适用于各产品生产机械化程度大致相同的企业。

### (三) 机器工时比例法

机器工时比例法是以各产品所用的机器设备运转时间作为标准进行分配制造费用的一种方法。其计算公式为

$$制造费用分配率 = \frac{制造费用总额}{\sum 机器生产工时}$$

某种产品分配的制造费用 = 制造费用分配率 × 该产品机器生产工时

机器工时比例法主要适用于机械化程度较高的车间。为了保证这种方法计算的准确性，需要做好各产品耗用机器工时的原始记录工作。

### (四)年度计划分配率法

年度计划分配率法是根据企业年度的制造费用预算额和各种产品的消耗标准(如定额工时等),计算制造费用年度计划分配率,并按照这个分配率分配制造费用的方法。其计算公式为

$$制造费用年度计划分配率 = \frac{制造费用总额}{\sum 产品年计划产量的定额工时}$$

$$某种产品分配的制造费用 = 制造费用年度计划分配率 \times 当月该产品实际产量的定额工时$$

采用年度计划分配率法分配制造费用时,制造费用分配数与各月实际发生的制造费用总额存在一个差额。

对这个差额的处理方法如下:

各个月份不论其实际发生的制造费用是多少,每月各产品成本中的制造费用都按年度计划分配率分配,分配差额每月就留在"制造费用"账户中,余额可能在借方,也可能在贷方。

在年末汇总全年制造费用的实际发生额与计划分配额的差额,并调整计入12月的产品成本。按实际发生大于计划分配的差额,借记"生产成本"账户,贷记"制造费用"账户;按实际发生小于计划分配的差额,借记"制造费用"账户,贷记"生产成本"账户(或者红字冲销)。

## 知 识 链 接

### 分配制造费用:年度计划分配率法

××企业2019年计划投产甲、乙两种产品,甲产品全年的计划产量为9 000件,单位产品定额工时为2小时,乙产品全年的计划产量为6 000件,单位产品定额工时为7小时。全年制造费用预算为240 000.00元。

1月甲产品的实际产量为900件,乙产品的实际产量为800件,实际制造费用为107 600.00元。(假设截至本年11月末,甲产品的累计实际产量达到8 400件,乙产品的累计实际产量达到5 200件,制造费用的累计实际发生额为186 000.00元。)

12月,甲产品的实际产量为700件,乙产品的实际产量为600件,实际制造费用发生额为38 200.00元。

(1)计算制造费用年度计划分配率:

$$制造费用年度计划分配率 = \frac{240\ 000.00}{9\ 000 \times 2 + 6\ 000 \times 7} = 4.00(元/小时)$$

(2)分配1月制造费用,编制会计分录:

1月甲产品分配的制造费用 = 900×2×4.00 = 7 200.00(元)
1月乙产品分配的制造费用 = 800×7×4.00 = 22 400.00(元)

借:生产成本——基本生产成本(甲产品)　　　　7 200.00
　　　　　　——基本生产成本(乙产品)　　　　22 400.00
　　贷:制造费用　　　　　　　　　　　　　　　29 600.00

(3)2~11月分配的制造费用及编制的会计分录:(略)
(4)分配12月制造费用:
12月甲产品分配的制造费用＝700×2×4.00＝5 600.00(元)
12月乙产品分配的制造费用＝600×7×4.00＝16 800.00(元)

借:生产成本——基本生产成本(甲产品)　　　　5 600.00
　　　　——基本生产成本(乙产品)　　　　　　16 800.00
　　贷:制造费用　　　　　　　　　　　　　　　　　　　22 400.00

(5)12月末调整制造费用:
全年实际制造费用
＝截至11月末实际制造费用＋12月实际制造费用
＝186 000.00＋38 200.00
＝224 200.00(元)
截至11月甲产品累计分配的制造费用＝8 400×2×4＝67 200.00(元)
截至11月乙产品累计分配的制造费用＝5 200×7×4＝145 600.00(元)
全年累计分配的制造费用
＝甲产品分配的制造费用＋乙产品分配的制造费用
＝(67 200.00＋5 600.00)＋(145 600.00＋16 800.00)
＝72 800.00＋162 400.00
＝235 200.00(元)
全年制造费用分配差额＝235 200.00－224 200.00＝11 000.00(元)
实际制造费用小于计划分配的制造费用,制造费用账户为贷方余额。

$$差异分配率 = \frac{11\ 000.00}{72\ 800.00 + 162\ 400.00} = \frac{11\ 000.00}{235\ 200.00} = 0.046\ 8$$

甲产品分配的差异额＝0.046 8×72 800.00＝3 407.04(元)
乙产品分配的差异额＝11 000.00－3 407.04＝7 592.96(元)

借:制造费用　　　　　　　　　　　　　　　　　　11 000.00
　　贷:生产成本——基本生产成本(甲产品)　　　　　　　3 407.04
　　　　　　　　——基本生产成本(乙产品)　　　　　　　7 592.96

采用年度计划分配率法,可随时结转已完工产品应负担的制造费用,简化了分配程序,提高了成本信息的及时性。该方法适用于季节性生产的企业,但是,该方法对企业的计划工作管理水平有较高要求,否则,计划分配额与实际发生数差异过大,会影响制造费用分配的准确性。

## 任务六　损失性费用的核算

生产损失是指在生产过程中由于原材料质量不符合要求、生产工人违规操作、机器设备故障等原因而发生的各种损失,主要包括废品损失和停工损失。生产损失是与产品生产直接有关的损失,应计入产品成本。

## 一、核算废品损失

### (一)废品的含义

废品是指不符合规定的技术标准,不能按照原定用途使用,或者需要加工修复才能使用的在产品、半成品和产成品。

废品分为可修复废品和不可修复废品两种。

可修复废品是指在技术上可以修复,而且所花费的修复费用在经济上合算的废品。

不可修复废品是指在技术上不能修复,或者在技术上虽然可以修复,但所花费的修复费用在经济上不合算的废品。

### (二)废品损失的含义

废品损失包括在生产过程中或入库后发现的不可修复废品的生产成本,以及可修复废品的修复费用,扣除回收的废品残料价值和应由过失单位或个人赔款以后的损失。

微课:废品损失的含义

不可修复废品损失的计算公式为

不可修复废品损失＝废品生产成本－回收的残值及赔偿款

可修复废品损失的计算公式为

可修复废品损失＝修复费用－回收的残值及赔偿款

需要说明的是,下列情况的损失不作为废品损失处理:

第一,经过质量检验部门鉴定不需要返修、可以降价出售的不合格品,不作为废品损失处理,其损失在计算损益时体现。

第二,产品入库后,由于保管不善等原因而损坏变质的损失,作为管理费用处理,不作为废品损失处理。

第三,实行包退、包修、包换(三包)的企业,在产品出售后发现的废品所发生的一切损失,作为管理费用处理,不作为废品损失处理。

### (三)废品损失的账务处理程序

在成本会计工作中,产品生产可单独核算废品损失,也可不单独核算废品损失。需要说明的是,辅助生产一般不单独核算废品损失。

#### 1.单独核算废品损失

为单独核算废品损失,应增设"废品损失"账户,并在基本生产成本明细账中增设"废品损失"成本项目。具体处理如下:

(1)不可修复废品的生产成本,应根据不可修复废品计算表编制会计分录:

借:废品损失
　　贷:生产成本——基本生产成本

(2)可修复废品的修复费用,应根据各种费用分配表编制会计分录:
借:废品损失
　　贷:原材料
　　　　应付职工薪酬
　　　　制造费用
(3)回收废品残值和赔款,应从"废品损失"账户的贷方转出:
借:原材料
　　其他应收款
　　贷:废品损失
(4)"废品损失"账户借方余额即为废品损失,转由同种产品的成本负担:
借:生产成本——基本生产成本
　　贷:废品损失
通过上述处理,"废品损失"账户月末余额为零。
不可修复废品损失和可修复废品损失的核算程序如图 2-9 和图 2-10 所示。

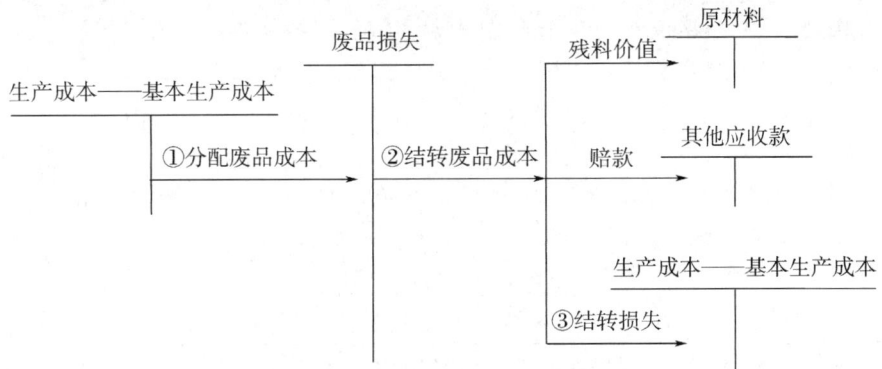

**图 2-9　不可修复废品损失核算程序**

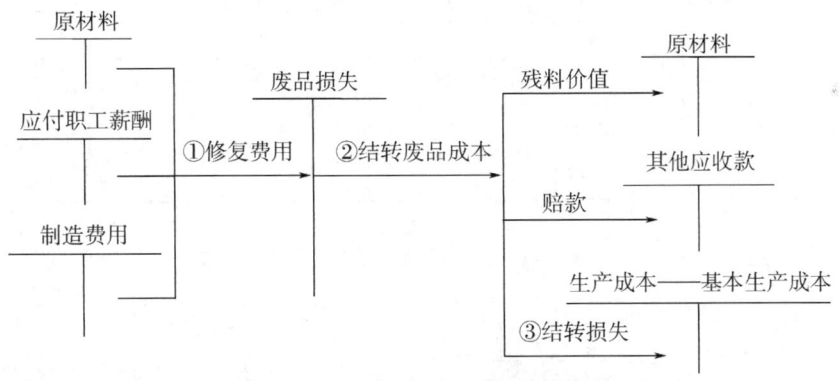

**图 2-10　可修复废品损失核算程序**

**2. 不单独核算废品损失**

在不单独核算废品损失的企业中,不设置"废品损失"账户和成本项目,只在回收废品残料时,借记"原材料"账户,贷记"生产成本——基本生产成本"账户,并从所属明细账的"原材料"成本项目中扣除残料价值。"生产成本——基本生产成本"账户和所属明细账归集的完工产品总成本,除以扣除废品数量以后的合格品数量,就是合格品的单位成本。

### (四)废品损失的核算

**1. 不可修复废品损失的核算**

进行不可修复废品损失的核算,先计算截至报废时已经发生的废品生产成本,然后扣除回收残料价值和赔款,计算出废品损失。不可修复废品的生产成本,可按废品所耗实际费用计算,也可按废品所耗定额费用计算。

(1)按废品所耗实际费用计算

在采用按废品所耗实际费用计算的方法时,由于废品报废前发生的各项生产费用是与合格品一起计算的,因而要将废品报废前与合格品计算在一起的各项生产费用,采用适当的分配方法,在合格品与废品之间进行分配,计算出废品的实际成本。

## 知 识 链 接

### 不可修复废品按所耗实际费用计算

××企业2019年3月生产甲产品400件,经检查,合格品为380件,不可修复废品为20件。甲产品生产工时40 000小时,其中废品生产工时3 000小时。甲产品生产成本明细账所列的全部生产费用为:直接材料180 000.00元,直接人工86 000.00元,制造费用150 000.00元。废品回收残料1 900.00元。原材料是在生产开始时一次投入的。直接材料按合格品和废品的数量比例分配,其他加工费用按合格品与废品的生产工时比例分配。编制不可修复废品损失计算表,见表2-45。

表2-45　　　　　　　　　　不可修复废品损失计算表

产品:甲产品　　　　　　　　2019年3月　　　　　　　　金额单位:元

| 项目 | 产量(件) | 直接材料 | 生产工时(小时) | 直接人工 | 制造费用 | 合计 |
|---|---|---|---|---|---|---|
| 费用总额 | 400 | 180 000.00 | 40 000 | 86 000.00 | 150 000.00 | 416 000.00 |
| 费用分配率 | | 450.00 | | 2.15 | 3.75 | |
| 废品生产成本 | 20 | 9 000.00 | 3 000 | 6 450.00 | 11 250.00 | 26 700.00 |
| 减:废品残值 | | 1 900.00 | | | | 1 900.00 |
| 废品损失 | | 7 100.00 | | 6 450.00 | 11 250.00 | 24 800.00 |

会计主管:　　　　　　　　审核:　　　　　　　　制单:

$$直接材料费用分配率=\frac{180\ 000.00}{400}=450.00(元/件)$$

$$直接人工费用分配率=\frac{86\ 000.00}{40\ 000}=2.15(元/小时)$$

$$制造费用分配率=\frac{150\ 000.00}{40\ 000}=3.75(元/小时)$$

根据"不可修复废品损失计算表"编制会计分录:

借:废品损失——甲产品　　　　　　　　　　　　　　26 700.00
　　贷:生产成本——基本生产成本(甲产品)　　　　　26 700.00

借：原材料 1 900.00
　　贷：废品损失——甲产品 1 900.00
借：生产成本——基本生产成本（甲产品） 24 800.00
　　贷：废品损失——甲产品 24 800.00

(2) 按废品所耗定额费用计算

按废品所耗定额费用计算是指按照不可修复废品的数量和各项费用定额计算废品的定额成本，再将废品的定额成本扣除回收残料价值和赔款，计算出废品损失。

## 知识链接

### 不可修复废品按所耗定额费用计算

××企业2019年3月生产丙产品，验收入库时发现不可修复废品5件，按所耗定额费用计算废品的生产成本。单位产品直接材料定额费用为200.00元，单位产品定额工时为20小时，每小时直接人工费用为2.00元，每小时制造费用为1.00元。回收废品残料100.00元。编制不可修复废品损失计算表，见表2-46。

表2-46　　　　　　　　　　不可修复废品损失计算表
产品：丙产品　　　　　　　　　2019年3月　　　　　　　　　　单位：元

| 项目 | 直接材料 | 直接人工 | 制造费用 | 合计 |
|---|---|---|---|---|
| 单位产品定额费用 | 200.00 | 40.00 | 20.00 | 260.00 |
| 废品定额费用 | 1 000.00 | 200.00 | 100.00 | 1 300.00 |
| 减：废品残值 | 100.00 | | | 100.00 |
| 废品损失 | 900.00 | 200.00 | 100.00 | 1 200.00 |

会计主管：　　　　　　　　审核：　　　　　　　　制单：

根据"不可修复废品损失计算表"编制会计分录：

借：废品损失——丙产品 1 300.00
　　贷：生产成本——基本生产成本（丙产品） 1 300.00
借：原材料 100.00
　　贷：废品损失——丙产品 100.00
借：生产成本——基本生产成本（丙产品） 1 200.00
　　贷：废品损失——丙产品 1 200.00

2. 可修复废品损失的核算

### 能力训练2-21

2019年3月，基本生产车间生产电动堆高车发现1台可修复废品，原始凭证见表2-47至表2-49。

**表 2-47**　　　　　　　　　**废品通知单**
　　　　　　　　　　　　　　　2019 年 3 月

| 产品名称 | 计量单位 | 废品数量 | 备注 |
|---|---|---|---|
| 电动堆高车 | 台 | 1 | 可修复废品 |
|  |  |  |  |
|  |  |  |  |

技术检查科：张小红

**表 2-48**　　　　　　　　　**工资通知单**
　　　　　　　　　　　　　　　2019 年 3 月　　　　　　　　　　　　　　单位：元

| 部门 | 产品名称 | 产品数量 | 工资 | 合计 | 备注 |
|---|---|---|---|---|---|
| 基本生产车间 | 电动堆高车 | 1 台 | 532.00 | 532.00 | 可修复废品 |
|  |  |  |  |  |  |
|  |  |  |  |  |  |

会计主管：袁晓玲　　　　　　　审核：孙正茂　　　　　　　制单：何明春

**表 2-49**　　　　　　　　**废品损失赔偿通知单**
　　　　　　　　　　　　　　　2019 年 3 月　　　　　　　　　　　　　　单位：元

| 部门 | 责任者 | 赔偿金额 | 备注 |
|---|---|---|---|
| 车体加工中心 | 王明达 | 100.00 | 废品件经查属责任赔偿 |
|  |  |  |  |
|  |  |  |  |

技术检查科：张小红　　　　　　　　　　　　　生产管理部：陈磊强

根据"废品通知单""工资通知单""废品损失赔偿通知单"编制会计分录：

借：废品损失——电动堆高车　　　　　　　　　532.00
　　贷：应付职工薪酬——工资　　　　　　　　　532.00
借：其他应收款——王明达　　　　　　　　　　100.00
　　贷：废品损失——电动堆高车　　　　　　　　100.00
借：生产成本——基本生产成本（电动堆高车）　432.00
　　贷：废品损失——电动堆高车　　　　　　　　432.00

## 二、核算停工损失

### （一）停工损失的含义

停工损失是指生产车间或车间内某个班组在停工期内发生的各项费用，包括停工期内支付的生产工人的薪酬、耗费的燃料和动力费以及应负担的制造费用等。应由过失单位、过失人员或保险公司负担的赔款，应从停工损失中扣除。

为了简化核算工作,停工不满一个工作日的,一般不计算停工损失。

### (二)停工损失的账务处理程序

单独核算停工损失的企业,应增设"停工损失"账户和"停工损失"成本项目。

根据停工报告单、费用分配表等有关凭证,将停工期内发生的应列为停工损失的费用记入"停工损失"账户的借方,即借记"停工损失"账户,贷记"原材料"、"应付职工薪酬"和"制造费用"等账户。

对于应由过失单位、过失人员或保险公司赔偿的停工损失,从"停工损失"账户贷方转入"其他应收款"账户借方;属于自然灾害等原因造成的非正常停工损失,从"停工损失"账户贷方转入"营业外支出"账户借方;对于其他原因造成的停工损失,如应由本月产品成本负担的部分,则转入"生产成本——基本生产成本"账户的借方。停工损失核算程序如图2-11所示。

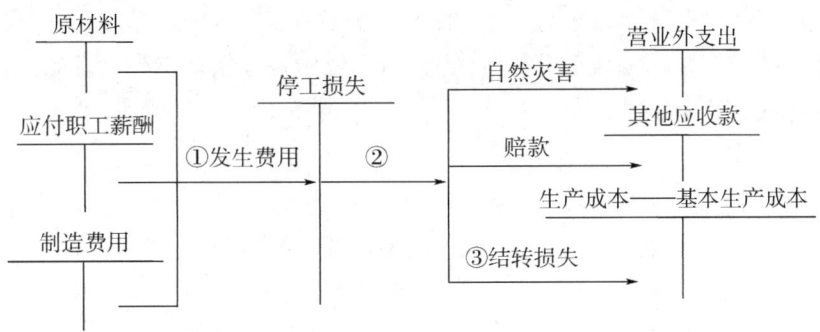

图2-11 停工损失核算程序

不单独核算停工损失的企业,不设置"停工损失"账户和"停工损失"成本项目。停工期间发生的属于停工损失的各项费用,分别记入"制造费用"和"营业外支出"等账户。

## 知识链接

### 停工损失的计算

××企业2019年3月因设备故障停工5天,停工期间应支付生产工人薪酬4 200.00元,应分配的制造费用1 000.00元。经查明,设备故障系外部供电线路漏电所致,更换线路发生原材料费用800.00元。对于停工损失,供电部门同意赔偿70%的费用,其余30%列作营业外支出。

借:停工损失——第二车间　　　　　　　　　　　6 000.00
　　贷:原材料　　　　　　　　　　　　　　　　　　800.00
　　　　应付职工薪酬　　　　　　　　　　　　　4 200.00
　　　　制造费用　　　　　　　　　　　　　　　1 000.00
借:其他应收款——保险公司　　　　　　　　　　4 200.00
　　营业外支出——非常损失　　　　　　　　　　1 800.00
　　贷:停工损失——第二车间　　　　　　　　　6 000.00

## 任务七　完工产品成本和在产品成本的核算

通过归集和分配,将原材料费用、动力费用、人工费用、辅助生产费用、制造费用等登记在基本生产成本明细账中,完成了生产费用在各产品之间分配的工作,接下来,需要核算完工产品成本和在产品成本,也就是将生产费用在完工产品和在产品之间进行分配。

### 一、完工产品和在产品的成本计算模式

#### (一)完工产品和在产品的含义

**1. 完工产品的含义**

完工产品,也称产成品,其含义有广义和狭义之分。

狭义的完工产品是指完成了全部生产过程,可作为商品出售的产品。

广义的完工产品既包括完成全部加工过程的产成品,也包括本步骤已经完工,转入下一步骤进一步加工的半成品。

**2. 在产品的含义**

在产品,也称在制品,其含义也有广义和狭义之分。

就整个企业而言,广义的在产品是指从产品生产开始投料起,到最终产品完工交付验收入库之前的一切未完工的产品。也就是企业已经开始投入生产,但是尚未最后完工,不能作为商品销售的产品。它包括:

(1)正在生产车间加工或装配中的在产品。

(2)已经完成一个或几个生产步骤还需继续加工留存在仓库或以后各生产步骤的在产品(这种在产品即为通常所称的半成品)。

(3)已经完成生产过程但是尚未验收入库或等待返修的在产品。

狭义的在产品仅指对某一个生产步骤或某一生产车间来说正在加工中的产品,以及正在修复过程中的废品,不包括本步骤或本车间已加工完成的半成品。

#### (二)完工产品与在产品之间的成本关系

在一个会计期间内,完工产品成本和在产品成本之间存在下列关系:

期初在产品成本＋本期生产费用＝本期完工产品成本＋期末在产品成本

需要说明的是,在品种法下,由于产品成本通常在月末进行计算,上述关系式又可演变为

月初在产品成本＋本月生产费用＝本月完工产品成本＋月末在产品成本

在上述关系式中,月初在产品成本就是上月末的在产品成本,是已知的;本月生产费用通过各种生产费用的归集与分配可以确定。因此,只要确定月末在产品成本,就能计算出本月完工产品成本。

从来源来看,本月用来生产产品的生产费用或者来自以前期间(即月初在产品),或者来

自本月投入的生产费用,在成本会计工作中,两者又称为生产费用累计数。从生产结果来看,这些生产费用在月末或者构成本月完工产品成本,或者构成月末在产品成本。

## (三)完工产品与在产品的成本计算模式

根据完工产品与在产品之间的成本关系,月末,如果企业生产的产品全部完工,则累计生产费用即为完工产品成本;如果产品全部未完工,则累计生产费用就是月末在产品成本;如果既有完工产品,又有未完工产品,则累计生产费用需要在完工产品和在产品之间采用适当的方法进行分配,以计算完工产品成本和月末在产品成本。

月末,如果既有完工产品,又有在产品,则计算本月完工产品成本和月末在产品成本存在三种模式:

(1)先计算本月完工产品成本,再计算月末在产品成本。

(2)先计算月末在产品成本,再计算本月完工产品成本。

(3)采用适当分配方法,同时计算本月完工产品成本和月末在产品成本。

### 能力训练 2-22

2019年3月哈尔滨三辅机械制造厂有限责任公司核算完工产品成本和月末在产品成本。

月初在产品成本见表2-50。

表 2-50　　　　　　　　月初在产品成本　　　　　　　　单位:元

| 产品 | 直接材料 | 直接人工 | 制造费用 | 合计 |
|---|---|---|---|---|
| 电动堆高车 | 82 800.00 | 11 700.00 | 32 500.00 | 127 000.00 |
| 电动托盘车 | 22 500.00 | 3 300.00 | 7 650.00 | 33 450.00 |

根据【能力训练2-1】至【能力训练2-21】归集汇总"生产成本——基本生产成本(电动堆高车)"和"生产成本——基本生产成本(电动托盘车)"账户的发生额:

生产成本——基本生产成本(电动堆高车)

直接材料＝5 775.00＋18 882.36＋146 937.51－4 599.62＝166 995.25(元)

直接人工＝19 450.00＋8 810.85＋432.00＝28 692.85(元)

制造费用＝104 155.00＋103 659.50＝207 814.50(元)

共计:403 502.60 元

生产成本——基本生产成本(电动托盘车)

直接材料＝4 200.00＋13 217.64＋85 712.49－2 914.06＝100 216.07(元)

直接人工＝8 177.28＋3 704.32＝11 881.60(元)

制造费用＝43 745.00＋43 537.06＝87 282.06(元)

共计:199 379.73 元

## 二、核算完工品成本和在产品成本

### (一)不计算在产品成本法

采用不计算在产品成本法时,虽然月末有在产品,但不计算其成本。也就是说,这种产品每月发生的成本之和即为每月完工产品成本。即

$$本月末在产品成本＝下月初在产品成本＝0$$
$$本月完工产品成本＝本月生产费用$$

这种方法适用于各月末在产品数量很少的产品。

### (二)在产品按固定成本计算法

采用在产品按固定成本计算法,各月末在产品成本固定不变。即

$$本月末在产品成本＝下月初在产品成本≠0$$
$$本月完工产品成本＝本月生产费用$$

在年末,在产品成本不应再按照固定不变的金额计价,否则会使固定金额计价的在产品成本与其实际成本有较大差异。因而在年末,应当根据实际盘点的在产品数量,具体计算在产品成本,据以计算12月的产品成本,同时将此年末在产品成本作为下一年度各月末固定在产品成本。

这种方法适用于月末在产品数量较大,但各月末变化不大的产品。

## 知 识 链 接

### 运用在产品按固定成本计算法计算产品成本

××企业2019年3月完工入库丙产品1 000千克,月末在产品400千克,采用在产品按固定成本计算法计算产品成本。月初在产品成本66 000.00元,其中直接材料30 000.00元,直接人工21 000.00元,制造费用15 000.00元。本月生产费用195 00.00元,其中直接材料80 000.00元,直接人工60 000.00元,制造费用55 000.00元。产品成本计算单见表2-51("入库单"略)。

表 2-51　　　　　　　　　产品成本计算单

产品:丙产品　　　　　　　2019年3月　　　　　　　　　　单位:元

| 项目 | 直接材料 | 直接人工 | 制造费用 | 合计 |
| --- | --- | --- | --- | --- |
| 月初在产品成本 | 30 000.00 | 21 000.00 | 15 000.00 | 66 000.00 |
| 本月生产费用 | 80 000.00 | 60 000.00 | 55 000.00 | 195 000.00 |
| 生产费用合计 | 110 000.00 | 81 000.00 | 70 000.00 | 261 000.00 |
| 本月完工产品成本 | 80 000.00 | 60 000.00 | 55 000.00 | 195 000.00 |
| 月末在产品成本 | 30 000.00 | 21 000.00 | 15 000.00 | 66 000.00 |

会计主管:　　　　　　　审核:　　　　　　　制单:

根据"产品成本计算单"和"入库单"编制会计分录：
借：库存商品——丙产品　　　　　　　　　　　　　　195 000.00
　　贷：生产成本——基本生产成本（丙产品）　　　　　　195 000.00

### （三）在产品按所耗材料成本计算法

采用在产品按所耗材料成本计算法，月末在产品只计算其所耗用的原材料成本，不计算人工、制造费用等加工成本，且将生产产品本月发生的加工成本全部由完工产品成本负担。即

月末（初）在产品成本＝月末（初）在产品成本中的材料成本

月初在产品成本中的加工成本＝月末在产品成本中的加工成本＝0

月初在产品成本中的材料成本 ＋ 本月发生的材料成本 ＝ 本月完工产品成本中的材料成本 ＋ 月末在产品成本中的材料成本

本月完工产品成本中的加工成本＝本月发生的加工成本

这种方法适用于月末在产品数量较大，各月在产品数量变化也较大，原材料成本在生产成本中所占比重较大且原材料在生产开始时一次投入的产品。

## 知识链接

### 运用在产品按所耗材料成本计算法计算产品成本

××企业2019年3月生产丁产品，采用在产品按所耗材料成本计算法计算产品成本。月初在产品成本为8 000.00元；本月发生生产费用42 640.00元，其中直接材料40 000.00元，人工费用1 440.00元，制造费用1 200.00元。本月完工产品120件，月末在产品30件。该产品所耗材料在生产开始时一次投入，材料费用按完工产品和月末在产品的数量比例进行分配。产品成本计算单见表2-52（入库单略）。

表2-52　　　　　　　　　　产品成本计算单
产品：丁产品　　　　　　　　2019年3月　　　　　　　　　　单位：元

| 项目 | 直接材料 | 直接人工 | 制造费用 | 合计 |
| --- | --- | --- | --- | --- |
| 月初在产品成本 | 8 000.00 | | | 8 000.00 |
| 本月生产费用 | 40 000.00 | 1 440.00 | 1 200.00 | 42 640.00 |
| 生产费用合计 | 48 000.00 | 1 440.00 | 1 200.00 | 50 640.00 |
| 本月完工产品成本 | 38 400.00 | 1 440.00 | 1 200.00 | 41 040.00 |
| 月末在产品成本 | 9 600.00 | | | 9 600.00 |

会计主管：　　　　　　　　　审核：　　　　　　　　制单：

根据"产品成本计算单"和"入库单"编制会计分录：
借：库存商品——丁产品　　　　　　　　　　　　　　41 040.00
　　贷：生产成本——基本生产成本（丁产品）　　　　　　41 040.00

### (四)在产品按定额成本计算法

采用在产品按定额成本计算法,月末在产品成本按定额成本计算,该产品的全部成本(包括月初在产品成本)减去按定额成本计算的月末在产品成本,余额为完工产品成本。

这种方法适用于定额管理基础较好,各项消耗定额比较准确、稳定,且各月在产品数量变化不大的产品。

## 能力训练 2-23

2019年3月哈尔滨三辅机械制造厂有限责任公司采用在产品按定额成本计算法核算完工产品成本和月末在产品成本。

单位产品定额成本见表2-53。

**表2-53    哈尔滨三辅机械制造厂有限责任公司单位产品定额成本表**

2019年3月                                                                                       单位:元

| 产品 | 直接材料 | 直接人工 | 制造费用 | 合计 |
| --- | --- | --- | --- | --- |
| 电动堆高车 | 2 835.60 | 682.56 | 1 845.56 | 5 363.72 |
| 电动托盘车 | 2 380.50 | 486.52 | 1 240.58 | 4 107.60 |

根据表2-1和表2-53计算月末在产品定额成本,见表2-54。

**表2-54    月末在产品定额成本计算表**

2019年3月                                                                                       金额单位:元

| 产品名称 | 在产品数量 | 直接材料 | | 直接人工 | | 制造费用 | | 总定额成本 |
| --- | --- | --- | --- | --- | --- | --- | --- | --- |
| | | 单位定额 | 总成本 | 单位定额 | 总成本 | 单位定额 | 总成本 | |
| 电动堆高车 | 10 | 2 835.60 | 28 356.00 | 682.56 | 3 412.80 | 1 845.56 | 9 227.80 | 40 996.60 |
| 电动托盘车 | 5 | 2 380.50 | 11 902.50 | 486.52 | 973.04 | 1 240.58 | 2 481.16 | 15 356.70 |

会计主管:袁晓玲           审核:孙正茂           制单:何明春

**请思考**

电动堆高车直接人工定额总成本3 412.80元,制造费用定额总成本9 227.80元是如何计算的?(提示:参照表2-1的数据)

根据月末在产品定额成本计算完工产品成本,见表2-55至表2-58。

**表2-55    产品成本计算单**

产品名称:电动堆高车           2019年3月
完工产品数量:70台        在产品数量:10台        完工进度:50%          单位:元

| 项目 | 直接材料 | 直接人工 | 制造费用 | 合计 |
| --- | --- | --- | --- | --- |
| 月初在产品成本 | 82 800.00 | 11 700.00 | 32 500.00 | 127 000.00 |
| 本月生产费用 | 166 995.25 | 28 692.85 | 207 814.50 | 403 502.60 |
| 生产费用合计 | 249 795.25 | 40 392.85 | 240 314.50 | 530 502.60 |
| 本月完工产品成本 | 221 439.25 | 36 980.05 | 231 086.70 | 489 506.00 |
| 月末在产品成本 | 28 356.00 | 3 412.80 | 9 227.80 | 40 996.60 |

会计主管:袁晓玲           审核:孙正茂           制单:何明春

表2-56　　　　　　　　　　　产品成本计算单

产品名称：电动托盘车　　　　　　2019年3月
完工产品数量：40台　　在产品数量：5台　　完工进度：40%　　　　　单位：元

| 项目 | 直接材料 | 直接人工 | 制造费用 | 合计 |
|---|---|---|---|---|
| 月初在产品成本 | 22 500.00 | 3 300.00 | 7 650.00 | 33 450.00 |
| 本月生产费用 | 100 216.07 | 11 881.60 | 87 282.06 | 199 379.73 |
| 生产费用合计 | 122 716.07 | 15 181.60 | 94 932.06 | 232 829.73 |
| 完工产品成本 | 110 813.57 | 14 208.56 | 92 450.90 | 217 473.03 |
| 月末在产品成本 | 11 902.50 | 973.04 | 2 481.16 | 15 356.70 |

会计主管：袁晓玲　　　　审核：孙正茂　　　　制单：何明春

表2-57　　　　　　　　　　　完工产品成本汇总表
2019年3月　　　　　　　　　　　　　　　　　　　单位：元

| 产品名称 | | 产量（台） | 直接材料 | 直接人工 | 制造费用 | 合计 |
|---|---|---|---|---|---|---|
| 电动堆高车 | 总成本 | 70 | 221 439.25 | 36 980.05 | 231 086.70 | 489 506.00 |
| | 单位成本 | | 3 163.42 | 528.29 | 3 301.24 | 6 992.95 |
| 电动托盘车 | 总成本 | 40 | 110 813.57 | 14 208.56 | 92 450.90 | 217 473.03 |
| | 单位成本 | | 2 770.34 | 355.21 | 2 311.27 | 5 436.82 |

会计主管：袁晓玲　　　　审核：孙正茂　　　　制单：何明春

表2-58　　　　　　　　　　　入　库　单
交库部门：基本生产车间　　　　2019年3月　　　　　　产成品库：二号库

| 产品名称 | 计量单位 | 实收数量 | 单位成本 | 总成本 |
|---|---|---|---|---|
| 电动堆高车 | 台 | 70 | 6 992.95 | 489 506.00 |
| 电动托盘车 | 台 | 40 | 5 436.82 | 217 473.03 |
| | | | | |
| 合　计 | | | | 706 979.03 |

保管：吕彩晶　　　　检验：邹旭强　　　　交库：张琪伟

根据"产品成本计算单"、"完工产品成本汇总表"和"入库单"编制会计分录：

借：库存商品——电动堆高车　　　　　　　　　489 506.00
　　　　　　——电动托盘车　　　　　　　　　217 473.03
　贷：生产成本——基本生产成本（电动堆高车）　489 506.00
　　　　　　——基本生产成本（电动托盘车）　217 473.03

## （五）约当产量比例法

采用约当产量比例法时，应将月末在产品数量按照其完工程度折算为相当于完工产品的产量，即约当产量，然后将产品应负担的全部成本按照完工产品产量与月末在产品约当产量的比例分配计算完工产品成本和月末在产品成本。

这种方法适用于月末在产品数量较多,各月末在产品数量变化较大,且产品成本中原材料费用和加工费用比重相差不多的产品。

采用约当产量比例法计算完工产品成本和月末在产品成本,关键是正确计算在产品的约当产量,而约当产量计算正确与否主要取决于在产品的完工程度,即投料率和加工程度。

由于产品成本各个成本项目的投入方式不同,因而需要分不同的成本项目计算月末在产品约当产量。也就是说,分配直接材料费用时用投料率计算其对应的月末在产品约当产量,分配直接人工和制造费用等其他加工费用时用加工程度计算其对应的月末在产品约当产量。

另外,企业产品生产根据生产工序可以划分为分工序生产和不分工序生产两类,在两种生产方式下,计算月末在产品约当产量的方法也不同。

**1. 不分工序生产的计算**

(1)原材料(或直接材料)对应的约当产量计算

不分工序生产情况下,原材料的投料方式一般有两种:一种是原材料在产品生产开始时一次投入;另一种是原材料随生产进度陆续投入。

①原材料在生产开始时一次投入

大多数企业原材料的投料方式是在生产开始时一次投入,在产品生产中,在产品和完工产品均衡负担原材料成本,即投料率为100%。此时,分配直接材料费用的计算公式为

$$直接材料分配率=\frac{月初在产品成本中直接材料+本月发生直接材料}{完工产品产量+月末在产品产量\times 100\%}$$

$$月末在产品成本中直接材料=直接材料分配率\times 月末在产品产量\times 100\%$$

$$完工产品成本中直接材料=直接材料分配率\times 完工产品产量$$

②原材料随生产进度陆续投入

若原材料随生产进度陆续投入,则在产品的单位材料消耗就会低于完工产品的单位材料消耗,这时需要根据投料率将月末在产品产量折算成约当产量。此时,分配直接材料费用的计算公式为

$$直接材料分配率=\frac{月初在产品成本中直接材料+本月发生直接材料}{完工产品产量+月末在产品产量\times 投料率}$$

$$月末在产品成本中直接材料=直接材料分配率\times 月末在产品产量\times 投料率$$

$$完工产品成本中直接材料=直接材料分配率\times 完工产品产量$$

需要说明的是,如果原材料随着加工进度陆续投入,投料率等于加工程度。

(2)加工费用对应的约当产量计算

加工程度一般是根据在产品实际或定额生产工时占完工产品实际或定额生产工时的比例来计算的。此时,分配加工费用的计算公式为

$$加工费用分配率=\frac{月初在产品成本中加工费用+本月发生加工费用}{完工产品产量+月末在产品产量\times 加工程度}$$

$$月末在产品成本中加工费用=加工费用分配率\times 月末在产品产量\times 加工程度$$

$$完工产品成本中加工费用=加工费用分配率\times 完工产品产量$$

微课:加工程度的计算方法

## 能力训练 2-24

2019年3月哈尔滨三辅机械制造厂有限责任公司采用约当产量比例法核算完工产品成本和月末在产品成本,见表2-59至表2-62。

**表 2-59　　　　　　　　　　　产品成本计算单**

产品名称:电动堆高车　　　　　　　2019年3月

完工产品数量:70台　　在产品数量:10台　　完工进度:50%　　　　单位:元

| 项目 | 直接材料 | 直接人工 | 制造费用 | 合计 |
|---|---|---|---|---|
| 月初在产品成本 | 82 800.00 | 11 700.00 | 32 500.00 | 127 000.00 |
| 本月生产费用 | 166 995.25 | 28 692.85 | 207 814.50 | 403 502.60 |
| 生产费用合计 | 249 795.25 | 40 392.85 | 240 314.50 | 530 502.60 |
| 完工产品产量 | 70 | 70 | 70 | |
| 在产品约当产量 | 10 | 5 | 5 | |
| 约当总产量 | 80 | 75 | 75 | |
| 费用分配率 | 3 122.440 6 | 538.571 3 | 3 204.193 3 | |
| 完工产品成本 | 218 570.84 | 37 699.99 | 224 293.53 | 480 564.36 |
| 月末在产品成本 | 31 224.41 | 2 692.86 | 16 020.97 | 49 938.24 |

会计主管:袁晓玲　　　　　审核:孙正茂　　　　　制单:何明春

**表 2-60　　　　　　　　　　　产品成本计算单**

产品名称:电动托盘车　　　　　　　2019年3月

完工产品数量:40台　　在产品数量:5台　　完工进度:40%　　　　单位:元

| 项目 | 直接材料 | 直接人工 | 制造费用 | 合计 |
|---|---|---|---|---|
| 月初在产品成本 | 22 500.00 | 3 300.00 | 7 650.00 | 33 450.00 |
| 本月生产费用 | 100 216.07 | 11 881.60 | 87 282.06 | 199 379.73 |
| 生产费用合计 | 122 716.07 | 15 181.60 | 94 932.06 | 232 829.73 |
| 完工产品产量 | 40 | 40 | 40 | |
| 在产品约当产量 | 5 | 2 | 2 | |
| 约当总产量 | 45 | 42 | 42 | |
| 费用分配率 | 2 727.023 8 | 361.466 7 | 2 260.287 1 | |
| 完工产品成本 | 109 080.95 | 14 458.67 | 90 411.48 | 213 951.10 |
| 月末在产品成本 | 13 635.12 | 722.93 | 4 520.58 | 18 878.63 |

会计主管:袁晓玲　　　　　审核:孙正茂　　　　　制单:何明春

表 2-61　　　　　　　　　　　　**完工产品成本汇总表**

2019 年 3 月　　　　　　　　　　　　　　　　单位:元

| 产品名称 | | 产量(台) | 直接材料 | 直接人工 | 制造费用 | 合计 |
|---|---|---|---|---|---|---|
| 电动堆高车 | 总成本 | 70 | 218 570.84 | 37 699.99 | 224 293.53 | 480 564.36 |
|  | 单位成本 |  | 3 122.44 | 538.57 | 3 204.19 | 6 865.20 |
| 电动托盘车 | 总成本 | 40 | 109 080.95 | 14 458.67 | 90 411.48 | 213 951.10 |
|  | 单位成本 |  | 2 727.02 | 361.47 | 2 260.29 | 5 348.78 |

会计主管:袁晓玲　　　　　　审核:孙正茂　　　　　　制单:何明春

表 2-62　　　　　　　　　　　　**入库单**

交库部门:基本生产车间　　　　2019 年 3 月　　　　　　产成品库:二号库

| 产品名称 | 计量单位 | 实收数量 | 单位成本 | 总成本 |
|---|---|---|---|---|
| 电动堆高车 | 台 | 70 | 6 865.20 | 480 564.36 |
| 电动托盘车 | 台 | 40 | 5 348.78 | 213 951.10 |
|  |  |  |  |  |
| 合　计 |  |  |  | 694 515.46 |

保管:吕彩晶　　　　检验:邹旭强　　　　交库:张琪伟

根据"产品成本计算单"、"完工产品成本汇总表"和"入库单"编制会计分录:

借:库存商品——电动堆高车　　　　　　　　　480 564.36
　　　　　　——电动托盘车　　　　　　　　　213 951.10
　贷:生产成本——基本生产成本(电动堆高车)　480 564.36
　　　　　　　——基本生产成本(电动托盘车)　213 951.10

**请思考**

【能力训练 2-23】与【能力训练 2-24】中产品成本计算的两种方法结果不一样,都正确吗?

**2. 分工序生产的计算**

较为复杂的情况是产品生产分工序进行,各道工序之间存在先后顺序,而且月末各道工序都结存在产品。

(1)原材料(或直接材料)对应的约当产量计算

在分工序生产的情况下,原材料的投料方式通常包括以下三种情况:生产开始时一次投入、在各道工序开始时一次投入、分工序随加工进度陆续投入。

① 原材料生产开始时一次投入

这种投料方式与不分工序生产原材料在生产开始时一次投入的情况相同,在产品和完工产品均衡负担原材料成本,分配直接材料时对应的月末在产品约当产量就是月末各道工序在产品产量之和。其计算公式为

> 直接材料对应的在产品约当产量＝∑各道工序月末在产品产量

## 知 识 链 接

**原材料生产开始时一次投入——在产品约当产量计算**

××企业甲产品的生产经过两道工序进行，月末完工产品1 000件，在产品800件，其中第一道工序500件，第二道工序300件。单位产品原材料定额消耗量200千克，其中第一道工序80千克，第二道工序120千克。原材料生产开始时一次投入。

直接材料对应的在产品约当总产量＝500＋300＝800（件）

② 原材料在各道工序开始时一次投入

在这种投料方式下，某道工序的产品不论是否完成该道工序的全部加工过程，该道工序的在产品和该道工序完工的半成品均衡负担原材料成本。直接材料对应的在产品约当产量的计算公式为

> 某道工序在产品投料率＝$\dfrac{\text{前道工序累计原材料定额消耗量}＋\text{该道工序原材料定额消耗量}}{\text{单位产品定额消耗量}}$
>
> 某道工序直接材料对应的在产品约当产量＝该道工序在产品产量×该道工序在产品投料率
>
> 直接材料对应的在产品约当总产量＝∑各道工序直接材料对应的在产品约当产量

## 知 识 链 接

**原材料在各道工序开始时一次投入——在产品约当产量计算**

××企业甲产品的生产经过两道工序进行，月末完工产品1 000件，在产品800件，其中第一道工序500件，第二道工序300件。单位产品原材料定额消耗量200千克，其中第一道工序80千克，第二道工序120千克。原材料在各工序开始时一次投入。

第一道工序在产品投料率＝$\dfrac{80}{200}×100\%＝40\%$

第一道工序直接材料对应的在产品约当产量＝500×40%＝200（件）

第二道工序在产品投料率＝$\dfrac{80＋120}{200}×100\%＝100\%$

第二道工序直接材料对应的在产品约当产量＝300×100%＝300（件）

直接材料对应的在产品约当总产量＝200＋300＝500（件）

③原材料分工序随加工进度陆续投入

在这种方式下，原材料分工序投入，且随着加工进度陆续发生。对于某一道工序而言，前道工序的原材料全部消耗，但是该道工序的原材料并没有全部消耗，假设其均衡消耗，可以认为消耗水平为该道工序原材料消耗的50%。直接材料对应的在产品约当产量的计算公式为

$$\text{某道工序在产品投料率} = \frac{\text{前道工序累计原材料定额消耗量} + \text{该道工序原材料定额消耗量} \times 50\%}{\text{单位产品定额消耗量}}$$

$$\text{某道工序直接材料对应的在产品约当产量} = \text{该道工序月末在产品产量} \times \text{该道工序在产品投料率}$$

$$\text{直接材料对应的在产品约当总产量} = \sum \text{各道工序直接材料对应的在产品约当产量}$$

## 知 识 链 接

### 原材料分工序随加工进度陆续投入——在产品约当产量计算

××企业甲产品的生产经过两道工序进行，月末完工产品1 000件，在产品800件，其中第一道工序500件，第二道工序300件。单位产品原材料定额消耗量200千克，其中第一道工序80千克，第二道工序120千克。原材料分工序陆续投入。

第一道工序在产品投料率 $= \dfrac{80 \times 50\%}{200} \times 100\% = 20\%$

第一道工序直接材料对应的在产品约当产量 $= 500 \times 20\% = 100$（件）

第二道工序在产品投料率 $= \dfrac{80 + 120 \times 50\%}{200} \times 100\% = 70\%$

第二道工序直接材料对应的在产品约当产量 $= 300 \times 70\% = 210$（件）

直接材料对应的在产品约当总产量 $= 100 + 210 = 310$（件）

(2)加工费用对应的约当产量计算

加工费用一般都是随着加工进度陆续发生的。某一道工序的在产品，前道工序的加工费用全部消耗，该道工序的加工费用根据实际加工进度来确定，可以认为其平均加工程度为50%，而加工程度一般根据定额生产工时来确定。加工费用对应的在产品约当产量的计算公式为

$$\text{某道工序在产品加工程度} = \frac{\text{前道工序累计定额工时} + \text{该道工序定额工时} \times 50\%}{\text{单位产品定额工时}}$$

$$\text{某道工序加工费用对应的在产品约当产量} = \text{该道工序月末在产品产量} \times \text{该道工序在产品加工程度}$$

$$\text{加工费用对应的在产品约当总产量} = \sum \text{各道工序加工费用对应的在产品约当产量}$$

## 知 识 链 接

### 加工费用对应的在产品约当产量计算

××企业甲产品的生产经过两道工序进行。2019年3月末完工产品1 000件，月末在产品800件，其中第一道工序500件，第二道工序300件。单位产品定额工时50小时，其中第一道工序16小时，第二道工序34小时。

第一道工序在产品加工程度 $=\dfrac{16\times 50\%}{50}\times 100\%=16\%$

第一道工序加工费用对应的在产品约当产量 $=500\times 16\%=80$（件）

第二道工序在产品加工程度 $=\dfrac{16+34\times 50\%}{50}\times 100\%=66\%$

第二道工序加工费用对应的在产品约当产量 $=300\times 66\%=198$（件）

加工费用对应的在产品约当总产量 $=80+198=278$（件）

## 知识链接

### 分工序生产的约当产量比例法计算

××企业生产甲产品，按约当产量比例法计算完工产品成本和月末在产品成本。2019年3月，月初在产品成本16 370.00元，其中直接材料8 120.00元，直接人工3 450.00元，制造费用4 800.00元；本月发生生产费用148 283.00元，其中直接材料59 257.00元，直接人工38 156.00元，制造费用50 870.00元。该产品由两道工序加工而成，原材料在每道工序开始时一次投入。单位产品定额消耗量200千克，其中第一道工序70千克，第二道工序130千克。单位产品定额工时25小时，其中第一道工序15小时，第二道工序10小时。各工序在产品的加工程度均按50%计算。完工产品500件，月末在产品120件，其中第一道工序20件，第二道工序100件。

第一，计算在产品约当产量。

计算直接材料对应的在产品约当产量，见表2-63。

表2-63　　　　　　　　投料率及其约当产量计算表
2019年3月

| 工序 | 单位产品定额消耗量 | 在产品投料率 | 在产品数量 | 在产品约当产量 |
| --- | --- | --- | --- | --- |
| 第一道工序 | 70 | 35% | 20 | 7 |
| 第二道工序 | 130 | 100% | 100 | 100 |
| 合计 | 200 | — | 120 | 107 |

会计主管：　　　　　　　　审核：　　　　　　　　制单：

第一道工序投料率 $=\dfrac{70}{70+130}\times 100\%=35\%$

第二道工序投料率 $=\dfrac{70+130}{70+130}\times 100\%=100\%$

计算人工费用和制造费用对应的在产品约当产量，见表2-64。

表2-64　　　　　　　　加工程度及其约当产量计算表
2019年3月

| 工序 | 单位产品定额工时 | 在产品加工程度 | 在产品数量 | 在产品约当产量 |
| --- | --- | --- | --- | --- |
| 第一道工序 | 15 | 30% | 20 | 6 |
| 第二道工序 | 10 | 80% | 100 | 80 |
| 合计 | 25 | — | 120 | 86 |

会计主管：　　　　　　　　审核：　　　　　　　　制单

第一道工序加工程度 = $\dfrac{15 \times 50\%}{15+10} \times 100\% = 30\%$

第二道工序加工程度 = $\dfrac{15 + 10 \times 50\%}{15+10} \times 100\% = 80\%$

第二,计算完工产品和月末在产品成本,见表 2-65。

**表 2-65　　　　　　　　　　产品成本计算单**

产品:甲产品　　产量:500 件　　　　2019 年 3 月　　　　　　　　　　单位:元

| 项目 | 直接材料 | 直接人工 | 制造费用 | 合计 |
| --- | --- | --- | --- | --- |
| 月初在产品成本 | 8 120.00 | 3 450.00 | 4 800.00 | 16 370.00 |
| 本月生产费用 | 59 257.00 | 38 156.00 | 50 870.00 | 148 283.00 |
| 生产费用合计 | 67 377.00 | 41 606.00 | 55 670.00 | 164 653.00 |
| 完工产品产量 | 500 | 500 | 500 | |
| 在产品约当产量 | 107 | 86 | 86 | |
| 约当总产量 | 607 | 586 | 586 | |
| 费用分配率 | 111 | 71 | 95 | |
| 完工产品成本 | 55 500.00 | 35 500.00 | 47 500.00 | 138 500.00 |
| 月末在产品成本 | 11 877.00 | 6 106.00 | 8 170.00 | 26 153.00 |

会计主管:　　　　　　　　　　审核:　　　　　　　　制单:

第三,填制入库单,见表 2-66。

**表 2-66　　　　　　　　　　入库单**

交库部门:基本生产车间　　　　2019 年 3 月　　　　　　　　产成品库:二号库

| 产品名称 | 计量单位 | 实收数量 | 单位成本 | 总成本 |
| --- | --- | --- | --- | --- |
| 甲产品 | 件 | 500 | 277.00 | 138 500.00 |
| | | | | |
| | | | | |
| 合计 | | | | 138 500.00 |

保管:　　　　　　　　检验:　　　　　　　　交库:

根据"产品成本计算单"和"入库单"编制会计分录:

借:库存商品——甲产品　　　　　　　　　　138 500.00
　　贷:生产成本——基本生产成本(甲产品)　　138 500.00

## (六)定额比例法

采用定额比例法,产品的生产成本在完工产品和月末在产品之间按照两者的定额消耗量或定额工时比例分配。

这种方法适用于定额管理基础较好,各项消耗定额比较准确、稳定,各月末在产品数量变化较大的产品。

$$费用分配率=\frac{月初在产品成本+本月生产费用}{完工产品定额消耗量(定额工时)+月末在产品定额消耗量(定额工时)}$$

完工产品成本＝完工产品定额消耗量(定额工时)×费用分配率

月末在产品成本＝月末在产品定额消耗量(定额工时)×费用分配率

### 能力训练 2-25

2019年3月哈尔滨三辅机械制造厂有限责任公司采用定额比例法核算完工产品成本和月末在产品成本,见表2-67至表2-70。

表2-67　　　　　　　　　　　产品成本计算单

产品名称:电动堆高车　　　　　　2019年3月

完工产品数量:70台　　在产品数量:10台　　完工进度:50%　　单位:元

| 项目 | 直接材料 | 直接人工 | 制造费用 | 合计 |
| --- | --- | --- | --- | --- |
| 月初在产品成本 | 82 800.00 | 11 700.00 | 32 500.00 | 127 000.00 |
| 本月生产费用 | 166 995.25 | 28 692.85 | 207 814.50 | 403 502.60 |
| 生产费用合计 | 249 795.25 | 40 392.85 | 240 314.50 | 530 502.60 |
| 完工产品定额 | 198 492.00 | 3 500 | 3 500 | |
| 在产品定额 | 28 356.00 | 250 | 250 | |
| 定额合计 | 226 848.00 | 3 750 | 3 750 | |
| 费用分配率 | 1.101 2 | 10.771 4 | 64.083 9 | |
| 完工产品成本 | 218 579.39 | 37 699.90 | 224 293.65 | 480 572.94 |
| 月末在产品成本 | 31 215.86 | 2 692.95 | 16 020.85 | 49 929.66 |

会计主管:袁晓玲　　　审核:孙正茂　　　制单:何明春

**请思考**

表2-67中,完工产品定额198 492.00元与3 500小时、在产品定额28 356.00元与250小时是如何计算的?

表2-68　　　　　　　　　　　产品成本计算单

产品名称:电动托盘车　　　　　　2019年3月

完工产品数量:40台　　在产品数量:5台　　完工进度:40%　　单位:元

| 项目 | 直接材料 | 直接人工 | 制造费用 | 合计 |
| --- | --- | --- | --- | --- |
| 月初在产品成本 | 22 500.00 | 3 300.00 | 7 650.00 | 33 450.00 |
| 本月生产费用 | 100 216.07 | 11 881.60 | 87 282.06 | 199 379.73 |
| 生产费用合计 | 122 716.07 | 15 181.60 | 94 932.06 | 232 829.73 |
| 完工产品定额 | 95 220.00 | 1 200 | 1 200 | |
| 在产品定额 | 11 902.50 | 60 | 60 | |
| 定额合计 | 107 122.50 | 1 260 | 1 260 | |
| 费用分配率 | 1.145 6 | 12.048 9 | 75.342 9 | |
| 完工产品成本 | 109 084.03 | 14 458.68 | 90 411.48 | 213 954.19 |
| 月末在产品成本 | 13 632.04 | 722.92 | 4 520.58 | 18 875.54 |

会计主管:袁晓玲　　　审核:孙正茂　　　制单:何明春

### 请思考

表 2-68 中,完工产品定额 95 220.00 元与 1 200 小时、在产品定额 11 902.50 元与 60 小时是如何计算的?

表 2-69　　　　　　　　　　**完工产品成本汇总表**
2019 年 3 月

| 产品名称 | | 产量(台) | 直接材料 | 直接人工 | 制造费用 | 合计 |
|---|---|---|---|---|---|---|
| 电动堆高车 | 总成本 | 70 | 218 579.39 | 37 699.90 | 224 293.65 | 480 572.94 |
| | 单位成本 | | 3 122.56 | 538.57 | 3 204.20 | 6 865.33 |
| 电动托盘车 | 总成本 | 40 | 109 084.03 | 14 458.68 | 90 411.48 | 213 954.19 |
| | 单位成本 | | 2 727.10 | 361.47 | 2 260.29 | 5 348.86 |

会计主管:袁晓玲　　　　　审核:孙正茂　　　　　制单:何明春

表 2-70　　　　　　　　　　**入库单**
交库部门:基本生产车间　　　2019 年 3 月　　　　　产成品库:二号库

| 产品名称 | 计量单位 | 实收数量 | 单位成本 | 总成本 |
|---|---|---|---|---|
| 电动堆高车 | 台 | 70 | 6 865.33 | 480 572.94 |
| 电动托盘车 | 台 | 40 | 5 348.86 | 213 954.19 |
| | | | | |
| 合　计 | | | | 694 527.13 |

保管:吕彩晶　　　　检验:邹旭强　　　　交库:张琪伟

根据"产品成本计算单"、"完工产品成本汇总表"和"入库单"编制会计分录:

借:库存商品——电动堆高车　　　　　　　　　　　480 572.94
　　　　　　——电动托盘车　　　　　　　　　　　213 954.19
　贷:生产成本——基本生产成本(电动堆高车)　　　480 572.94
　　　　　　——基本生产成本(电动托盘车)　　　213 954.19

## 项目小结

本项目主要内容是品种法核算产品成本,包括原材料费用的归集和分配、人工费用的归集和分配、其他费用的归集和分配、辅助生产费用的归集和分配、制造费用的归集和分配、损失性费用的核算以及完工产品成本和在产品成本的核算。

```
                    ┌ 原材料费用的归集和分配 ┌ 归集原材料费用
                    │                    └ 分配原材料费用
                    │ 人工费用的归集和分配  ┌ 归集人工费用
                    │                    └ 分配人工费用
品                  │ 其他费用的归集和分配  ┌ 归集其他费用
种                  │                    └ 分配其他费用
法
核                  ┤ 辅助生产费用的归集和分配 ┌ 归集辅助生产费用
算                  │                      └ 分配辅助生产费用
产
品                  │ 制造费用的归集和分配  ┌ 归集制造费用
成                  │                    └ 分配制造费用
本                  │ 损失性费用的核算    ┌ 核算废品损失
                    │                    └ 核算停工损失
                    └ 完工产品成本和在产品成本的核算 ┌ 完工产品和在产品的成本计算模式
                                                 └ 核算完工产品成本和在产品成本
```

### 问题思考

1. 原材料费用分配有哪几种方法？
2. 辅助生产车间有哪几种生产类型？其产品或劳务成本如何结转？
3. 辅助生产车间的制造费用有几种归集方式？如何进行归集？
4. 辅助生产费用核算有哪几种方法？其适用范围是什么？
5. 制造费用核算有哪几种方法？其适用范围是什么？
6. 什么是废品？什么是废品损失？废品损失如何计算？
7. 生产费用在完工产品和在产品之间分配有哪几种方法？其适用范围是什么？
8. 什么是约当产量？计算约当产量所依据的投料率和加工程度应如何计算？

## 职业能力·职业资格测试

### 一、单项选择题

1. 品种法适用的生产组织是（　　）。
   A. 大量大批生产　　　　　　　　B. 大量成批生产
   C. 大量小批生产　　　　　　　　D. 单件小批生产
2. 品种法一般定期在（　　）计算产品的生产成本。
   A. 生产周期末　　　　　　　　　B. 产品销售时
   C. 月末　　　　　　　　　　　　D. 产品完工时

3. 品种法的成本计算对象是（　　）。

A. 产品的品种　　　　　　　　　　　B. 产品的批别或订单

C. 产品生产工序　　　　　　　　　　D. 各种产品的类别

4. 企业本月生产甲产品 520 件，乙产品 480 件，共领用原材料 15 000 千克，单价 0.80 元/千克。本月甲、乙产品定额消耗量分别为 19 500 千克和 10 500 千克。按照定额消耗量比例法，原材料费用的分配率为（　　）。

A. 0.50　　　　　　　　　　　　　　B. 0.55

C. 0.40　　　　　　　　　　　　　　D. 0.60

5. 基本生产车间生产产品消耗的原材料应记入（　　）账户。

A. "制造费用"　　　　　　　　　　　B. "生产成本——基本生产成本"

C. "管理费用"　　　　　　　　　　　D. "财务费用"

6. 生产车间发生的直接用于产品生产的人工费用应借记（　　）账户。

A. "管理费用"　　　　　　　　　　　B. "生产成本——基本生产成本"

C. "销售费用"　　　　　　　　　　　D. "制造费用"

7. 基本生产车间应付管理人员工资应记入（　　）账户。

A. "生产成本"　　　　　　　　　　　B. "制造费用"

C. "应付工资"　　　　　　　　　　　D. "管理费用"

8. 人工费用的分配方法主要采用（　　）。

A. 定额消耗量比例法　　　　　　　　B. 产品产量比例法

C. 生产工时比例法　　　　　　　　　D. 定额成本法

9. 计入产品成本的各种工资，按其用途不可能借记（　　）账户。

A. "生产成本——基本生产成本"　　　B. "制造费用"

C. "生产成本——辅助生产成本"　　　D. "管理费用"

10. 专设销售机构人员的工资应记入（　　）账户。

A. "管理费用"　　　　　　　　　　　B. "制造费用"

C. "财务费用"　　　　　　　　　　　D. "销售费用"

11. 基本生产车间固定资产折旧费应记入（　　）账户。

A. "生产成本——基本生产成本"　　　B. "生产成本——辅助生产成本"

C. "制造费用"　　　　　　　　　　　D. "管理费用"

12. 厂部行政管理部门水电费应记入（　　）账户。

A. "制造费用"　　　　　　　　　　　B. "管理费用"

C. "生产成本"　　　　　　　　　　　D. "财务费用"

13. 辅助生产车间发生的制造费用（　　）。

A. 必须通过"制造费用"总账账户核算

B. 不必通过"制造费用"总账账户核算

C. 根据具体情况，可以记入"制造费用"总账账户，也可以直接记入"生产成本——辅助生产成本"账户

D. 首先记入"生产成本——辅助生产成本"账户

14. 如果辅助生产车间规模不大,制造费用不多,为了简化核算工作,其制造费用可以直接记入( )账户。
    A. "制造费用"                B. "生产成本——基本生产成本"
    C. "生产成本——辅助生产成本"   D. "管理费用"

15. 使分配结果最准确的辅助生产费用分配方法是( )。
    A. 直接分配法                B. 交互分配法
    C. 代数分配法                D. 计划成本分配法

16. 辅助生产费用各种分配方法中,有利于成本控制、考核各部门的业绩的是( )。
    A. 直接分配法                B. 代数分配法
    C. 交互分配法                D. 计划成本分配法

17. 分配辅助生产费用采用的交互分配法,对外分配的费用总额是( )。
    A. 交互分配前的费用
    B. 交互分配前的费用减去交互分配转出的费用
    C. 交互分配前的费用加上交互分配转入的费用
    D. 交互分配前的费用再加上交互分配转入的费用,减去交互分配转出的费用

18. 辅助生产费用的直接分配法,是将辅助生产费用( )。
    A. 直接计入基本生产成本
    B. 直接计入辅助生产成本
    C. 直接分配给所有受益单位
    D. 直接分配给辅助生产以外的各受益单位

19. 在各辅助生产车间相互提供劳务很少的情况下,适宜采用的辅助生产费用分配方法是( )。
    A. 交互分配法                B. 代数分配法
    C. 计划成本分配法             D. 直接分配法

20. 下列关于辅助生产费用分配的方法中,需要经过两次分配的是( )。
    A. 直接分配法                B. 交互分配法
    C. 代数分配法                D. 计划分配率法

21. 下列制造费用分配方法中,"制造费用"账户可能出现余额的是( )。
    A. 生产工人工时比例法          B. 生产工人工资比例法
    C. 机器工时比例法             D. 按年度计划分配率法

22. 机器工时比例分配法适用于( )。
    A. 季节性生产的车间           B. 机械化程度大致相同的各种产品
    C. 制造费用较多的车间          D. 机械化程度较高的车间

23. 适合季节性生产的车间分配制造费用的方法是( )。
    A. 机器工时比例法             B. 生产工人工资比例法
    C. 按年度计划分配率法          D. 生产工人工时比例法

24. 下列各项中,不属于废品损失的是( )。
    A. 可以降价出售的不合格产品的降价损失

B. 可修复废品的修复费用
C. 不可修复废品的生产成本扣除回收残料价值以后的损失
D. 生产过程中发现的和入库后发现的不可修复废品的生产成本

25. 计算可修复费用的废品损失,不需要考虑(    )。
  A. 可修复废品的生产成本　　　　　B. 回收废料价值
  C. 可修复废品的修理费用　　　　　D. 过失人赔偿款

26. 结转不可修复费用的生产成本应借记"废品损失"账户,贷记(    )账户。
  A."库存商品"　　　　　　　　　　B."生产成本——基本生产成本"
  C."制造费用"　　　　　　　　　　D."原材料"

27. 生产过程中发现的或入库后发现的各种产品的废品损失,应包括(    )。
  A. 不可修复废品报废损失　　　　　B. 实行三包的企业,产品售后发生的损失
  C. 实行"三包"损失　　　　　　　　D. 管理不善损坏变质损失

28. 因自然灾害造成的停工损失,应记入(    )账户。
  A."管理费用"　　　　　　　　　　B."制造费用"
  C."营业外支出"　　　　　　　　　D."生产成本"

29. 各月末在产品数量很少的产品,生产费用在完工产品与在产品之间分配宜采用(    )。
  A. 不计算在产品成本法　　　　　　B. 在产品按固定成本计算法
  C. 在产品按所耗材料成本计算法　　D. 在产品按定额成本计算法

30. 在产品按固定成本计算法适用的产品是(    )。
  A. 月末在产品数量很少　　　　　　B. 月末在产品数量较多,各月变化较大
  C. 月末在产品数量很大　　　　　　D. 月末在产品数量较多,各月变化不大

31. 在产品按所耗材料成本计算法适用于(    )。
  A. 月末在产品数量很少　　　　　　B. 月末在产品接近完工
  C. 材料在成本中占比较大　　　　　D. 在产品数量虽多但比较均衡

32. 如果某种产品的月末在产品数量较大,各月在产品数量变化也较大,且产品成本中原材料费用和加工费用比重相差不多,生产费用在完工产品与月末在产品之间分配应采用的方法是(    )。
  A. 不计算在产品成本法　　　　　　B. 约当产量比例法
  C. 在产品按固定成本计算法　　　　D. 定额比例法

33. 分配加工费用时所采用的在产品的加工程度是指产品(    )与完工产品定额工时的比率。
  A. 所在工序的定额工时
  B. 前面各工序定额工时与所在工序定额工时之半的合计数
  C. 所在工序的累计定额工时
  D. 所在工序的定额工时之半

34. 产品要经历三道工序完成,各工序单位产品材料消耗定额分别为50千克、35千克和15千克,材料在每道工序生产开始时一次投入,则第二道工序在产品的投料率是(    )。
  A. 100%　　　　　　　　　　　　　B. 50%
  C. 85%　　　　　　　　　　　　　　D. 35%

35. 产品经过两道工序,各工序的定额工时分别为30小时和20小时,则第二道工序的加工程度为( )。
   A. 68%    B. 69%
   C. 80%    D. 71%

36. 产品经过两道工序加工完成。第一道工序月末在产品数量为100件,完工程度为20%;第二道工序月末在产品数量为300件,完工程度为70%。据此计算的月末在产品约当产量为( )。
   A. 230 件    B. 135 件
   C. 140 件    D. 160 件

37. 分配制造费用时,在产品约当产量通常按( )计算。
   A. 100%    B. 投料率
   C. 加工程度    D. 50%

38. 原材料随生产进度陆续投入,且投料程度与生产进度基本一致,则投料率为( )。
   A. 100%    B. 加工程度
   C. 60%    D. 0

39. 原材料在生产开始时一次投入,则投料率为( )。
   A. 100%    B. 加工程度
   C. 50%    D. 0

40. 属于计算完工产品和月末在产品成本的方法是( )。
   A. 交互分配法    B. 直接分配法
   C. 约当产量比例法    D. 年度计划分配率分配法

## 二、多项选择题

1. 品种法的适用范围包括( )。
   A. 按订单组织的生产
   B. 不要求分步骤计算成本的大量大批多步骤生产
   C. 大量大批单步骤生产
   D. 要求分步骤计算成本的大量大批多步骤生产

2. 品种法的成本核算程序包括( )。
   A. 按品种开设的成本计算单归集各种生产费用
   B. 归集并分配辅助生产费用
   C. 归集并分配制造费用
   D. 月末将归集的生产费用在完工产品与在产品之间分配

3. 下列生产费用中需要进行分配的有( )。
   A. 甲产品直接领用材料    B. 甲、乙产品共同消耗材料
   C. 甲产品发生的人工费用    D. 机修车间对外提供的机修劳务费用

4. 原材料费用分配核算可以记入( )账户。
   A. "制造费用"    B. "主营业务成本"
   C. "生产成本——基本生产成本"    D. "管理费用"

5. 企业发生的下列费用可以直接借记"生产成本——基本生产成本"账户的有( )。
A. 车间照明用电费
B. 构成产品实体的原材料费用
C. 车间管理人员工资
D. 车间生产人员工资

6. 原材料费用分配方法有( )。
A. 产量比例法
B. 约当产量比例法
C. 定额消耗量比例法
D. 机器工时比例法

7. 人工费用的分配可以记入( )账户。
A. "制造费用"
B. "生产成本——基本生产成本"
C. "管理费用"
D. "生产成本——辅助生产成本"

8. 对人工费用进行分配的标准有( )。
A. 产品体积
B. 实际工时
C. 定额工时
D. 产品产量

9. 人工费用主要包括( )。
A. 职工工资、奖金
B. 住房公积金
C. 工会经费和职工教育经费
D. 津贴、补贴

10. 人工费用的原始记录主要有( )。
A. 考勤记录
B. 考勤簿
C. 工作通知单
D. 工作班组产量记录

11. 下列属于辅助生产费用分配的方法有( )。
A. 直接分配法
B. 交互分配法
C. 代数分配法
D. 年度计划分配率分配法

12. 采用代数分配法分配辅助生产费用( )。
A. 能够提供准确的分配计算结果
B. 能够简化费用的分配计算工作
C. 适用于实现电算化的企业
D. 便于分析考核各受益单位的成本消耗

13. 月份终了,辅助生产费用按一定分配标准分配给各受益对象,可以借记( )账户。
A. "管理费用"
B. "销售费用"
C. "生产成本——基本生产成本"
D. "营业外支出"

14. 辅助生产车间发生的制造费用可以借记( )账户。
A. "生产成本——辅助生产成本"
B. "生产成本——基本生产成本"
C. "制造费用"
D. "管理费用"

15. 下列费用中,属于制造费用的有( )。
A. 车间机器设备折旧费
B. 车间照明用电费
C. 产品"三包"费用
D. 产品包装费用

16. 制造费用包括( )。
A. 间接用于产品生产的费用
B. 车间用于组织和管理生产的费用
C. 直接用于产品生产,但管理上不要求或不便于单独核算,因而未单设成本项目的费用
D. 厂部用于组织和管理生产的费用

17.下列各项中属于制造费用分配标准的有( )。
A.完工产品数量
B.产品生产机器工时
C.产品生产实际工时
D.生产工人工资

18.制造费用分配的方法有( )。
A.生产工人工时比例法
B.生产工人工资比例法
C.机器工时比例法
D.年度计划分配率法

19.下列各项中,可用于计算不可修复废品生产成本的有( )。
A.按所耗实际费用计算
B.按所耗定额费用计算
C.按所耗实际费用扣除残值计算
D.按所耗定额费用扣除残值计算

20.生产中的废品,是指不符合规定的技术标准,不能按原定用途使用,或者需要修复后才能使用的( )。
A.在产品
B.半成品
C.产成品
D.原材料

21.下列损失中,不属于企业废品损失的有( )。
A.可修复废品的修复费用
B.不可修复废品的损失
C.保管过程中损毁产品损失
D.产品运输过程中的意外损失

22.停工损失应包括停工期间的( )。
A.生产工人的工资
B.动力费用
C.制造费用
D.原材料费用

23.需要应用定额资料来计算月末在产品成本的方法有( )。
A.定额比例法
B.在产品按固定成本计算法
C.在产品按定额成本计算法
D.约当产量比例法

24.下列方法中属于完工产品与月末在产品之间分配费用的方法有( )。
A.约当产量比例法
B.不计算在产品成本法
C.年度计划分配率分配法
D.定额比例法

25.分配计算完工产品和月末在产品的成本时,采用在产品按定额成本计算法所具备的条件是( )。
A.定额管理基础较好
B.产品的消耗定额比较稳定
C.各月末在产品数量变化比较小
D.产品的消耗定额比较准确

26.按约当产量计算在产品成本法的适用条件为( )。
A.月初在产品数量较多
B.月末在产品数量较多
C.各月在产品数量变化大
D.各项成本所占比重相差不大

27.采用约当产量比例法时,需要按加工程度确定在产品约当产量进行生产费用分配的有( )。
A.材料费用
B.人工费用
C.外购动力费用
D.制造费用

28.计算在产品约当产量时,要考虑的因素有( )。
A.原材料投料方式　　　　　　　　B.月末各工序在产品数量
C.在产品的加工程度　　　　　　　D.完工产品数量

29.结转完工产品成本时,涉及的账户有( )。
A.生产成本——基本生产成本　　　B.库存商品
C.生产成本——辅助生产成本　　　D.制造费用

30.采用定额比例法分配计算完工产品和月末在产品的成本时,其适用的条件是( )。
A.定额管理基础较好　　　　　　　B.产品的消耗定额比较稳定
C.产品的消耗定额比较准确　　　　D.各月末在产品数量变化较大

31.在分工序生产的企业里,原材料的投料方式通常有( )。
A.在生产开始时一次投入　　　　　B.在各个工序开始时一次投入
C.购进一个月后投入　　　　　　　D.随着加工程度陆续投入

### 三、判断题

1.原材料费用是产品成本的重要组成部分,因此各部门领用的材料费用都应计入产品成本。（  ）

2.几种产品生产共同耗用的原材料费用,属于间接计入费用。（  ）

3.直接用于产品生产的人工费用,应记入"生产成本——基本生产成本"总账和所属明细账的"直接人工"成本项目或"职工薪酬"成本项目。（  ）

4.属于几种产品生产共同耗用的辅助材料,可以直接计入各种产品成本。（  ）

5.生产人员、车间管理人员的职工薪酬,根据人工费用分配表,应直接计入产品生产成本。（  ）

6.当企业只生产一种产品时,生产的人工费用直接计入该种产品成本。（  ）

7.固定资产折旧费是产品成本的组成部分,所以应该直接计入或间接计入产品成本。（  ）

8.行政管理部门的固定资产修理费应间接计入生产成本。（  ）

9.基本生产车间固定资产折旧费应直接计入产品的生产成本。（  ）

10.辅助生产费用采用代数分配法的分配结果是最准确的。（  ）

11.直接分配法适合在辅助生产车间内部相互提供劳务较少,不进行交互分配,对辅助生产成本影响不大的情况下使用。（  ）

12.采用交互分配法分配辅助生产费用时,对外分配的辅助生产费用应为交互分配前的费用加上交互分配时分配转入的费用。（  ）

13."生产成本——辅助生产成本"账户一般应按照辅助生产车间和生产的产品、劳务设置明细账,账内按照成本项目或要素费用设立专栏进行明细核算。（  ）

14.采用年度计划分配率法分配制造费用,一般的月份,"制造费用"账户可能会有余额。（  ）

15."制造费用"账户按生产车间分别设置明细账,并在账内按照费用项目设立专栏或专户,分别反映各生产车间制造费用的发生情况。（  ）

16.在生产多种产品的车间中,制造费用属于间接计入费用,应采用适当的分配方法分配计入该车间各种产品的成本中。（  ）

17. 采用生产工人工资比例法分配制造费用，最适合季节性生产的企业车间。（　）
18. 在生产工人工时、生产工人工资和年度计划率法下，"制造费用"账户一般没有期末余额。（　）
19. 无论是基本生产车间还是辅助生产车间，都必须设置"制造费用"账户核算制造费用。（　）
20. 在进行制造费用核算时，对于辅助生产车间可根据具体情况决定是否设置"制造费用"账户。（　）
21. 月末，制造费用分配转入生产成本，因此期末账户一定无余额。（　）
22. 可修复废品是指在技术上可以修复，而且所花费的修复费用在经济上合算的废品。（　）
23. 产成品入库后，由于保管不善等原因而损坏变质的损失，应作为废品损失处理。（　）
24. 废品损失包括在生产过程中或入库后发现的不可修复废品的生产成本，以及可修复废品的修复费用，扣除回收的废品残料价值和应由过失单位或个人赔款以后的损失。（　）
25. "废品损失"账户是为了归集和分配废品损失而设立的，该账户期末应该有借方余额。（　）
26. 不可修复废品的生产成本，可按废品所耗实际费用计算，也可按废品所耗定额费用计算。（　）
27. 由过失人造成的废品损失的赔款，在计算废品损失时应予扣除。（　）
28. 实行三包的企业，产品出售后发现废品所造成的损失，不应作为废品损失处理。（　）
29. 广义在产品是指某一车间或某一工序正在加工、尚未完工的那部分在产品。（　）
30. 各月末的在产品数量变化不大的产品，可以不计算月末在产品成本。（　）
31. 采用在产品按固定成本计算法时，某种产品本月发生的生产费用就是本月完工产品的成本。（　）
32. 约当产量比例法适用于月末在产品数量较小、各月在产品数量变化也较小、产品成本中原材料费用和工资等其他费用比重相差不多的产品。（　）
33. 对于加工费用而言，某道工序在产品加工程度的计算公式如下：（　）

$$某道工序在产品加工程度 = \frac{本工序定额工时 + 前面各工序定额工时之和 \times 50\%}{单位产品定额工时}$$

34. 根据月初在产品成本、本月生产费用和月末在产品成本的资料，完工产品成本等于月初在产品成本加上本月生产费用减去月末在产品成本。（　）
35. 约当产量比例法适用于人工费用、制造费用等的分配，不适用于原材料费用的分配。（　）
36. 在产品按定额成本计算法，适用于在产品数量不多且比较稳定的企业。（　）
37. 企业在完工产品和月末在产品之间分配生产费用时，应按成本项目分别进行分配计算。（　）
38. 在产品按所耗材料成本计算法适用于在产品数量较多且比较稳定的产品。（　）
39. 约当产量比例法和交互分配法是企业在产品成本计算的方法。（　）
40. 虽然企业的定额管理水平较高，但如果月末在产品数量较多，也不宜采用按定额成本计算在产品成本法来计算月末在产品成本。（　）

### 四、能力训练题

#### (一)核算原材料费用

1.××企业生产甲、乙、丙三种产品,2019年3月基本生产车间共同消耗原材料费用120 000.00元。本月投产量:甲产品2 000件,乙产品1 600件,丙产品1 200件。

(1)按照产量比例法计算甲、乙、丙三种产品应分配的原材料费用,填制原材料费用分配表,见表2-71。

(2)根据原材料费用分配表编制相应的会计分录。

**表2-71** 　　　　　　　　　　原材料费用分配表

2019年3月

| 分配对象 | 产品产量(件) | 分配率 | 分配金额(元) |
| --- | --- | --- | --- |
| 甲产品 | | | |
| 乙产品 | | | |
| 丙产品 | | | |
| 合计 | | | |

会计主管:　　　　　　　　　　审核:　　　　　　　　　　制单:

2.××企业生产甲、乙两种产品,2019年3月基本生产车间共同耗用原材料费用13 500千克,每千克2元。生产甲产品1 800件,单位产品材料定额消耗量为4.5千克/件;生产乙产品1 200件,单位产品材料定额消耗量为2.25千克/件。

(1)采用定额消耗量比例法计算甲、乙两种产品应分配的原材料费用,填制原材料费用分配表,见表2-72。

(2)根据原材料费用分配表编制相应的会计分录。

**表2-72** 　　　　　　　　　　原材料费用分配表

2019年3月

| 分配对象 | 单位产品定额消耗量(千克/件) | 产品产量(件) | 定额消耗量 | 分配率 | 分配金额(元) |
| --- | --- | --- | --- | --- | --- |
| 甲产品 | | | | | |
| 乙产品 | | | | | |
| 合计 | | | | | |

会计主管:　　　　　　　　　　审核:　　　　　　　　　　制单:

3.××企业2019年3月生产甲、乙两种产品,单位产品材料定额消耗量分别为25千克/件、50千克/件,产品产量分别为200件、300件。

(1)填制原材料费用分配表,见表2-73。

(2)根据原材料费用分配表编制相应的会计分录。

表 2-73　　　　　　　　　　　　　**原材料费用分配表**

2019 年 3 月　　　　　　　　　　　　　　　　　　金额单位:元

| 项目 | | 产量（件） | 单位消耗定额（千克/件） | 定额消耗量（千克） | 分配率 | 应分配间接材料费用 | 直接材料费用 | 合计 |
|---|---|---|---|---|---|---|---|---|
| 生产成本——基本成产成本 | 甲产品 | 200 | 25 | | | | 15 000.00 | |
| | 乙产品 | 300 | 50 | | | | 18 000.00 | |
| 小计 | | | | | | 79 400.00 | | |
| 生产成本——辅助生产成本 | 机修车间 | | | | | | 6 000.00 | |
| | 供热车间 | | | | | | 2 000.00 | |
| 小计 | | | | | | | | |
| 制造费用 | 一车间 | | | | | | 15 000.00 | |
| 管理费用 | | | | | | | 5 600.00 | |
| 合计 | | | | | | | | |

会计主管：　　　　　　　　　审核：　　　　　　　　　制单：

## (二)核算人工费用

××企业 2019 年 3 月共发生工资费用 31 000.00 元,其中基本生产车间工人工资 21 000.00 元,基本生产车间管理人员工资 1 500.00 元,辅助生产车间人员工资 3 000.00 元,行政管理人员工资 2 500.00 元,销售人员工资 3 000.00 元。该企业基本生产车间生产甲、乙两种产品,甲产品实际生产工时为 15 000 小时,乙产品实际生产工时为 6 000 小时。

(1)按照生产工时比例分配甲、乙产品应分配的人工费用,填制人工费用分配表,见表 2-74。

(2)根据人工费用分配表编制相应的会计分录(辅助生产车间不设"制造费用"账户)。

表 2-74　　　　　　　　　　　　　**人工费用分配表**

2019 年 3 月

| 部门 | | 实际生产工时(小时) | 分配率 | 分配金额(元) |
|---|---|---|---|---|
| 基本生产车间 | 甲产品 | | | |
| | 乙产品 | | | |
| 小计 | | | | |
| 基本生产车间 | 管理人员 | | | |
| 辅助生产车间 | | | | |
| 行政管理部门 | | | | |
| 销售部门 | | | | |
| 合计 | | | | |

会计主管：　　　　　　　　　审核：　　　　　　　　　制单：

### (三)核算动力费用

××企业2019年3月发生电费7 600.00元,通过银行存款支付。月末查明各车间、部门耗电度数分别为:基本生产车间耗电5 000度,其中基本生产车间照明用电500度;辅助生产车间耗电2 000度,其中车间照明用电300度;企业管理部门耗电600度。

(1)按照耗电度数分配电费,甲、乙产品按生产工时分配电费(甲产品生产工时为4 000小时,乙产品生产工时为1 000小时),填制动力费用分配表,见表2-75。

(2)编制分配外购电费的会计分录(辅助生产车间不设"制造费用"明细账)。

**表2-75**　　　　　　　　　　　　**动力费用分配表**

2019年3月　　　　　　　　　　　　　　　　　　　　　单位:元

| 用电部门 | 分配科目 | | 耗电量 | | 动力费分配 | | 分配金额 |
| --- | --- | --- | --- | --- | --- | --- | --- |
| | | | 度数 | 单价 | 生产工时 | 分配率 | |
| 基本生产车间 | 生产成本——基本生产成本 | 甲产品 | | | | | |
| | | 乙产品 | | | | | |
| | | 小计 | | | | | |
| 基本生产车间 | 制造费用 | | | | | | |
| 辅助生产车间 | 生产成本——辅助生产成本 | | | | | | |
| 企业管理部门 | 管理费用 | | | | | | |
| 合计 | | | | | | | |

会计主管:　　　　　　　　　审核:　　　　　　　　制单:

### (四)核算辅助生产费用

1.××企业辅助生产车间——机修车间2019年3月发生费用72 360.00元;其中原材料费用51 200.00元;机物料消耗3 420.00元;应付生产人员工资4 800.00元;应付车间管理人员工资2 100.00元;固定资产折旧费3 340.00元;以银行存款支付办公费等其他费用7 500.00元。

该机修车间对外提供劳务分别为:为基本生产车间生产产品提供劳务52 830.00元;为基本生产车间提供一般劳务9 200.00元;为行政管理部门提供劳务6 110.00元;为销售部门提供劳务4 220.00元。

(1)不通过"制造费用"账户,编制辅助生产费用归集和分配的会计分录。

(2)通过"制造费用"账户,编制辅助生产费用归集和分配的会计分录。

2.××企业设有供电和机修两个辅助生产车间,2019年3月供电车间直接发生待分配费用25 200.00元,机修车间22 500.00元;两车间本月提供劳务情况见表2-76。

(1)采用直接分配法分配辅助生产费用,见表2-77,并编制相应的会计分录。

(2)采用交互分配法分配辅助生产费用,见表2-78,并编制相应的会计分录。

(3)采用计划成本分配法分配辅助生产费用(供电车间劳务的计划成本为0.8元/度,机修车间劳务的计划成本为5.5元/小时),见表2-79,并编制相应的会计分录。

表 2-76　　　　　　　　　　辅助生产车间提供劳务数量汇总表
2019 年 3 月

| 受益部门 | | 供电车间(度) | 机修车间(小时) |
|---|---|---|---|
| 供电车间 | | — | 200 |
| 机修车间 | | 4 000 | — |
| 第一基本生产车间 | 甲产品耗用 | 18 500 | — |
| | 一般耗用 | 1 500 | 1 800 |
| 第二基本生产车间 | 乙产品耗用 | 1 000 | — |
| | 一般耗用 | 1 000 | 2 100 |
| 管理部门 | | 2 000 | 100 |
| 合　计 | | 28 000 | 4 200 |

会计主管：　　　　　　　审核：　　　　　制单：

表 2-77　　　　　　　　　辅助生产费用分配表(直接分配法)
2019 年 3 月　　　　　　　　　　　　　　　　金额单位：元

| 项目 | 分配电费 | | 分配机修费 | | 合计 |
|---|---|---|---|---|---|
| | 数量(度) | 金额 | 数量(小时) | 金额 | |
| 待分配费用 | | | | | |
| 提供辅助生产车间以外的劳务供应量 | | | | | |
| 费用分配率 | | | | | |
| 第一车间甲产品耗用 | | | | | |
| 第一车间一般消耗 | | | | | |
| 第二车间乙产品耗用 | | | | | |
| 第二车间一般消耗 | | | | | |
| 管理部门 | | | | | |
| 合计 | | | | | |

会计主管：　　　　　　　审核：　　　　　制单：

表 2-78　　　　　　　　　辅助生产费用分配表(交互分配法)
2019 年 3 月　　　　　　　　　　　　　　　　金额单位：元

| 项目 | 交互分配 | | | | 对外分配 | | | | 合计 |
|---|---|---|---|---|---|---|---|---|---|
| | 分配电费 | | 分配机修费 | | 分配电费 | | 分配机修费 | | |
| | 数量 | 金额 | 数量 | 金额 | 数量 | 金额 | 数量 | 金额 | |
| 待分配费用 | | | | | | | | | |
| 劳务供应量 | | | | | | | | | |
| 费用分配率 | | | | | | | | | |

(续表)

| 项目 | 交互分配 | | | | 对外分配 | | | | 合计 |
|---|---|---|---|---|---|---|---|---|---|
| | 分配电费 | | 分配机修费 | | 分配电费 | | 分配机修费 | | |
| | 数量 | 金额 | 数量 | 金额 | 数量 | 金额 | 数量 | 金额 | |
| 供电车间 | | | | | | | | | |
| 机修车间 | | | | | | | | | |
| 第一车间甲产品耗用 | | | | | | | | | |
| 第一车间一般消耗 | | | | | | | | | |
| 第二车间乙产品耗用 | | | | | | | | | |
| 第二车间一般消耗 | | | | | | | | | |
| 管理部门 | | | | | | | | | |
| 合计 | | | | | | | | | |

会计主管： 审核： 制单：

表2-79　　　　　　　　　辅助生产费用分配表(计划成本分配法)

2019年3月　　　　　　　　　　　　　　　　　　　　　　　　金额单位：元

| 项目 | 分配电费 | | 分配机修费 | | 合计 |
|---|---|---|---|---|---|
| | 数量(度) | 金额 | 数量(吨) | 金额 | |
| 待分配费用 | | | | | |
| 提供的劳务量 | | | | | |
| 计划单位成本 | | | | | |
| 供电车间 | | | | | |
| 机修车间 | | | | | |
| 第一车间甲产品耗用 | | | | | |
| 第一车间一般消耗 | | | | | |
| 第二车间乙产品耗用 | | | | | |
| 第二车间一般消耗 | | | | | |
| 管理部门 | | | | | |
| 合计 | | | | | |

会计主管： 审核： 制单：

## (五)核算制造费用

1.××企业基本生产车间生产甲、乙、丙三种产品,2019年3月共计生产工时20 000小时,其中甲产品7 500小时,乙产品8 500小时,丙产品4 000小时。

生产中发生的各种间接费用为:以银行存款支付劳动保护费13 000.00元;应付车间管

理人员工资20 000.00元;车间领用消耗材料5 000.00元;车间固定资产折旧费16 000.00元;以银行存款支付办公费、水电费、邮电费等其他费用3 780.00元。

(1)按上述资料编制制造费用发生的有关会计分录。

(2)按生产工时比例分配制造费用,并编制结转制造费用的会计分录。

2.××企业基本生产车间2019年全年制造费用计划为79 200.00元,全年各种产品的计划产量为:甲产品1 200件,乙产品960件。单件产品定额工时为:甲产品8小时,乙产品5小时。11月份实际产量为:甲产品110件,乙产品100件;该月实际制造费用为6 100.00元;"制造费用"账户月初借方余额为1 300.00元。

(1)计算制造费用年度计划分配率。

(2)计算并结转11月份应分配转出的制造费用。

(3)计算并结转12月份应分配转出的制造费用。12月份实际产量为:甲产品80件,乙产品90件。该月实际制造费用为6 076.00元。

## (六)核算废品损失

1.××企业规定不可修复废品成本按定额成本计价,2019年3月甲产品的不可修复废品20件。单位产品直接材料定额为15.00元/件;全部废品的定额工时共为130小时,每小时直接人工费用的定额为5.00元,每小时制造费用的定额为7.00元。废品的残料作为辅助材料入库,计价100.00元,应由责任人员赔偿200.00元,废品净损失由当月同种产品成本负担。

(1)计算不可修复废品的废品损失。

(2)编制废品损失有关的会计分录。

2.××企业基本生产车间2019年3月生产A产品30 000件,生产过程中发现有不可修复的废品50件。全部产品的生产费用为303 000.00元,其中直接材料费用156 000.00元,直接人工费用75 000.00元,制造费用72 000.00元。原材料在生产开始时一次投入,原材料费用按产品产量比例分配,其他费用按生产工时比例分配。合格品生产工时4 800小时,废品生产工时200小时,废品残料可回收价值900.00元。

(1)填制废品损失计算表计算不可修复废品的损失,见表2-80。

(2)编制核算废品损失有关的会计分录。

表2-80 **不可修复废品损失计算表**

产品:A产品　　　　　　　　　　　2019年3月　　　　　　　　　　金额单位:元

| 项目 | 产量(件) | 直接材料 | 生产工时(小时) | 直接人工 | 制造费用 | 合计 |
|---|---|---|---|---|---|---|
| 费用总额 | | | | | | |
| 费用分配率 | | | | | | |
| 废品成本 | | | | | | |
| 废品残值 | | | | | | |
| 废品净损失 | | | | | | |

会计主管:　　　　　　　　　审核:　　　　　　　　　制单:

### （七）核算完工产品成本和在产品成本

1. ××企业甲产品采用在产品按所耗材料成本计算法计算完工产品成本和在产品成本。2019年3月初在产品成本3 000.00元；本月生产费用：直接材料12 000.00元，直接人工3 300.00元，制造费用6 000.00元。本月完工产品350件，月末在产品150件。

计算甲产品的完工产品成本和月末在产品成本。

2. ××企业生产甲产品，采用月末在产品按定额成本计算法计算完工产品成本和在产品成本。原材料在生产开始时一次投入。2019年3月初在产品成本（定额成本）中原材料费用4 960.00元，人工费用3 960.00元，制造费用3 240.00元；本月生产费用中原材料费用16 440.00元，人工费用7 480.00元，制造费用5 000.00元。本月完工产品600件，月末在产品200件。单位产品材料定额费用27元，单位在产品定额工时4小时。计划每小时费用：直接人工4.5元，制造费用3.5元。

(1)计算月末在产品成本，填制月末在产品定额成本计算表，见表2-81。

(2)计算完工产品和月末在产品成本，填制产品成本计算单，见表2-82。

表 2-81　　　　　　　　　　月末在产品定额成本计算表

2019 年 3 月

| 在产品数量 | 单位产品材料费用定额 | 材料费用 | 定额工时 | 每小时人工费用 | 人工费用 | 每小时制造费用 | 制造费用 | 合计 |
|---|---|---|---|---|---|---|---|---|
|  |  |  |  |  |  |  |  |  |

会计主管：　　　　　　　　　　审核：　　　　　　　　　制单：

表 2-82　　　　　　　　　　　产品成本计算单

2019 年 3 月　　　　　　　　　　　　　　　　　　　　　　　　　　单位：元

| 项目 | 直接材料 | 直接人工 | 制造费用 | 合计 |
|---|---|---|---|---|
| 月初在产品成本 |  |  |  |  |
| 本月生产费用 |  |  |  |  |
| 生产费用合计 |  |  |  |  |
| 完工产品成本 |  |  |  |  |
| 月末在产品成本 |  |  |  |  |

会计主管：　　　　　　　　　　审核：　　　　　　　　　制单：

3. 甲产品生产经过两道工序完工。月末完工产品8 400件，月末在产品5 600件，其中第一道工序3 200件，第二道工序2 400件。单位产品材料消耗定额500千克，其中第一道工序280千克，第二道工序220千克。

(1)原材料在生产开始时一次投入，计算各工序投料率和材料费用对应的在产品约当产量以及约当总产量。

(2)原材料在各工序开工时一次投入，计算各工序投料率和材料费用对应的在产品约当产量以及约当总产量。

(3)原材料分工序陆续投入，计算各工序投料率和材料费用对应的在产品约当产量以及约当总产量。

4.甲产品生产经过三道工序,单位产品工时定额50小时,其中第一道工序20小时,第二道工序20小时,第三道工序10小时。2019年3月完工产品500件,月末在产品370件,其中第一道工序100件,第二道工序150件,第三道工序120件。

(1)计算各工序的加工程度。

(2)计算各工序加工费用对应的在产品约当产量。

(3)计算甲产品约当总产量。

5.甲产品月末完工420件,月末在产品200件,在产品完工程度测定为40%。月初和本月的累计生产费用288 500.00元,其中原材料费用113 000.00元,人工费用99 000.00元,制造费用76 500.00元。原材料随着加工进度陆续投入。

采用约当产量比例法计算完工产品成本和月末在产品成本。

6.甲产品月末完工产品产量500件,月末在产品100件。原材料在生产开始时一次投入,加工程度50%。甲产品月初和本月的累计生产费用41 050.00元,其中直接材料费用24 000.00元,直接人工费用11 550.00元,制造费用5 500.00元。

采用约当产量比例法计算完工产品成本和月末在产品成本。

7.××企业2019年3月甲产品成本计算单见表2-83。甲产品采用定额比例法计算完工产品成本和月末在产品成本。原材料费用按定额费用比例分配;其他费用按定额工时比例分配。采用定额比例法计算完工产品成本和月末在产品成本。

表2-83　　　　　　　　　　　　　产品成本计算单

2019年3月　　　　　　　　　　　　　　　　　　　　　　　　　　　　单位:元

| 项目 | | 原材料 | 工资及福利费 | 制造费用 | 合　计 |
| --- | --- | --- | --- | --- | --- |
| 月初在产品成本 | | 1 120.00 | 950.00 | 830.00 | |
| 本月生产费用 | | 8 890.00 | 7 660.00 | 6 632.00 | |
| 生产费用合计 | | | | | |
| 费用分配率 | | | | | |
| 完工产品成本 | 定额 | 5 800 | 3 760 | | |
| | 实际 | | | | |
| 月末在产品成本 | 定额 | 3 300 | 1 980 | | |
| | 实际 | | | | |

会计主管:　　　　　　　　审核:　　　　　　制单:

### (八)综合运用品种法核算成本

××企业2019年3月大量生产甲、乙两种产品,设有一个基本生产车间和一个供电辅助生产车间(以下简称"供电车间")。供电车间分别为基本生产车间和行政管理部门供电,根据生产特点采用品种法计算产品生产成本。

a.2019年3月初在产品成本见表2-84。

**表 2-84** 月初在产品成本资料

2019 年 3 月 单位:元

| 产品名称 | 直接材料 | 直接人工 | 制造费用 | 合计 |
|---|---|---|---|---|
| 甲产品 | 6 860.00 | 5 460.00 | 4 300.00 | 16 620.00 |
| 乙产品 | 4 200.00 | 2 080.00 | 1 800.00 | 8 080.00 |

b. 2019 年 3 月产品产量见表 2-85。

**表 2-85** 甲、乙产品产量资料

2019 年 3 月 单位:件

| 产品名称 | 月初在产品 | 本月投产 | 本月完工产品 | 月末在产品 | 完工率 |
|---|---|---|---|---|---|
| 甲产品 | 600 | 7 000 | 7 600 | | |
| 乙产品 | 340 | 3 200 | 3 140 | 400 | 50% |

c. 2019 年 3 月发生生产费用、生产工时等相关资料如下:

材料费用:生产甲产品直接耗用材料 38 000.00 元,生产乙产品直接耗用材料 26 000.00 元,生产甲、乙产品共同耗用材料 28 000.00 元(甲、乙产品材料定额消耗量分别为 2 000 千克、800 千克)。供电车间耗用消耗性材料 6 800.00 元,基本生产车间一般耗用材料 3 600.00 元,行政管理部门耗用 2 000.00 元。

人工费用:生产工人工资 70 000.00 元,供电车间工人工资 2 000.00 元,基本生产车间管理人员工资 4 000.00 元,行政管理部门人员工资 18 000.00 元。

其他费用:供电车间固定资产折旧费 2 200.00 元,办公费 240.00 元;基本生产车间折旧费 5 800.00 元,办公费 462.00 元。

工时记录:甲、乙产品实际耗用工时分别为 4 000 小时、6 000 小时。

供电车间供电 10 000 度,其中:基本车间一般耗用 8 800 度,行政管理部门耗用 1 200 度。

(1)编制材料费用分配表分配材料费用,甲、乙两种产品共同耗用材料按定额耗用量比例分配,材料费用分配表见表 2-86,并编制材料费用分配的会计分录。

**表 2-86** 材料费用分配表

2019 年 3 月 单位:元

| 部门 | 产品 | 直接耗用材料 | 间接耗用材料 | | | 合计 |
|---|---|---|---|---|---|---|
| | | | 定额消耗量 | 分配率 | 金额 | |
| 基本生产车间 | 甲产品 | | | | | |
| | 乙产品 | | | | | |
| | 小计 | | | | | |
| 供电车间 | | | | | | |
| 基本生产车间一般消耗 | | | | | | |
| 行政管理部门 | | | | | | |
| 合计 | | | | | | |

会计主管: 审核: 制单:

(2)编制人工费用分配表分配人工费用,按甲、乙产品生产工时比例分配,人工费用分配表见表 2-87,并编制人工费用分配的会计分录。

表 2-87　　　　　　　　　　　**人工费用分配表**

2019 年 3 月　　　　　　　　　　　　　　　　　　单位:元

| 部门 | 产品 | 人工工资 | | | 合计 |
|---|---|---|---|---|---|
| | | 分配标准 | 分配率 | 金额 | |
| 基本生产车间 | 甲产品 | | | | |
| | 乙产品 | | | | |
| 小计 | | | | | |
| 供电车间 | | | | | |
| 基本生产车间(管理人员) | | | | | |
| 行政管理部门 | | | | | |
| 合计 | | | | | |

会计主管:　　　　　　　　　审核:　　　　　　　　　制单:

(3)编制其他费用分配表分配其他费用,其他费用分配表见表 2-88,并编制其他费用分配的会计分录。

表 2-88　　　　　　　　　　　**其他费用分配表**

2019 年 3 月　　　　　　　　　　　　　　　　　　单位:元

| 部门 | 费用项目 | 金额 |
|---|---|---|
| 辅助生产车间 | 折旧费 | |
| | 办公费 | |
| 小计 | | |
| 基本生产车间 | 折旧费 | |
| | 办公费 | |
| 小计 | | |
| 合计 | | |

会计主管:　　　　　　　　　审核:　　　　　　　　　制单:

(4)登记辅助生产成本明细账,辅助生产成本明细账见表 2-89。编制辅助生产费用分配表分配辅助生产费用,辅助生产费用按照耗用电量比例分配,辅助生产费用分配表见表 2-90,并编制辅助生产费用分配的会计分录。

表 2-89　　　　　　　　　　　**辅助生产成本明细账**

车间名称:供电车间　　　　　2019 年 3 月

| 项目 | 材料费用 | 人工费用 | 折旧费 | 办公费 | 合计 | 转出 |
|---|---|---|---|---|---|---|
| 材料费用分配表 | | | | | | |
| 人工费用分配表 | | | | | | |
| 其他费用分配表 | | | | | | |
| 合计 | | | | | | |

表 2-90    辅助生产费用分配表

车间名称:供电车间　　　　　　　　2019 年 3 月　　　　　　　　　　　　　　单位:元

| 账户名称 | 费用项目 | 数量 | 分配率 | 分配额 |
|---|---|---|---|---|
| 制造费用 | 电费 | | | |
| 管理费用 | 电费 | | | |
| | 合计 | | | |

会计主管:　　　　　　　　审核:　　　　　　　　制单:

(5)编制制造费用分配表分配制造费用,制造费用按甲、乙产品生产工时比例分配,制造费用分配表见表 2-91,并编制造费用分配的会计分录。

表 2-91    制造费用分配表

2019 年 3 月　　　　　　　　　　　　　　　　　　　　　　　　　　　　　单位:元

| 产品名称 | 生产工时 | 分配率 | 分配额 |
|---|---|---|---|
| 甲产品 | | | |
| 乙产品 | | | |
| 合计 | | | |

会计主管:　　　　　　　　审核:　　　　　　　　制单:

(6)填制产品成本计算单,见表 2-92 和表 2-93,计算甲、乙两种产品成本,按约当产量分配计算月末在产品成本,甲产品耗用的材料随加工进度陆续投入,乙产品耗用的材料于生产开始时一次投入。

表 2-92    产品成本计算单

产品名称:甲产品　　　　　　　　2019 年 3 月　　　　　　　　　　　　　　单位:元

| 项目 | 直接材料 | 直接人工 | 制造费用 | 合计 |
|---|---|---|---|---|
| 月初在产品成本 | | | | |
| 材料费用分配表 | | | | |
| 人工费用分配表 | | | | |
| 制造费用分配表 | | | | |
| 生产费用合计 | | | | |
| 完工产品产量 | | | | |
| 在产品约当产量 | | | | |
| 约当总产量 | | | | |
| 分配率 | | | | |
| 完工产品成本 | | | | |
| 月末在产品成本 | | | | |

会计主管:　　　　　　　　审核:　　　　　　　　制单:

表 2-93　　　　　　　　　　　　　**产品成本计算单**
产品名称：乙产品　　　　　　　　　2019 年 3 月　　　　　　　　　　　　　单位：元

| 项目 | 直接材料 | 直接人工 | 制造费用 | 合计 |
|---|---|---|---|---|
| 月初在产品成本 | | | | |
| 材料费用分配表 | | | | |
| 人工费用分配表 | | | | |
| 制造费用分配表 | | | | |
| 生产费用合计 | | | | |
| 完工产品产量 | | | | |
| 在产品约当产量 | | | | |
| 约当总产量 | | | | |
| 分配率 | | | | |
| 完工产品成本 | | | | |
| 月末在产品成本 | | | | |

会计主管：　　　　　　　　　审核：　　　　　　　　　制单：

(7) 汇总、结转完工产品成本，见表 2-94 和表 2-95，并编制产品完工的会计分录。

表 2-94　　　　　　　　　　**完工产品成本汇总表**
　　　　　　　　　　　　　　　2019 年 3 月　　　　　　　　　　　　　　　　单位：元

| 产品名称 | | 数量 | 直接材料 | 直接人工 | 制造费用 | 合计 |
|---|---|---|---|---|---|---|
| 甲产品 | 总成本 | | | | | |
| | 单位成本 | | | | | |
| 乙产品 | 总成本 | | | | | |
| | 单位成本 | | | | | |

会计主管：　　　　　　　　　审核：　　　　　　　　　制单：

表 2-95　　　　　　　　　　　　　　**入库单**
交库部门：基本生产车间　　　　　　　2019 年 3 月　　　　　　　　　产成品库：二号库

| 产品名称 | 计量单位 | 实收数量 | 单位成本 | 总成本 |
|---|---|---|---|---|
| | | | | |
| | | | | |
| 合计 | | | | |

保管：　　　　　　　　　检验：　　　　　　　　　交库：

 **案例阅读**

**1. 王春龙的业务技能和职业态度**

王春龙是岳阳市红光车辆厂成本核算会计。12月14日,机械加工车间核算员找到王春龙,认为本车间上月的成本核算有误:第一是原材料领用后未耗用部分已办理退料手续,而成本核算未予以扣除;第二是本车间购买一项新技术的费用不应归属于本车间,因为全厂都受益。

王春龙答复:办理了退料手续的材料费用可以扣除,但上月账项已经核算完毕,等到下月再处理;新技术是机械加工车间使用的,费用就应由机械加工车间承担。

问题:

(1) 王春龙的答复是否正确?是否符合职业道德与规范?

(2) 本案例对你有哪些启示?

**2. 南宁金鸿顺汽车部件有限责任公司人工费用分配方法的选择**

南宁金鸿顺汽车部件有限责任公司主要从事汽车零部件的冲压、焊接、ED、涂装加工,主要客户有上汽大众、上汽通用、广汽菲克、东风裕隆汽车、福建东南汽车有限公司等。

公司生产时间采用定额生产工时进行控制,且生产工人工资采用计时工资与计件工资相结合的方式,基本工资为计时工资,绩效工资为计件工资,相关保险等费用按工资总额的24%计提。

问题:

(1) 本案例中,人工费用的分配采用哪种方法?

(2) 本案例中,计算人工费用应注意哪些事项?

**3. 调账风波**

长乐市宏艺饰品加工有限责任公司为一家私营企业,生产耳饰品、项饰品、手饰品等各类饰品。

年终,老板提出在合法范围内减少公司利润,进行合理避税,与会计协商调账事宜:一是将老板自己购买的30万元汽车调成公司的固定资产,原因是老板为公司员工,老板买的车就是公司的车;二是公司的业务招待费超过税法规定的税前扣除标准部分按照职工培训费处理,原因是可以由管理费用转成制造费用;三是公司外购的原材料直接计入基本生产成本,原因是原材料就是为生产购入的,结果也应由产品负担,省掉中间环节。

年终报表编制完成后,税务部门进行查账,认定公司进行的调整均属错误并构成主观故意。公司则不认为此种行为有错误。

问题:

(1) 如何评价该公司的三种调账行为?

(2) 本案例存在哪些违背职业道德、会计准则的问题?

(3) 本案例对你有哪些启示?

**4. 福安龙岩农药厂辅助生产费用与制造费用的分配**

福安龙岩农药厂属于季节性生产企业,夏季7、8月份因高温不生产农药,进行设备维修。制造费用采用年度数进行控制。设有机修和配电两个辅助生产车间。福安龙岩农药厂辅助生产费用分配方法应选择计划成本分配法；制造费用分配方法应选择年度计划分配率法。

问题：

(1)福安龙岩农药厂辅助生产费用的分配为什么选择计划成本分配法？说明理由。

(2)福安龙岩农药厂制造费用的分配为什么选择年度计划分配率法？说明理由。

### 5.废品损失账户检查需注意什么

废品损失是指在生产过程中发现的和入库后发现的不可修复废品的生产成本，以及可修复废品的修复费用，扣除回收的废品残料价值和应由过失单位或个人赔款后的损失。

对废品损失的检查关系到企业产品成本的计量是否准确。在检查时应注意企业废品损失业务的真实性、企业有无任意扩大废品损失核算范围的情况、废品损失确认金额是否准确。

2019年3月，南通市税务局对A企业某产品成本明细账检查时发现，其成本项目有废品损失项目。检查人员于是进一步检查废品损失明细账，发现登记有结转不可修复的废品成本记录，但未见残料入库冲减记录。经向企业财会人员追问，查明这些废料作为账外资产进行单独保管，且未出售。经进一步检查，该批产品当月投产，当月已完工并入库，未入账的残料价值为800元。

企业这种做法，加大了产品的单位成本，少计利润，最终会少纳企业所得税。

问题：

(1)如何对上述业务进行错账更正？

(2)如何对废品损失进行正确的账务处理？

### 6.湘南宏江机械厂核算完工产品成本

湘南宏江机械厂的Ⅰ型机械产品经过铸造车间、加工车间、装配车间三个车间生产完成。原材料在每个车间生产开始时一次投入，各车间在产品加工程度为50%。本月完工50件，在产品17件。本月产品生产费用表见表2-96，在产品数量及定额资料表见表2-97。

表2-96　　　　　　　　　　　　本月产品生产费用表　　　　　　　　　　　　单位：元

| 项目 | 直接材料 | 直接人工 | 制造费用 | 合计 |
| --- | --- | --- | --- | --- |
| 月初在产品成本 | 157 523.13 | 27 500.21 | 5 258.09 | 190 281.43 |
| 本月生产费用 | 615 467.56 | 206 897.29 | 20 056.67 | 842 421.52 |
| 生产费用累计 | 772 990.69 | 234 397.50 | 25 314.76 | 1 032 702.95 |

表2-97　　　　　　　　　　　　在产品数量及定额资料表

| 车间 | 在产品数量（件） | 材料消耗定额（元） | 定额工时（小时） |
| --- | --- | --- | --- |
| 铸造车间 | 10 | 99 988.00 | 3 500 |
| 加工车间 | 5 | 76 668.00 | 6 000 |
| 装配车间 | 2 | 438 495.69 | 4 500 |
| 合计 | 17 | 615 151.69 | 14 000 |

该厂成本会计人员采用约当产量比例法时进行了以下分析:

首先计算在产品约当产量,然后将各项费用在完工产品和在产品之间分配。即

铸造车间投料率=99 988.00÷615 151.69×100%=16.25%

加工车间投料率=(99 988.00+76 668.00)÷615 151.69×100%=28.72%

装配车间投料率=(99 988.00+76 668.00+438 495.69)÷615 151.69×100%=100%

直接材料约当产量=10×16.25%+5×28.72%+2×100%=5.06(件)

直接材料分配率=772 990.69÷(50+5.06)=14 039.060 8(元/件)

完工产品分摊的直接材料费用=14 039.060 8×50=701 953.04(元)

在产品分摊的直接材料费用=14 039.060 8×5.06=71 037.65(元)

该厂成本会计人员认为接下来的计算过程就简单了,他认为在分配直接人工与制造费用时,应按照完工产量50件和在产品约当产量5.06件进行分配。

问题:

针对上述计算过程进行分析,指出错误的地方。

# 项目三  分批法核算产品成本

**教学目标**

知识
- 能阐述分批法的含义和特点。
- 能说明分批法的核算程序。

技能
- 能填制生产费用分配表、产品成本计算单等成本核算单据。
- 能执行按照产品批别核算成本的成本核算制度。

素养
- 培养沟通合作、严谨细致、遵规守则的职业素养。

分批法也称订单法,是以产品的批别或订单为成本计算对象,归集生产费用,计算产品成本的一种方法。

微课:分批法的工作原理

## 知 识 链 接

### 分批法核算产品成本程序

分批法的成本计算程序是围绕着产品的批别进行的,其核算程序如下:

**1. 开设成本费用明细账**

按产品批别或订单开设基本生产成本明细账,明细账按成本项目分设专栏;按车间名称开设制造费用明细账,明细账按费用项目分设专栏;按辅助生产车间(或辅助产品)名称开设辅助生产成本明细账,明细账按成本项目分设专栏。

**2. 归集和分配本月发生的各种生产费用**

编制相关生产费用分配表,分配原材料费用、外购动力费用、人工费用、辅助生产费用以及制造费用等生产费用,并登记有关明细账。

**3. 分配计算本月完工产品成本和月末在产品成本**

根据各种生产费用分配表和其他有关资料在"生产成本——基本生产成本"明细账中归集的生产费用就是该批别产品本月发生的生产费用,需要将其在完工产品与在产品之间分配。

**4. 结转完工产品成本**

根据计算出来的本月完工产品成本,汇总编制"完工产品成本汇总表",填制"入库单",计算出完工产品总成本和单位成本,并进行结转。

## 任务一　分配加工费用

加工费用一般是指除原材料费用以外的各项生产费用。在分批法下,加工费用在各批别或各订单的产品之间的分配有当月分配法和累计分配法两种方法。

### 一、当月分配法分配加工费用

当月分配法是指不论各批别或各订单的产品是否完工,都要按当月分配率分配其应负担的加工费用。也就是说将当月发生的加工费用全部分配计入各批别或各订单的产品成本中,而不管各批别或各订单的产品是否完工。

以制造费用为例,假定制造费用按生产工时比例分配,则加工费用的计算公式为

$$制造费用分配率 = \frac{本月制造费用发生额}{本月生产工时总数}$$

$$某批别(或订单)产品应负担的制造费用 = 该批别(或订单)产品本月耗用的生产工时 \times 制造费用分配率$$

### 知 识 链 接

**当月分配法分配加工费用**

××企业201×年×月投产601批(女牛仔长袖衫)和602批(男牛仔长袖衫)两个批别产品,601批耗用工时600小时,602批耗用工时400小时,本月共发生制造费用500.00元。则

$$制造费用分配率 = \frac{500.00}{600+400} = 0.50(元/小时)$$

601批(女牛仔长袖衫)应负担的制造费用=600×0.50=300.00(元)

602批(男牛仔长袖衫)应负担的制造费用=400×0.50=200.00(元)

当月分配法分配加工费用以及原材料费用的基本原理与品种法相类似,就是将生产费用在各批别或各订单的产品之间分配。当月分配法适用于企业当期投产的批次较少、完工的批次较多的产品生产。

### 二、累计分配法分配加工费用

累计分配法是指将本月的加工费用按照完工产品的批别或订单的累计分配率进行分配,未完工的产品不分配加工费用。也就是说只对每月已完工的批别或订单的产品进行加工费用的分配,对未完工的批别或订单的产品不分配加工费用(累计起来,在以后月份再进行计算)。具体做法是:每月发生的生产费用,先将其在生产成本二级账中按成本项目逐月累计起来,同时登记累计生产工时。在有完工产品的月份,根据累计加工费用和累计生产工时,计算加工费用累计分配率。其计算公式为

$$\text{按全部产品计算的加工费用累计间接费用分配率} = \frac{\text{全部产品某项加工费用累计金额}}{\text{全部产品累计生产工时}}$$

每一批产品完工之前,基本生产明细账中需按月登记直接材料费用和生产工时,不登记各项加工费用。在有完工产品的月份,月末再按各完工产品的累计生产工时和各项加工费用的累计分配率,计算完工产品应负担的加工费用。其计算公式为

$$\text{某批完工产品分配的某项加工费用} = \text{该批完工产品累计生产工时} \times \text{累计间接费用分配率}$$

没有完工产品的产品批别,其基本生产成本明细账中不登记加工费用,只登记直接材料费用和生产工时。

## 知 识 链 接

### 累计分配法分配加工费用

××企业 201×年×月投产 023 批(男长袖衬衫)、024 批(女长袖衬衫)和 025 批(男短袖衬衫)三批产品。本月末,023 批全部完工,024 批部分完工,025 批尚未完工。

制造费用月初余额 36 000.00 元,本月发生额 20 000.00 元。

023 批本月累计生产工时 8 000 小时,024 批本月累计生产工时 6 000 小时(其中完工部分工时 2 500 小时),025 批本月累计生产工时 2 000 小时。则各批本月应分配的制造费用计算如下:

$$\text{累计分配率} = \frac{36\,000.00 + 20\,000.00}{8\,000 + 6\,000 + 2\,000} = 3.50(\text{元/小时})$$

订单 023 批(男长袖衬衫)分配的制造费用 = 3.50 × 8 000 = 28 000.00(元)

订单 024 批(女长袖衬衫)分配的制造费用 = 3.50 × 2 500 = 8 750.00(元)

订单 025 批(男短袖衬衫)本月尚未完工,在基本生产明细账中不登记制造费用。

经过计算后,制造费用余额为 19 250.00(56 000.00 − 28 000.00 − 8 750.00)元。

累计分配法主要适用于企业当期投产的批次较多,而完工的批次较少的产品。

**请思考**

当月分配法和累计分配法有什么区别?

## 任务二　一般分批法核算产品成本

根据产品的投产批次及其完工情况的不同,加工费用的分配可以采用当月分配法和累计分配法,由此产生一般分批法和简化分批法两种不同的分批法。

## 能力训练 3-1

哈尔滨三佳服装有限公司主要生产各式校服,产品所用原料以涤盖棉为主。产品生产根据订货要求,以自产自销为主。该公司生产过程分为设计裁剪、缝纫加工、平整包装等三大步骤。与生产工艺过程相适应,该公司设有一个基本生产车间,下设一班(裁剪)、二班(缝纫)和三班(包装)三个班组。

成本项目设有"直接材料""直接人工""制造费用"三个项目。"直接材料"要根据有关原始凭证编制汇总表,计入各生产批别成本计算单。"直接人工"和"制造费用"根据工资结算凭证和制造费用明细账月终汇总资料编制分配表,计入各批完工成本计算单。这两项费用均按实际生产工时比例进行分配。各批产品投产及完工情况见表 3-1,月初在产品成本见表 3-2。

**表 3-1** 产品生产批别表
2019 年 3 月

| 批号 | 产品名称 | 批量 | 投产日期 | 完工日期 | 3月完工数量(套) |
|---|---|---|---|---|---|
| 120 | 男长袖小学校服 | 2 500 | 2019 年 1 月 25 日 | 2019 年 4 月 8 日 | 1 000 |
| 121 | 女长袖小学校服 | 1 600 | 2019 年 1 月 8 日 | 2019 年 4 月 25 日 | |
| 122 | 男长袖中学校服 | 1 300 | 2019 年 1 月 12 日 | 2019 年 3 月 26 日 | 1 300 |
| 123 | 女长袖中学校服 | 1 280 | 2019 年 1 月 10 日 | 2019 年 3 月 27 日 | 1 280 |
| 124 | 男长袖加肥校服 | 160 | 2019 年 1 月 20 日 | 2019 年 4 月 15 日 | |

**表 3-2** 月初在产品成本
2019 年 3 月                                                单位:元

| 批号 | 直接材料 | 直接人工 | 制造费用 | 合计 |
|---|---|---|---|---|
| 120 批男长袖小学校服 | 172 200.00 | 37 000.00 | 25 000.00 | 234 200.00 |

2019 年 3 月各批产品成本计算如下:

(1)各批产品耗用主要材料,见表 3-3 至表 3-7。

**表 3-3** 领 料 单                                         No.0021
2019 年 3 月 2 日

领料部门:基本生产车间                    用途:生产 121 批女长袖小学校服

| 类别 | 编号 | 材料名称 | 计量单位 | 数量 请领 | 数量 实领 | 单价 | 总成本 | |
|---|---|---|---|---|---|---|---|---|
| 主要材料 | | 涤盖棉1000 | 米 | 11 880 | 11 880 | 4.20 | 49 896.00 | 第二联 会计部门记账 |
| | | | | | | | | |
| | | | | | | | | |
| | | | | | | | | |
| 合计 | | | | 11 880 | 11 880 | | 49 896.00 | |

仓库主管:陈家喜             发料人:李润蓝             领料人:张龙帅

表 3-4　　　　　　　　　　　　　　　领 料 单　　　　　　　　　　　　　　No. 0022

2019 年 3 月 2 日

领料部门：基本生产车间　　　　　　　　　　用途：生产 122 批男长袖中学校服

| 类别 | 编号 | 材料名称 | 计量单位 | 数量 | | 单价 | 总成本 |
|---|---|---|---|---|---|---|---|
| | | | | 请领 | 实领 | | |
| 主要材料 | | 35/65 涤盖棉 | 米 | 18 060 | 18 060 | 4.50 | 81 270.00 |
| | | | | | | | |
| | | | | | | | |
| | | | | | | | |
| 合计 | | | | 18 060 | 18 060 | | 81 270.00 |

第二联　会计部门记账

仓库主管：陈家喜　　　　　　发料人：李润蓝　　　　　　领料人：张龙帅

表 3-5　　　　　　　　　　　　　　　领 料 单　　　　　　　　　　　　　　No. 0023

2019 年 3 月 2 日

领料部门：基本生产车间　　　　　　　　　　用途：生产 123 批女长袖中学校服

| 类别 | 编号 | 材料名称 | 计量单位 | 数量 | | 单价 | 总成本 |
|---|---|---|---|---|---|---|---|
| | | | | 请领 | 实领 | | |
| 主要材料 | | 35/65 涤盖棉 | 米 | 16 296 | 16 296 | 4.50 | 73 332.00 |
| | | | | | | | |
| | | | | | | | |
| | | | | | | | |
| 合计 | | | | 16 296 | 16 296 | | 73 332.00 |

第二联　会计部门记账

仓库主管：陈家喜　　　　　　发料人：李润蓝　　　　　　领料人：张龙帅

表 3-6　　　　　　　　　　　　　　　领 料 单　　　　　　　　　　　　　　No. 0024

2019 年 3 月 2 日

领料部门：基本生产车间　　　　　　　　　　用途：生产 124 批男长袖加肥校服

| 类别 | 编号 | 材料名称 | 计量单位 | 数量 | | 单价 | 总成本 |
|---|---|---|---|---|---|---|---|
| | | | | 请领 | 实领 | | |
| 主要材料 | | 涤盖棉 1000 | 米 | 7 200 | 7 200 | 4.20 | 30 240.00 |
| | | | | | | | |
| | | | | | | | |
| | | | | | | | |
| 合计 | | | | 7 200 | 7 200 | | 30 240.00 |

第二联　会计部门记账

仓库主管：陈家喜　　　　　　发料人：李润蓝　　　　　　领料人：张龙帅

表 3-7  **主要材料耗用汇总表**

2019 年 3 月

| 材料名称 | 121 批 | 122 批 | 123 批 | 124 批 | 合计 |
|---|---|---|---|---|---|
|  | 涤盖棉 1000 | 35/65 涤盖棉 | 35/65 涤盖棉 | 涤盖棉 1000 |  |
| 单位 | 米 | 米 | 米 | 米 |  |
| 领用部门 | 裁剪 | 裁剪 | 裁剪 | 裁剪 |  |
| 实用数量(米) | 11 880 | 18 060 | 16 296 | 7 200 |  |
| 单价(元/米) | 4.20 | 4.50 | 4.50 | 4.20 |  |
| 金额(元) | 49 896.00 | 81 270.00 | 73 332.00 | 30 240.00 | 234 738.00 |

会计主管:张小楠　　　　审核:孙名开　　　　制单:李春雪

根据"领料单"和"主要材料耗用汇总表"编制会计分录:

借:生产成本——基本生产成本(121 批女长袖小学校服)　49 896.00
　　　　　　——基本生产成本(122 批男长袖中学校服)　81 270.00
　　　　　　——基本生产成本(123 批女长袖中学校服)　73 332.00
　　　　　　——基本生产成本(124 批男长袖加肥校服)　30 240.00
　　贷:原材料——涤盖棉 1000　　　　　　　　　　　　80 136.00
　　　　　　——35/65 涤盖棉　　　　　　　　　　　　154 602.00

(2)各批产品耗用辅助材料,见表 3-8 至表 3-13。

表 3-8　　　　　　　　　　**领 料 单**　　　　　　　　　　No.0025

2019 年 3 月 6 日

领料部门:基本生产车间　　　　　　　　　　用途:生产 120 批男长袖小学校服

| 类别 | 编号 | 材料名称 | 计量单位 | 数量 | | 单价 | 总成本 |
|---|---|---|---|---|---|---|---|
|  |  |  |  | 请领 | 实领 |  |  |
| 辅助材料 |  | 衬布 | 米 | 625 | 625 | 10.00 | 6 250.00 |
| 辅助材料 |  | 线 | 轴 | 168 | 168 | 5.00 | 840.00 |
| 辅助材料 |  | 拉链 | 组 | 500 | 500 | 4.00 | 2 000.00 |
| 包装材料 |  | 纸板 | 米 | 150 | 150 | 1.00 | 150.00 |
| 包装物 |  | 包装袋 | 个 | 500 | 500 | 2.00 | 1 000.00 |
| 合计 |  |  |  |  |  |  | 10 240.00 |

仓库主管:陈家喜　　　　发料人:李润蓝　　　　领料人:张龙帅

第二联　会计部门记账

表 3-9　　　　　　　　　　　　　　　领 料 单　　　　　　　　　　　　　　No. 0026

2019 年 3 月 6 日

领料部门：基本生产车间　　　　　　　　　　　　用途：生产 121 批女长袖小学校服

| 类别 | 编号 | 材料名称 | 计量单位 | 数量 请领 | 数量 实领 | 单价 | 总成本 |
|---|---|---|---|---|---|---|---|
| 辅助材料 |  | 衬布 | 米 | 400 | 400 | 10.00 | 4 000.00 |
| 辅助材料 |  | 线 | 轴 | 90 | 90 | 5.00 | 450.00 |
| 辅助材料 |  | 拉链 | 组 | 320 | 320 | 4.00 | 1 280.00 |
| 包装材料 |  | 纸板 | 米 | 96 | 96 | 1.00 | 96.00 |
| 包装物 |  | 包装袋 | 个 | 320 | 320 | 2.00 | 640.00 |
| 合计 |  |  |  |  |  |  | 6 466.00 |

第二联　会计部门记账

仓库主管：陈家喜　　　　　发料人：李润蓝　　　　　领料人：张龙帅

表 3-10　　　　　　　　　　　　　　领 料 单　　　　　　　　　　　　　　No. 0027

2019 年 3 月 6 日

领料部门：基本生产车间　　　　　　　　　　　　用途：生产 122 批男长袖中学校服

| 类别 | 编号 | 材料名称 | 计量单位 | 数量 请领 | 数量 实领 | 单价 | 总成本 |
|---|---|---|---|---|---|---|---|
| 辅助材料 |  | 衬布 | 米 | 325 | 325 | 10.00 | 3 250.00 |
| 辅助材料 |  | 线 | 轴 | 84 | 84 | 5.00 | 420.00 |
| 辅助材料 |  | 拉链 | 组 | 260 | 260 | 4.00 | 1 040.00 |
| 包装材料 |  | 纸板 | 米 | 78 | 78 | 1.00 | 78.00 |
| 包装物 |  | 包装袋 | 个 | 260 | 260 | 2.00 | 520.00 |
| 合计 |  |  |  |  |  |  | 5 308.00 |

第二联　会计部门记账

仓库主管：陈家喜　　　　　发料人：李润蓝　　　　　领料人：张龙帅

表 3-11　　　　　　　　　　　　　　领 料 单　　　　　　　　　　　　　　No. 0028

2019 年 3 月 6 日

领料部门：基本生产车间　　　　　　　　　　　　用途：生产 123 批女长袖中学校服

| 类别 | 编号 | 材料名称 | 计量单位 | 数量 请领 | 数量 实领 | 单价 | 总成本 |
|---|---|---|---|---|---|---|---|
| 辅助材料 |  | 衬布 | 米 | 320 | 320 | 10.00 | 3 200.00 |
| 辅助材料 |  | 线 | 轴 | 80 | 80 | 5.00 | 400.00 |
| 辅助材料 |  | 拉链 | 组 | 256 | 256 | 4.00 | 1 024.00 |
| 包装材料 |  | 纸板 | 米 | 76.8 | 76.8 | 1.00 | 76.80 |
| 包装物 |  | 包装袋 | 个 | 256 | 256 | 2.00 | 512.00 |
| 合计 |  |  |  |  |  |  | 5 212.80 |

第二联　会计部门记账

仓库主管：陈家喜　　　　　发料人：李润蓝　　　　　领料人：张龙帅

表 3-12　　　　　　　　　　　　领　料　单　　　　　　　　　　　　No.0029

2019 年 3 月 6 日

领料部门：基本生产车间　　　　　　　　　　　　用途：生产 124 批男长袖加肥校服

| 类别 | 编号 | 材料名称 | 计量单位 | 数量 请领 | 数量 实领 | 单价 | 总成本 |
|---|---|---|---|---|---|---|---|
| 辅助材料 |  | 衬布 | 米 | 37.5 | 37.5 | 10.00 | 375.00 |
| 辅助材料 |  | 线 | 轴 | 13 | 13 | 5.00 | 65.00 |
| 辅助材料 |  | 拉链 | 组 | 30 | 30 | 4.00 | 120.00 |
| 包装材料 |  | 纸板 | 米 | 12 | 12 | 1.00 | 12.00 |
| 包装物 |  | 包装袋 | 个 | 30 | 30 | 2.00 | 60.00 |
| 合计 |  |  |  |  |  |  | 632.00 |

仓库主管：陈家喜　　　　　　发料人：李润蓝　　　　　　领料人：张龙帅

第二联　会计部门记账

表 3-13　　　　　　　　**辅助材料及周转材料耗用汇总表**

2019 年 3 月　　　　　　　　　　　　　　　　　　　　　金额单位：元

| 批号 | 产品名称 | 投产量（套） | 衬布 | 线 | 拉链 | 纸板 | 包装袋 | 合计 |
|---|---|---|---|---|---|---|---|---|
| 120 | 男长袖小学校服 | 2 500 | 6 250.00 | 840.00 | 2 000.00 | 150.00 | 1 000.00 | 10 240.00 |
| 121 | 女长袖小学校服 | 1 600 | 4 000.00 | 450.00 | 1 280.00 | 96.00 | 640.00 | 6 466.00 |
| 122 | 男长袖中学校服 | 1 300 | 3 250.00 | 420.00 | 1 040.00 | 78.00 | 520.00 | 5 308.00 |
| 123 | 女长袖中学校服 | 1 280 | 3 200.00 | 400.00 | 1 024.00 | 76.80 | 512.00 | 5 212.80 |
| 124 | 男长袖加肥校服 | 160 | 375.00 | 65.00 | 120.00 | 12.00 | 60.00 | 632.00 |
| 合计 |  |  | 17 075.00 | 2 175.00 | 5 464.00 | 412.80 | 2 732.00 | 27 858.80 |

会计主管：张小楠　　　　　审核：孙名开　　　　　制单：李春雪

根据"领料单"和"辅助材料及周转材料耗用汇总表"编制会计分录：

借：生产成本——基本生产成本(120 批男长袖小学校服)　　10 240.00
　　　　　　——基本生产成本(121 批女长袖小学校服)　　　6 466.00
　　　　　　——基本生产成本(122 批男长袖中学校服)　　　5 308.00
　　　　　　——基本生产成本(123 批女长袖中学校服)　　　5 212.80
　　　　　　——基本生产成本(124 批男长袖加肥校服)　　　　632.00
　　贷：原材料——衬布　　　　　　　　　　　　　　　　　17 075.00
　　　　　　——线　　　　　　　　　　　　　　　　　　　2 175.00
　　　　　　——拉链　　　　　　　　　　　　　　　　　　5 464.00
　　　　　　——纸板　　　　　　　　　　　　　　　　　　　412.80
　　　　周转材料——包装物　　　　　　　　　　　　　　　2 732.00

(3)产品生产工时汇总表见表3-14。

表3-14　　　　　　　　　　　**生产工时汇总表**
　　　　　　　　　　　　　　　2019年3月

| 批号 | 产品名称 | 实际生产工时(小时) |
| --- | --- | --- |
| 120 | 男长袖小学校服 | 875 |
| 121 | 女长袖小学校服 | 512 |
| 122 | 男长袖中学校服 | 390 |
| 123 | 女长袖中学校服 | 384 |
| 124 | 男长袖加肥校服 | 60 |
| 合计 |  | 2 221 |

汇总车间职工薪酬,见表3-15,分配各批产品职工薪酬费用,见表3-16。

表3-15　　　　　　　　　　　**职工薪酬汇总表计算表**
　　　　　2019年3月　　　　　　　　　　　　　　　　　　单位:元

| 部门 | 应付职工薪酬总额 |
| --- | --- |
| 基本生产车间(制衣车间) | 111 050.00 |
| 车间管理部门 | 40 000.00 |
| 行政管理部门 | 30 000.00 |
| 合计 | 181 050.00 |

会计主管:张小楠　　　审核:孙名开　　　制单:李春雪

表3-16　　　　　　　　　　　**职工薪酬费用分配表**
　　　　　2019年3月　　　　　　　　　　　　　　　　　金额单位:元

| 批号 | 产品名称 | 实际生产工时(小时) | 分配率 | 分配金额 |
| --- | --- | --- | --- | --- |
| 120 | 男长袖小学校服 | 875 |  | 43 750.00 |
| 121 | 女长袖小学校服 | 512 |  | 25 600.00 |
| 122 | 男长袖中学校服 | 390 | 50.00 | 19 500.00 |
| 123 | 女长袖中学校服 | 384 |  | 19 200.00 |
| 124 | 男长袖加肥校服 | 60 |  | 3 000.00 |
| 小计 |  | 2 221 |  | 111 050.00 |
| 车间管理部门 |  |  |  | 40 000.00 |
| 行政管理部门 |  |  |  | 30 000.00 |
| 合计 |  |  |  | 181 050.00 |

会计主管:张小楠　　　审核:孙名开　　　制单:李春雪

根据"职工薪酬汇总计算表"和"职工薪酬费用分配表"编制会计分录：

借：生产成本——基本生产成本（120批男长袖小学校服）　　43 750.00
　　　　　——基本生产成本（121批女长袖小学校服）　　25 600.00
　　　　　——基本生产成本（122批男长袖中学校服）　　19 500.00
　　　　　——基本生产成本（123批女长袖中学校服）　　19 200.00
　　　　　——基本生产成本（124批男长袖加肥校服）　　 3 000.00
　　制造费用　　　　　　　　　　　　　　　　　　　　40 000.00
　　管理费用　　　　　　　　　　　　　　　　　　　　30 000.00
　　贷：应付职工薪酬——工资　　　　　　　　　　　181 050.00

（4）计提固定资产折旧，见表3-17。

表3-17　　　　　　　　　　固定资产折旧计算表
　　　　　　　　　　　　　　2019年3月　　　　　　　　　　单位：元

| 部门 | 类别 | 原值 | 月折旧率 | 月折旧额 |
|---|---|---|---|---|
| 基本生产车间 | 房屋、建筑物 | 440 000.00 | 0.50% | 2 200.00 |
|  | 机器设备 | 656 000.00 | 0.30% | 1 968.00 |
|  | 小计 | 1 096 000.00 |  | 4 168.00 |
| 管理部门 | 房屋、建筑物 | 200 000.00 | 0.50% | 1 000.00 |
| 合计 |  | 1 296 000.00 |  | 5 168.00 |

会计主管：张小楠　　　审核：孙名开　　　制单：李春雪

根据"固定资产折旧计算表"编制会计分录：

借：制造费用　　　　　　　　　　　　　　　　　　　 4 168.00
　　管理费用　　　　　　　　　　　　　　　　　　　 1 000.00
　　贷：累计折旧　　　　　　　　　　　　　　　　　 5 168.00

（5）基本生产车间支付办公费，原始凭证见表3-18和表3-19。

表3-18

表 3-19

**中国工商银行**
**转账支票存根**
**10205320**
**00122317**

附加信息

出票日期 2019 年 03 月 27 日

| 收款人： | 云南中大远红有限公司 |
| 金　额： | ￥4900.00 |
| 用　途： | 支付办公费 |

单位主管　　　会计

根据增值税普通发票和支票存根编制会计分录：

借：制造费用　　　　　　　　　　　　　　4 900.00
　　贷：银行存款　　　　　　　　　　　　　　　4 900.00

(6) 基本生产车间领用润滑油，见表3-20。

表 3-20　　　　　　　　**领 料 单**　　　　　　　　No. 0030

2019 年 3 月 28 日

领料部门：基本生产车间　　　　　　　　　　　　　用途：一般消耗

| 类别 | 编号 | 材料名称 | 计量单位 | 数量 请领 | 数量 实领 | 单价 | 总成本 |
|---|---|---|---|---|---|---|---|
| 辅助材料 |  | 机针 | 包 | 59 | 59 | 4.00 | 236.00 |
| 辅助材料 |  | 机油 | 桶 | 10 | 10 | 400.00 | 4 000.00 |
|  |  |  |  |  |  |  |  |
|  |  |  |  |  |  |  |  |
| 合计 |  |  |  |  |  |  | 4 236.00 |

第二联　会计部门记账

仓库主管：陈家喜　　　　发料人：李润蓝　　　　领料人：张龙帅

根据"领料单"编制会计分录：

借：制造费用　　　　　　　　　　　　　　4 236.00
　　贷：原材料——机针　　　　　　　　　　　　236.00
　　　　　　——机油　　　　　　　　　　　　4 000.00

(7)归集、汇总"制造费用"账户的借方发生额,发生额如下:

制造费用

职工薪酬　　　　40 000.00 元

折旧费　　　　　4 168.00 元

办公费　　　　　4 900.00 元

机物料消耗　　　4 236.00 元　　　　　　共计:53 304.00 元

(8)分配制造费用,见表 3-21。

表 3-21　　　　　　　　　　制造费用分配表

2019 年 3 月　　　　　　　　　　　　金额单位:元

| 批号 | 产品名称 | 实际生产工时(小时) | 分配率 | 分配金额 |
|---|---|---|---|---|
| 120 | 男长袖小学校服 | 875 |  | 21 000.00 |
| 121 | 女长袖小学校服 | 512 |  | 12 288.00 |
| 122 | 男长袖中学校服 | 390 | 24.00 | 9 360.00 |
| 123 | 女长袖中学校服 | 384 |  | 9 216.00 |
| 124 | 男长袖加肥校服 | 60 |  | 1 440.00 |
| 合计 |  | 2 221 |  | 53 304.00 |

会计主管:张小楠　　　　　审核:孙名开　　　　　制单:李春雪

根据"制造费用分配表"编制会计分录:

借:生产成本——基本生产成本(120 批男长袖小学校服)　　21 000.00

　　　　　——基本生产成本(121 批女长袖小学校服)　　12 288.00

　　　　　——基本生产成本(122 批男长袖中学校服)　　 9 360.00

　　　　　——基本生产成本(123 批女长袖中学校服)　　 9 216.00

　　　　　——基本生产成本(124 批男长袖加肥校服)　　 1 440.00

　贷:制造费用　　　　　　　　　　　　　　　　　　　　53 304.00

**请思考**

分配制造费用有哪几种方法?

(9) 计算各批别产品的成本,见表3-22至表3-28。

**表3-22**

**产品成本计算单**

2019年3月

批号:120  投产日期:2019年1月25日
产品名称:男长袖小学校服  批量:2 500套  完工日期:
完工产品数量:1 000套  在产品数量:1 500套

| 项目 | 直接材料 | 直接人工 | 制造费用 | 合计 |
| --- | --- | --- | --- | --- |
| 月初在产品成本 | 172 200.00 | 37 000.00 | 25 000.00 | 234 200.00 |
| 本月生产费用 | 10 240.00 | 43 750.00 | 21 000.00 | 74 990.00 |
| 生产费用合计 | 182 440.00 | 80 750.00 | 46 000.00 | 309 190.00 |
| 完工产品产量 | 1 000 | 1 000 | 1 000 | |
| 在产品约当产量 | 1 500 | 750 | 750 | |
| 约当总产量 | 2 500 | 1 750 | 1 750 | |
| 分配率 | 72.976 0 | 46.142 9 | 26.285 7 | |
| 完工产品成本 | 72 976.00 | 46 142.90 | 26 285.70 | 145 404.60 |
| 月末在产品成本 | 109 464.00 | 34 607.10 | 19 714.30 | 163 785.40 |

会计主管:张小楠  审核:孙名开  制单:李春雪

注:120批采用约当产量比例法计算完工产品成本和月末在产品成本,投料率为100%,加工程度为50%。

**表3-23**

**产品成本计算单**

2019年3月

批号:121  投产日期:2019年1月8日
产品名称:女长袖小学校服  批量:1 600套  完工日期:
完工产品数量:  在产品数量:1 600套

| 项目 | 直接材料 | 直接人工 | 制造费用 | 合计 |
| --- | --- | --- | --- | --- |
| 本月生产费用 | 56 362.00 | 25 600.00 | 12 288.00 | 94 250.00 |
| 生产费用累计 | 56 362.00 | 25 600.00 | 12 288.00 | 94 250.00 |
| 月末在产品成本 | 56 362.00 | 25 600.00 | 12 288.00 | 94 250.00 |

会计主管:张小楠  审核:孙名开  制单:李春雪

**表3-24**

**产品成本计算单**

2019年3月

批号:122  投产日期:2019年1月12日
产品名称:男长袖中学校服  批量:1 300套  完工日期:2019年3月26日
完工产品数量:1 300套  在产品数量:

| 项目 | 直接材料 | 直接人工 | 制造费用 | 合计 |
| --- | --- | --- | --- | --- |
| 本月生产费用 | 86 578.00 | 19 500.00 | 9 360.00 | 115 438.00 |
| 生产费用累计 | 86 578.00 | 19 500.00 | 9 360.00 | 115 438.00 |
| 完工产品成本 | 86 578.00 | 19 500.00 | 9 360.00 | 115 438.00 |

会计主管:张小楠  审核:孙名开  制单:李春雪

**表 3-25**

**产品成本计算单**

**2019 年 3 月**

批号:123　　　　　　　　　　　　　　　　　　　投产日期:2019 年 1 月 10 日

产品名称:女长袖中学校服　　批量:1 280 套　　完工日期:2019 年 3 月 27 日

完工产品数量:1 280 套　　　　在产品数量:

| 项目 | 直接材料 | 直接人工 | 制造费用 | 合计 |
|---|---|---|---|---|
| 本月生产费用 | 78 544.80 | 19 200.00 | 9 216.00 | 106 960.80 |
| 生产费用累计 | 78 544.80 | 19 200.00 | 9 216.00 | 106 960.80 |
| 完工产品成本 | 78 544.80 | 19 200.00 | 9 216.00 | 106 960.80 |

会计主管:张小楠　　　　审核:孙名开　　　　制单:李春雪

**表 3-26**

**产品成本计算单**

**2019 年 3 月**

批号:124　　　　　　　　　　　　　　　　　　　投产日期:2019 年 1 月 20 日

产品名称:男长袖加肥校服　　批量:160 套　　完工日期:

完工产品数量:　　　　　　　在产品数量:160 套

| 项目 | 直接材料 | 直接人工 | 制造费用 | 合计 |
|---|---|---|---|---|
| 本月生产费用 | 30 872.00 | 3 000.00 | 1 440.00 | 35 312.00 |
| 生产费用累计 | 30 872.00 | 3 000.00 | 1 440.00 | 35 312.00 |
| 月末在产品成本 | 30 872.00 | 3 000.00 | 1 440.00 | 35 312.00 |

会计主管:张小楠　　　　审核:孙名开　　　　制单:李春雪

**表 3-27**

**完工产品成本汇总表**

**2019 年 3 月**

| 产品批次 | | 产量(套) | 直接材料 | 直接人工 | 制造费用 | 合计 |
|---|---|---|---|---|---|---|
| 120 | 总成本 | 1 000 | 72 976.00 | 46 142.90 | 26 285.70 | 145 404.60 |
| 122 | 总成本 | 1 300 | 86 578.00 | 19 500.00 | 9 360.00 | 115 438.00 |
| 123 | 总成本 | 1 280 | 78 544.80 | 19 200.00 | 9 216.00 | 106 960.80 |
| 总成本合计 | | | 238 098.80 | 84 842.90 | 44 861.70 | 367 803.40 |

会计主管:张小楠　　　　审核:孙名开　　　　制单:李春雪

**表 3-28**

**入　库　单**

交库部门:基本生产车间　　2019 年 3 月　　产成品库:001 库

| 产品 | 计量单位 | 实收数量 | 单位成本 | 总成本 |
|---|---|---|---|---|
| 120 男长袖小学校服 | 套 | 1 000 | 145.40 | 145 404.60 |
| 122 男长袖中学校服 | 套 | 1 300 | 88.80 | 115 438.00 |
| 123 女长袖中学校服 | 套 | 1 280 | 83.56 | 106 960.80 |
| 合　计 | | | | 367 803.40 |

保管:何丽丽　　　　检验:吴立强　　　　交库:冯海涛

根据"产品成本计算单"、"完工产品成本汇总表"和"入库单"编制会计分录：

借：库存商品——120批男长袖小学校服　　　　　　　145 404.60
　　　　　　——122批男长袖中学校服　　　　　　　115 438.00
　　　　　　——123批女长袖中学校服　　　　　　　106 960.80
　贷：生产成本——基本生产成本(120批男长袖小学校服)　145 404.60
　　　　　　——基本生产成本(122批男长袖中学校服)　115 438.00
　　　　　　——基本生产成本(123批女长袖中学校服)　106 960.80

**请思考**

什么类型企业适用一般分批法核算产品成本？

## 任务三　简化分批法核算产品成本

在简化分批法下，仍应按照产品的批别设置基本生产成本明细账，在各批产品完工之前，明细账内只需按月登记原材料费用和生产工时。此外，应采用累计分配法，设置生产成本二级账，账中不仅要登记全部产品的月初在产品成本、本月生产费用和累计生产费用，还要登记全部产品的月初在产品工时、本月工时和累计工时。

在有完工产品的月份，按照该批产品累计工时的比例，计算其应分配的加工费用；然后，将计算出的完工产品应分配的各项加工费用以及原材料费用，计入基本生产成本明细账，计算出各批完工产品的总成本和单位成本。

### 能力训练 3-2

哈尔滨三佳服装有限公司采用简化分批法计算产品成本。各批产品投产及完工情况见表3-29，产品生产工时记录见表3-30，月初在产品成本见表3-31。

表3-29　　　　　　　　　产品生产批别表
　　　　　　　　　　　　　2019年3月

| 批号 | 产品名称 | 投产日期 | 完工日期 | 投产量(件) | 完工量(件) |
|---|---|---|---|---|---|
| 1011 | 男休闲上衣 | 2019年1月15日 | 2019年3月20日 | 600 | 600 |
| 1211 | 男牛仔休闲裤 | 2019年3月1日 | 2019年3月31日 | 480 | 240 |
| 1212 | 女牛仔休闲衫 | 2019年3月6日 | | 240 | |
| 1213 | 男牛仔外套 | 2019年3月20日 | | 240 | |
| 1214 | 女牛仔短裙 | 2019年3月21日 | | 120 | |

表 3-30　　　　　　　　　　产品生产工时记录

2019 年 3 月　　　　　　　　　　　　　　　　　　　　　　　　单位：小时

|  | 1011 批 男休闲上衣 | 1211 批 男牛仔休闲裤 | 1212 批 女牛仔休闲衫 | 1213 批 男牛仔外套 | 1214 批 女牛仔短裙 | 合计 |
|---|---|---|---|---|---|---|
| 1~2月生产工时 | 4 200 | — | — | — | — | 4 200 |
| 3月生产工时 | 1 200 | 2 400 | 1 800 | 1 200 | 360 | 6 960 |
| 合计 | 5 400 | 2 400 | 1 800 | 1 200 | 360 | 11 160 |
| 完工产品工时 | 5 400 | 1 200 | — | — | — | 6 600 |
| 在产品工时 | — | 1 200 | 1 800 | 1 200 | 360 | 4 560 |

表 3-31　　　　　　　　　　月初在产品成本

2019 年 3 月　　　　　　　　　　　　　　　　　　　　　　金额单位：元

| 批号 | 产品名称 | 生产工时（小时） | 直接材料 | 直接人工 | 制造费用 | 合计 |
|---|---|---|---|---|---|---|
| 1011 | 男休闲上衣 | 4 200 | 30 000.00 | 22 092.00 | 10 836.00 | 62 928.00 |

2019 年 3 月各批产品成本计算如下：

(1)各批产品耗用主要材料，见表 3-32 至表 3-36。

表 3-32　　　　　　　　　　　　领　料　单　　　　　　　　　　　　No.0012

2019 年 3 月 3 日

领料部门：基本生产车间　　　　　　　　　　　　　用途：生产 1211 批男牛仔休闲裤

| 类别 | 编号 | 材料名称 | 计量单位 | 数量 | | 单价 | 总成本 |
|---|---|---|---|---|---|---|---|
| | | | | 请领 | 实领 | | |
| | | 竹节牛仔布 | 米 | 600 | 600 | 40.00 | 24 000.00 |
| | | | | | | | |
| | | | | | | | |
| | | | | | | | |
| 合计 | | | | 600 | 600 | | 24 000.00 |

仓库主管：陈家喜　　　　　　发料人：李润蓝　　　　　　领料人：张龙帅

第二联　会计部门记账

表 3-33　　　　　　　　　　　　领　料　单　　　　　　　　　　　　No.0013

2019 年 3 月 3 日

领料部门：基本生产车间　　　　　　　　　　　　　用途：生产 1212 批女牛仔休闲衫

| 类别 | 编号 | 材料名称 | 计量单位 | 数量 | | 单价 | 总成本 |
|---|---|---|---|---|---|---|---|
| | | | | 请领 | 实领 | | |
| | | 提花条牛仔布 | 米 | 480 | 480 | 50.00 | 24 000.00 |
| | | | | | | | |
| | | | | | | | |
| | | | | | | | |
| 合计 | | | | 480 | 480 | | 24 000.00 |

仓库主管：陈家喜　　　　　　发料人：李润蓝　　　　　　领料人：张龙帅

第二联　会计部门记账

表 3-34　　　　　　　　　　　　　　**领 料 单**　　　　　　　　　　　　　　No. 0014
　　　　　　　　　　　　　　　　　2019 年 3 月 3 日

领料部门：基本生产车间　　　　　　　　　　　　　用途：生产 1213 批男牛仔外套

| 类别 | 编号 | 材料名称 | 计量单位 | 数量 请领 | 数量 实领 | 单价 | 总成本 |
|---|---|---|---|---|---|---|---|
|  |  | 乞丐牛仔布 | 米 | 528 | 528 | 51.00 | 26 928.00 |
|  |  |  |  |  |  |  |  |
|  |  |  |  |  |  |  |  |
|  |  |  |  |  |  |  |  |
| 合计 |  |  |  | 528 | 528 |  | 26 928.00 |

第二联　会计部门记账

仓库主管：陈家喜　　　　　　发料人：李润蓝　　　　　　领料人：张龙帅

表 3-35　　　　　　　　　　　　　　**领 料 单**　　　　　　　　　　　　　　No. 0015
　　　　　　　　　　　　　　　　　2019 年 3 月 3 日

领料部门：基本生产车间　　　　　　　　　　　　　用途：生产 1214 批女牛仔短裙

| 类别 | 编号 | 材料名称 | 计量单位 | 数量 请领 | 数量 实领 | 单价 | 总成本 |
|---|---|---|---|---|---|---|---|
|  |  | 英文牛仔布 | 米 | 72 | 72 | 58.00 | 4 176.00 |
|  |  |  |  |  |  |  |  |
|  |  |  |  |  |  |  |  |
|  |  |  |  |  |  |  |  |
| 合计 |  |  |  | 72 | 72 |  | 4 176.00 |

第二联　会计部门记账

仓库主管：陈家喜　　　　　　发料人：李润蓝　　　　　　领料人：张龙帅

表 3-36　　　　　　　　　　　　　**发出材料汇总表**
　　　　　　　　　　　　　　　　　2019 年 3 月　　　　　　　　　　　　　　　单位：元

| 原材料 | 批别及产品名称 | | | | 合计 |
|---|---|---|---|---|---|
|  | 1211 批 男牛仔休闲裤 | 1212 批 女牛仔休闲衫 | 1213 批 男牛仔外套 | 1214 批 女牛仔短裙 |  |
| 竹节牛仔布 | 24 000.00 |  |  |  | 24 000.00 |
| 提花条牛仔布 |  | 24 000.00 |  |  | 24 000.00 |
| 乞丐牛仔布 |  |  | 26 928.00 |  | 26 928.00 |
| 英文牛仔布 |  |  |  | 4 176.00 | 4 176.00 |
| 合计 | 24 000.00 | 24 000.00 | 26 928.00 | 4 176.00 | 79 104.00 |

会计主管：张小楠　　　　　　审核：孙名开　　　　　　制单：李春雪

根据"领料单"和"发出材料汇总表"编制会计分录：

借：生产成本——基本生产成本(1211批男牛仔休闲裤)　24 000.00
　　　　　　——基本生产成本(1212批女牛仔休闲衫)　24 000.00
　　　　　　——基本生产成本(1213批男牛仔外套)　　26 928.00
　　　　　　——基本生产成本(1214批女牛仔短裙)　　 4 176.00
　　贷：原材料——竹节牛仔布　　　　　　　　　　　24 000.00
　　　　　　——提花条牛仔布　　　　　　　　　　　24 000.00
　　　　　　——乞丐牛仔布　　　　　　　　　　　　26 928.00
　　　　　　——英文牛仔布　　　　　　　　　　　　 4 176.00

(2)计提固定资产折旧，见表3-37。

表3-37　　　　　　　　　固定资产折旧计算表
2019年3月　　　　　　　　　　　　　　　　　　　　　　　单位：元

| 部门 | 类别 | 原值 | 月折旧率 | 月折旧额 |
|---|---|---|---|---|
| 基本生产车间 | 房屋、建筑物 | 120 000.00 | 0.50% | 600.00 |
|  | 机器设备 | 81 750.00 | 0.80% | 654.00 |
|  | 小计 | 201 750.00 |  | 1 254.00 |
| 行政管理部门 | 房屋、建筑物 | 240 000.00 | 0.50% | 1 200.00 |
| 合计 |  | 441 750.00 |  | 2 454.00 |

会计主管：张小楠　　　审核：孙名开　　　制单：李春雪

根据"固定资产折旧计算表"编制会计分录：

借：制造费用　　　　　　　　　　　1 254.00
　　管理费用　　　　　　　　　　　1 200.00
　　贷：累计折旧　　　　　　　　　2 454.00

(3)核算人工费用，见表3-38。

表3-38　　　　　　　　　工资结算汇总表
　　　　　　　　　　　　2019年3月　　　　　　　　　　　　　单位：元

| 部门 | 月标准工资 | 奖金 | 津贴 | 应付工资合计 |
|---|---|---|---|---|
| 车间生产人员 | 31 668.00 | 2 781.60 | 2 160.00 | 36 609.60 |
| 车间管理人员 | 2 964.00 | 1 320.00 | 1 080.00 | 5 364.00 |
| 小计 | 34 632.00 | 4 101.60 | 3 240.00 | 41 973.60 |
| 行政管理部门 | 7 200.00 | 360.00 |  | 7 560.00 |
| 合计 | 41 832.00 | 4 461.60 | 3 240.00 | 49 533.60 |

会计主管：张小楠　　　审核：孙名开　　　制单：李春雪

根据"工资结算汇总表"编制会计分录：

借：生产成本——基本生产成本　　　　　36 609.60
　　　制造费用　　　　　　　　　　　　　5 364.00
　　　管理费用　　　　　　　　　　　　　7 560.00
　　贷：应付职工薪酬——工资　　　　　　49 533.60

(4) 核算电费，见表 3-39 至表 3-42。

表 3-39

**黑龙江增值税专用发票**　№ 09534127

开票日期：2019年03月31日

| 购买方 | 名　称：哈尔滨三佳服装有限公司<br>纳税人识别号：912301027028408647<br>地　址、电话：黑龙江省哈尔滨市香坊区军民街57号 0451-84566068<br>开户行及账号：工行哈尔滨香坊区和平支行 23001865951050000064 |
|---|---|

| 货物或应税劳务、服务名称 | 规格型号 | 单位 | 数量 | 单价 | 金额 | 税率 | 税额 |
|---|---|---|---|---|---|---|---|
| 电费 | | 度 | 10800 | 0.9 | 9720.00 | 16% | 1555.20 |
| 合　计 | | | | | ¥9720.00 | | ¥1555.20 |

价税合计（大写）　壹万壹仟贰佰柒拾伍元贰角整　　（小写）¥11275.20

| 销售方 | 名　称：黑龙江省电力有限公司哈尔滨供电公司<br>纳税人识别号：91230100127048941G<br>地　址、电话：黑龙江省哈尔滨市南岗区海运路28号 0451-86852369<br>开户行及账号：建行南岗支行 56896932569-25 |
|---|---|

收款人：　　　复核：张宏盛　　　开票人：周湘南

表 3-40

**中国工商银行**
**转账支票存根**
**10205320**
00122913

附加信息

出票日期 2019年03月31日

收款人：黑龙江省电力有限公司哈尔滨供电公司

金　额：¥11275.20

用　途：支付电费

单位主管　　　　会计

表 3-41　　　　　　　　　**各部门耗电量汇总表**
　　　　　　　　　　　　　　2019 年 3 月

| 部门 | 耗电量（度） |
|---|---|
| 基本生产车间 | 9 900 |
| 行政管理部门 | 900 |
| 合计 | 10 800 |

会计主管：张小楠　　　审核：孙名开　　　制单：李春雪

表 3-42　　　　　　　　　**电费分配表**
　　　　　　　　　　　　　　2019 年 3 月

| 部门 | 耗电量（度） | 单价（元/度） | 分配金额（元） |
|---|---|---|---|
| 基本生产车间 | 9 900 | 0.90 | 8 910.00 |
| 行政管理部门 | 900 | | 810.00 |
| 合计 | 10 800 | | 9 720.00 |

会计主管：张小楠　　　审核：孙名开　　　制单：李春雪

根据增值税专用发票、支票存根、"各部门耗电量汇总表"和"电费分配表"编制会计分录：

借：制造费用　　　　　　　　　　　　　　　　8 910.00
　　管理费用　　　　　　　　　　　　　　　　810.00
　　应交税费——应交增值税（进项税额）　　 1 552.20
　贷：银行存款　　　　　　　　　　　　　　 11 275.20

（5）核算水费，见表 3-43 至表 3-46。

表 3-43

**黑龙江增值税专用发票**　　No 09534243

开票日期：2019 年 03 月 31 日

| 购买方 | 名称：哈尔滨三佳服装有限公司 纳税人识别号：912301027028408647 地址、电话：黑龙江省哈尔滨市香坊区军民街57号 0451-84566068 开户行及账号：工行哈尔滨香坊和平支行 23001865951050000064 |
|---|---|

**教学版**

| 货物或应税劳务、服务名称 | 规格型号 | 单位 | 数量 | 单价 | 金额 | 税率 | 税额 |
|---|---|---|---|---|---|---|---|
| 水费 | | 吨 | 1200 | 2.20 | 2640.00 | 10% | 264.00 |
| 合　计 | | | | | ¥2640.00 | | ¥264.00 |

价税合计（大写）　㊀贰仟玖佰零肆元整　　　　　　　　（小写）¥2904.00

| 销售方 | 名称：哈尔滨市供水有限责任公司 纳税人识别号：91230100078060396X 地址、电话：黑龙江省哈尔滨市香坊区青云路9号 0451-76852099 开户行及账号：建行香坊支行 67896932765 |
|---|---|

收款人：　　　　　复核：张小丽　　　　开票人：周维婳

表 3-44

**中国工商银行**
**转账支票存根**
**10205320**
**00122919**

附加信息

出票日期 2019年03月31日

收款人：哈尔滨市供水有限责任公司
金　额：¥2904.00
用　途：支付水费

单位主管　　会计

表 3-45　　　　　　　　**各部门水量汇总表**
2019 年 3 月

| 部门 | 耗电量（吨） |
|---|---|
| 基本生产车间 | 1 104 |
| 行政管理部门 | 96 |
| 合计 | 1 200 |

会计主管：张小楠　　审核：孙名开　　制单：李春雪

表 3-46　　　　　　　　**水费分配表**
2019 年 3 月

| 部门 | 耗电量（吨） | 单价（元/吨） | 分配金额（元） |
|---|---|---|---|
| 基本生产车间 | 1 104 | 2.20 | 2 428.80 |
| 行政管理部门 | 96 |  | 211.20 |
| 合计 | 1 200 |  | 2 640.00 |

会计主管：张小楠　　审核：孙名开　　制单：李春雪

根据增值税专用发票、支票存根、"各部门水量汇总表"和"水费分配表"编制会计分录：

借：制造费用　　　　　　　　　　　　　　　2 428.80
　　管理费用　　　　　　　　　　　　　　　　211.20
　　应交税费——应交增值税（进项税额）　　264.00
　　贷：银行存款　　　　　　　　　　　　　2 904.00

(6) 归集、汇总"制造费用"账户的借方发生额,发生额如下:
制造费用

| 折旧费 | 1 254.00 元 | |
|---|---|---|
| 人工费 | 5 364.00 元 | |
| 电费 | 8 910.00 元 | |
| 水费 | 2 428.80 元 | 共计:17 956.80 元 |

(7) 结转制造费用,编制会计分录:

借:生产成本——基本生产成本　　　　　　　　　　　　17 956.80
　　贷:制造费用　　　　　　　　　　　　　　　　　　　　17 956.80

(8) 根据登记的生产成本二级账(见表 3-47)和累计生产工时计算累计间接费用分配率,分配间接费用,见表 3-48。

表 3-47　　　　　　　　　　　　生产成本二级账

| 项目 | 直接材料 | 生产工时(小时) | 直接人工 | 制造费用 | 合计 |
|---|---|---|---|---|---|
| 月初在产品成本 | 30 000.00 | 4 200 | 22 092.00 | 10 836.00 | 62 928.00 |
| 本月生产费用 | 79 104.00 | 6 960 | 36 609.60 | 17 956.80 | 133 670.40 |
| 生产费用合计 | 109 104.00 | 11 160 | 58 701.60 | 28 792.80 | 196 598.40 |

表 3-48　　　　　　　　　　累计间接费用分配率计算表
　　　　　　　　　　　　　　　　　2019 年 3 月

| 费用项目 | 累计工时(小时) | 累计间接费用分配率 | 间接费用总额(元) |
|---|---|---|---|
| 直接人工 | 11 160 | 5.26 | 58 701.60 |
| 制造费用 | 11 160 | 2.58 | 28 792.80 |

会计主管:张小楠　　　　审核:孙名开　　　　制单:李春雪

(9) 计算各批完工产品成本和在产品成本,见表 3-49 至表 3-55。

表 3-49　　　　　　　　　　**产品成本计算单**
批号:1011　　　　　　　　　　　　　　　　　　投产日期:2019 年 1 月 15 日
产品名称:男休闲上衣　　批量:600 件　　　　　　完工日期:2019 年 3 月 20 日
完工产品数量:600 件　　　　　　　　　　　　　　在产品数量:

| 项目 | 直接材料 | 生产工时(小时) | 直接人工 | 制造费用 | 合计 |
|---|---|---|---|---|---|
| 月初生产费用和工时 | 30 000.00 | 4 200 | 22 092.00 | 10 836.00 | 62 928.00 |
| 本月发生费用和工时 | | 1 200 | | | |
| 累计数 | 30 000.00 | 5 400 | | | |
| 累计分配率 | | | 5.26 | 2.58 | |
| 完工产品成本 | 30 000.00 | 5 400 | 28 404.00 | 13 932.00 | 72 336.00 |

会计主管:张小楠　　　　审核:孙名开　　　　制单:李春雪

**表 3-50**　　　　　　　　　　　**产品成本计算单**

批号：1211　　　　　　　　　　　　　　　　　　　投产日期：2019 年 3 月 1 日
产品名称：男牛仔休闲裤　　　批量：480 件　　　　完工日期：2019 年 3 月 31 日
完工产品数量：240 件　　　　　　　　　　　　　　在产品数量：240 件

| 项目 | 直接材料 | 生产工时（小时） | 直接人工 | 制造费用 | 合计 |
|---|---|---|---|---|---|
| 本月发生费用和工时 | 24 000.00 | 2 400 | | | |
| 累计数 | 24 000.00 | 2 400 | | | |
| 累计分配率 | | | 5.26 | 2.58 | |
| 完工产品成本 | 12 000.00 | 1 200 | 6 312.00 | 3 096.00 | 21 408.00 |
| 月末在产品成本 | 12 000.00 | 1 200 | | | |

会计主管：张小楠　　　　审核：孙名开　　　　制单：李春雪

注：陆续完工批次产品成本中的直接材料按照完工产品数量与在产品数量比例进行分配。

**表 3-51**　　　　　　　　　　　**产品成本计算单**

批号：1212　　　　　　　　　　　　　　　　　　　投产日期：2019 年 3 月 6 日
产品名称：女牛仔休闲衫　　　批量：240 件　　　　完工日期：
完工产品数量：　　　　　　　　　　　　　　　　　在产品数量：240 件

| 项目 | 直接材料 | 生产工时（小时） | 直接人工 | 制造费用 | 合计 |
|---|---|---|---|---|---|
| 本月发生费用和工时 | 24 000.00 | 1 800 | | | 24 000.00 |
| 累计数 | 24 000.00 | 1 800 | | | 24 000.00 |

会计主管：张小楠　　　　审核：孙名开　　　　制单：李春雪

**表 3-52**　　　　　　　　　　　**产品成本计算单**

批号：1213　　　　　　　　　　　　　　　　　　　投产日期：2019 年 3 月 20 日
产品名称：男牛仔外套　　　　批量：240 件　　　　完工日期：
完工产品数量：　　　　　　　　　　　　　　　　　在产品数量：240 件

| 项目 | 直接材料 | 生产工时（小时） | 直接人工 | 制造费用 | 合计 |
|---|---|---|---|---|---|
| 本月发生费用和工时 | 26 928.00 | 1 200 | | | 26 928.00 |
| 累计数 | 26 928.00 | 1 800 | | | 26 928.00 |

会计主管：张小楠　　　　审核：孙名开　　　　制单：李春雪

**表 3-53**　　　　　　　　　　　**产品成本计算单**

批号：1214　　　　　　　　　　　　　　　　　　　投产日期：2019 年 3 月 21 日
产品名称：女牛仔短裙　　　　批量：120 件　　　　完工日期：
完工产品数量：　　　　　　　　　　　　　　　　　在产品数量：120 件

| 项目 | 直接材料 | 生产工时（小时） | 直接人工 | 制造费用 | 合计 |
|---|---|---|---|---|---|
| 本月发生费用和工时 | 4 176.00 | 360 | | | 4 176.00 |
| 累计数 | 4 176.00 | 360 | | | 4 176.00 |

会计主管：张小楠　　　　审核：孙名开　　　　制单：李春雪

表 3-54    **完工产品成本汇总表**
2019 年 3 月

| 产品批次 | | 产量(件) | 直接材料 | 直接人工 | 制造费用 | 合计 |
|---|---|---|---|---|---|---|
| 1011 | 总成本 | 600 | 30 000.00 | 28 404.00 | 13 932.00 | 72 336.00 |
| 1211 | 总成本 | 240 | 12 000.00 | 6 312.00 | 3 096.00 | 21 408.00 |
| 总成本合计 | | | 42 000.00 | 34 716.00 | 17 028.00 | 93 744.00 |

会计主管:张小楠　　　　　审核:孙名开　　　　　制单:李春雪

表 3-55　　　　　　　　　　　　**入库单**
交库部门:基本生产车间　　　2019 年 3 月　　　　　产成品库:001 库

| 产品名称 | 计量单位 | 实收数量 | 单位成本 | 总成本 |
|---|---|---|---|---|
| 1011 批男休闲上衣 | 件 | 600 | 120.56 | 72 336.00 |
| 1211 批男牛仔休闲裤 | 件 | 240 | 89.20 | 21 408.00 |
| 合　计 | | | | 93 744.00 |

保管:何丽丽　　　　　检验:吴立强　　　　　交库:冯海涛

根据"产品成本计算单"、"完工产品成本汇总表"和"入库单"编制会计分录:
　　借:库存商品——1011 批男休闲上衣　　　　72 336.00
　　　　　　　——1211 批男牛仔休闲裤　　　　21 408.00
　　　贷:生产成本——基本生产成本(1011 批男休闲上衣)　72 336.00
　　　　　　　　——基本生产成本(1211 批男牛仔休闲裤)　21 408.00

采用简化分批法的不足之处,一是未完工批别的基本生产成本明细账不能完整地反映其在产品的成本;二是如果各月发生的间接费用相差悬殊,会影响各月产品成本计算的正确性。此外,如果月末未完工产品的批数不多,也不宜采用这种方法。因为,一方面仍要对完工产品分配登记各项间接费用,不能简化核算工作;另一方面又在一定程度上影响产品成本计算的正确性。

**请思考**

什么类型企业适用简化分批法?

应用简化分批法必须具备两个条件:一是各个月份的间接费用水平比较均衡,二是月末未完工产品的批数较多。这样才能保证既简化产品成本的核算工作又确保产品成本计算的正确性。

## 项目小结

本项目主要内容是分批法核算产品成本。由于加工费用分配的方法不同,又具体分为一般分批法核算产品成本和简化分批法核算产品成本。

$$\text{分批法核算产品成本}\begin{cases}\text{分配加工费用}\begin{cases}\text{当月分配法分配加工费用}\\ \text{累计分配法分配加工费用}\end{cases}\\ \text{一般分批法核算产品成本}\\ \text{简化分批法核算产品成本}\end{cases}$$

## 问题思考

1. 什么是一般分批法?如何进行产品成本核算?
2. 什么是简化分批法?如何进行产品成本核算?
3. 一般分批法和简化分批法在核算产品成本时有什么区别?

## 职业能力·职业资格测试

### 一、单项选择题

1. 在简化分批法下,在各批产品完工以前,产品基本生产成本明细账中( )。
A. 只登记生产工时和人工费用
B. 只登记生产工时和直接费用
C. 只登记生产工时和间接费用
D. 只登记人工费用和材料费用

2. 在简化分批法下,累计间接费用分配率( )。
A. 只是在各批完工产品之间分配间接费用的依据
B. 只是在各批在产品之间分配间接费用的依据
C. 既是各批完工产品之间,也是完工产品与在产品之间分配间接费用的依据
D. 只是完工产品与在产品之间分配间接费用的依据

3. 对于成本计算的分批法,下列说法正确的是( )。
A. 不存在完工产品与在产品之间费用分配问题
B. 成本计算期与会计报告期一致
C. 可以适用于单件小批多步骤生产,但管理上不要求分步骤计算成本的企业
D. 以上说法全部正确

4. 采用( )计算产品成本,必须设置生产成本二级账
A. 品种法
B. 简化分批法
C. 平行结转分步法
D. 定额法

## 二、多项选择题

1. 采用分批法计算产品成本,如果批内产品跨月陆续完工,则(    )。

A. 月末需要计算完工产品成本和在产品成本

B. 月末要将生产费用在完工产品和在产品之间进行分配

C. 月末不需要将生产费用在完工产品和在产品之间进行分配

D. 月末不需要计算产品成本

2. 采用简化的分批法,在某批产品完工以前,该批产品的成本明细账上只需按月登记(    )。

A. 直接费用

B. 间接费用

C. 生产工时数

D. 全部产品累计间接费用分配率

3. 采用简化的分批法(    )。

A. 必须设立生产成本二级账

B. 在产品完工之前,基本生产成本明细账只登记直接费用和生产工时

C. 在生产成本二级账中只登记间接费用

D. 必须对每批产品开设基本生产成本明细账

## 三、判断题

1. 分批法月末通常不需要在完工产品和在产品之间分配生产费用。(    )

2. 采用简化分批法计算产品成本,全部产品某项累计间接费用分配率等于全部产品该项本月间接费用除以全部产品累计生产工时。(    )

3. 采用简化分批法计算产品成本,在各批产品完工以前,对发生的间接费用,只以总数的形式反映在生产成本二级账中。(    )

4. 采用简化分批法计算产品成本,在各批产品完工以前,对发生的间接费用,可以不按月在各批产品之间进行分配。(    )

5. 如果批内产品跨月完工的情况较多,月末批内完工产品的数量占全部批量的比重较大,为了简化成本计算工作,在完工产品和月末在产品之间不进行生产费用的分配。(    )

6. 采用简化分批法时,某批完工产品应负担的间接费用应该等于该批完工产品当月耗用的工时数乘以累计间接费用分配率。(    )

## 四、能力训练题

××电机厂生产各种电机,采用简化分批法计算产品成本。

2019 年 3 月:

020 号风扇电机投产 6 台,2 月 6 日投产,3 月 22 日全部完工。

021 号吸尘器电机投产 20 台,2 月 11 日投产,3 月 29 日完工 8 台。

022 号洗碗机电机投产 6 台,2 月 26 日投产,尚未完工。

023 号风扇电机投产 8 台,3 月 6 日投产,尚未完工。

各批号 3 月末累计原材料费用(原材料在生产开始时一次投入)和累计生产工时为:

020 号:原材料费用 20 000.00 元,生产工时 1 000 小时。

021 号:原材料费用 28 600.00 元,生产工时 2 650 小时。

022号:原材料费用 16 800.00 元,生产工时 960 小时。
023号:原材料费用 12 000.00 元,生产工时 894 小时。

3月末,该企业全部产品累计原材料费用 77 400.00 元,工时 5 504 小时,直接人工 29 800.00 元,制造费用 8 480.00 元。3月末,完工产品生产工时 2 632 小时,其中 021 号吸尘器电机生产工时 1 632 小时。

要求:(1)根据上述资料,登记生产成本二级账,计算累计间接费用分配率,生产成本二级账见表 3-56。

**表 3-56** 生产成本二级账

| 项目 | 直接材料 | 生产工时(小时) | 直接人工 | 制造费用 | 合计 |
|---|---|---|---|---|---|
| 生产费用累计 | | | | | |
| 累计间接费用分配率 | | | | | |
| 本月完工产品成本 | | | | | |
| 月末在产品成本 | | | | | |

(2)填制产品成本计算单计算各批完工产品成本,产品成本计算单见表 3-57 至表 3-62。

**表 3-57** 产品成本计算单

2019 年 3 月

批号:020
产品名称:风扇电机　　批量:　　　　　　　　　投产日期:
完工产品数量:　　　　　　　　　　　　　　　　完工日期:
　　　　　　　　　　　　　　　　　　　　　　　在产品数量:

| 项目 | 直接材料 | 生产工时(小时) | 直接人工 | 制造费用 | 合计 |
|---|---|---|---|---|---|
| 生产费用累计 | | | | | |
| 累计间接费用分配率 | | | | | |
| 本月完工产品成本 | | | | | |

会计主管:　　　　　　　审核:　　　　　　　制单:

**表 3-58** 产品成本计算单

2019 年 3 月

批号:021
产品名称:吸尘器电机　　批量:　　　　　　　　投产日期:
完工产品数量:　　　　　　　　　　　　　　　　完工日期:
　　　　　　　　　　　　　　　　　　　　　　　在产品数量:

| 项目 | 直接材料 | 生产工时(小时) | 直接人工 | 制造费用 | 合计 |
|---|---|---|---|---|---|
| 生产费用累计 | | | | | |
| 累计间接费用分配率 | | | | | |
| 本月完工产品成本 | | | | | |
| 月末在产品成本 | | | | | |

会计主管:　　　　　　　审核:　　　　　　　制单:

注:陆续完工批次产品成本中的直接材料按照完工产品数量与在产品数量比例进行分配。

表 3-59                              产品成本计算单
                                    2019 年 3 月

批号:022                                             投产日期:
产品名称:洗碗机电机      批量:                       完工日期:
完工产品数量:                                        在产品数量:

| 项目 | 直接材料 | 生产工时(小时) | 直接人工 | 制造费用 | 合计 |
|------|----------|----------------|----------|----------|------|
| 生产费用累计 |  |  |  |  |  |

会计主管:              审核:              制单:

表 3-60                              产品成本计算单
                                    2019 年 3 月

批号:023                                             投产日期:
产品名称:风扇电机      批量:                         完工日期:
完工产品数量:                                        在产品数量:

| 项目 | 直接材料 | 生产工时(小时) | 直接人工 | 制造费用 | 合计 |
|------|----------|----------------|----------|----------|------|
| 生产费用累计 |  |  |  |  |  |

会计主管:              审核:              制单:

表 3-61                              完工产品成本汇总表
                                    2019 年 3 月

| 产品批次及名称 | 产量(件) | 直接材料 | 直接人工 | 制造费用 | 合计 |
|----------------|----------|----------|----------|----------|------|
|  |  |  |  |  |  |
|  |  |  |  |  |  |
| 总成本合计 |  |  |  |  |  |

会计主管:              审核:              制单:

表 3-62                              入 库 单
交库部门:基本生产车间         2019 年 3 月              产成品库:001 库

| 产品名称 | 计量单位 | 实收数量 | 单位成本 | 总成本 |
|----------|----------|----------|----------|--------|
|  |  |  |  |  |
|  |  |  |  |  |
| 合 计 |  |  |  |  |

保管:              检验:              交库:

**案例阅读**

### 1. 中信重工机械股份有限公司的成本核算

中信重工机械股份有限公司原名洛阳矿山机器厂,是国家"一五"期间兴建的 156 项重点工程之一。1993 年并入中国中信集团公司,更名为中信重型机械公司。2008 年元月,改制成立中信重工机械股份有限公司。2012年7月,公司A股股票在上海证券交易所成功挂牌并上市交易。中信重工机械股份有限公司拥有"洛矿"牌大型球磨机、大型减速机、大型辊压机、大型水泥回转窑四项中国名牌产品,被誉为"中国工业的脊梁,重大装备的摇篮"。

中信重工机械股份有限公司根据客户订单组织生产,以生产批号为成本核算对象,采用分批法核算产品成本。设有原材料、工资、制造费用等成本项目,费用按月汇总,产品成本是在一张订单的全部产品完工后才进行核算。如果一张订单有分月陆续完工情况,则按计划成本转出,待该产品全部完工后,再重新核算完工产品的总成本和单位成本。

问题:
(1)公司采用分批法核算产品成本的依据是什么?
(2)采用分批法核算产品成本应注意哪些事项?

**2. 上海重型机器厂的成本核算**

上海重型机器厂有限公司创建于1934年,前身为"上海大鑫机器厂",1953年改名为"上海矿山机器厂",1958年迁址闵行,1962年改名为"上海重型机器厂",2004年7月进行公司化改制,更名为"上海重型机器厂有限公司",隶属上海电气集团有限公司。

本厂拥有冷、热加工齐全的先进大型生产设备,为国内外用户提供冶炼、轧钢、电站、化工、锻压、矿山、水利和水泥建材等各类重型设备,以及各种优质大型铸锻件。

该厂主要以签订合同的订单为成本计算对象,采用分批法核算产品成本。

问题:
(1)本案例中,采用分批法核算产品成本是否合理?
(2)采用分批法核算产品成本时应注意哪些事项?

**3. 年终调账风波**

滁州明达机械制造厂为股份有限公司,主营压制设备、锻压设备的生产。

年终会计结账前,总经理提出在合法范围内减少企业利润,进行合理避税,与会计主管协商调账事宜:一是企业成本核算方法由分步法改为分批法,生产成本均由完工产品承担,调增已销产品成本;二是企业公务用车运行维护费中的汽油款按照燃料费用处理,由管理费用转为制造费用;三是企业支付的工资全部计入基本生产成本,原因是直接人工就是为生产产品服务的,行政管理费用也应由产品承担。

年终报表编制完成后,税务部门进行查账,认定企业进行的调整均属错误并构成主观故意。企业则不认为此种行为有错误。

问题:
(1)对案例中的三种调账做出合理评价。
(2)本案例中企业的做法是否违背成本核算制度?税务机关的认定是否正确?
(3)本案例对你有哪些启示?

# 项目四　分步法核算产品成本

**教学目标**

知识
- 能阐述分步法的含义和特点。
- 能说明分步法的核算程序。

技能
- 能填制生产费用分配表、产品成本计算单等成本核算单据。
- 能执行按照产品生产步骤核算成本的成本核算制度。

素养
- 培养沟通合作、严谨细致、遵规守则的职业素养。

前已述及,分步法是以各生产步骤的产品(或半成品)为成本计算对象,归集生产费用,计算产品(或半成品)成本的一种方法。

微课:分步法的工作原理

## 知 识 链 接

### 分步法核算产品成本的一般程序

分步法的成本计算程序是围绕着产品的生产步骤进行的,其核算程序如下:

1.按照各生产步骤的半成品和最后阶段产成品设置成本计算单,以便分成本项目汇集各步骤的生产费用。

2.某步骤某产品发生的直接费用应直接计入该步骤该产品的成本计算单相应成本项目内;各步骤各种产品共同发生的间接费用应采用一定标准分配计入各步骤各种产品的成本计算单。

3.月末,将各步骤各种产品成本计算单所汇集的生产费用在各步骤的完工产品与期末在产品之间分配,计算各步骤完工产品与期末在产品成本。

4.采用一定方法按产品品种结转各步骤半成品成本,以最终计算各产品的总成本和单位成本。

在成本会计工作中,根据各企业生产工艺过程的不同以及成本管理是否要求提供各步骤半成品成本资料,分步法又分为逐步结转分步法和平行结转分步法。

## 任务一　逐步结转分步法核算产品成本

在逐步结转分步法下,上一步骤的半成品成本,要随着半成品实物的转移,从上一步骤基本生产成本明细账中转入下一步骤相同产品的基本生产成本明细账中,以逐步计算各步骤的半成品成本和最后一个步骤的产品成本。

逐步结转分步法在成本管理上要求计算各生产步骤的半成品成本并提供半成品成本资料,因此,又称为"计列半成品成本的分步法",主要适用于大量大批连续式多步骤生产的产品。

### 知 识 链 接

#### 逐步结转分步法成本核算程序

在成本会计工作中,半成品实物转移有两种方式:一种是上一生产步骤完工的半成品,直接转入下一生产步骤继续加工;另一种是上一生产步骤完工的半成品,通过半成品库收、发,不直接转入下一生产步骤,半成品收、发、存的成本通过"自制半成品"账户进行核算。

因此,逐步结转分步法的成本计算程序根据完工的半成品是否验收入库分为半成品不通过半成品库收发的成本计算程序和半成品通过半成品库收发的成本计算程序,分别如图4-1和图4-2所示。

在图4-1中,各生产步骤半成品完工以后,直接被下一生产步骤领用,完工半成品的成本可以在各步骤之间直接结转。

在图4-2中,各生产步骤完工半成品是通过半成品库收发,其成本要通过"自制半成品"明细账进行数量、金额明细核算。

另外,从图4-1和图4-2可以看出,在逐步结转分步法下,完工产品是广义的概念,完成全部加工过程的产品是完工产品,某一生产步骤已经完工的半成品也是完工产品;在产品是狭义的概念,是相对某一个生产步骤而言的,尚未完工的是在产品。

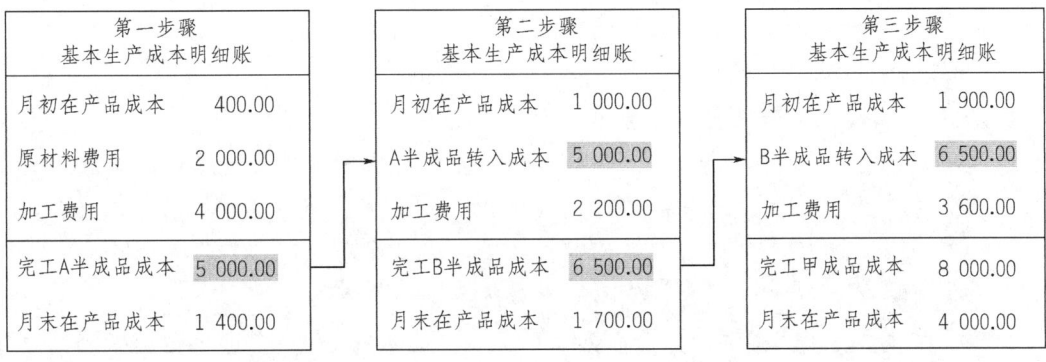

图4-1　逐步结转分步法计算程序(不通过半成品库收发)

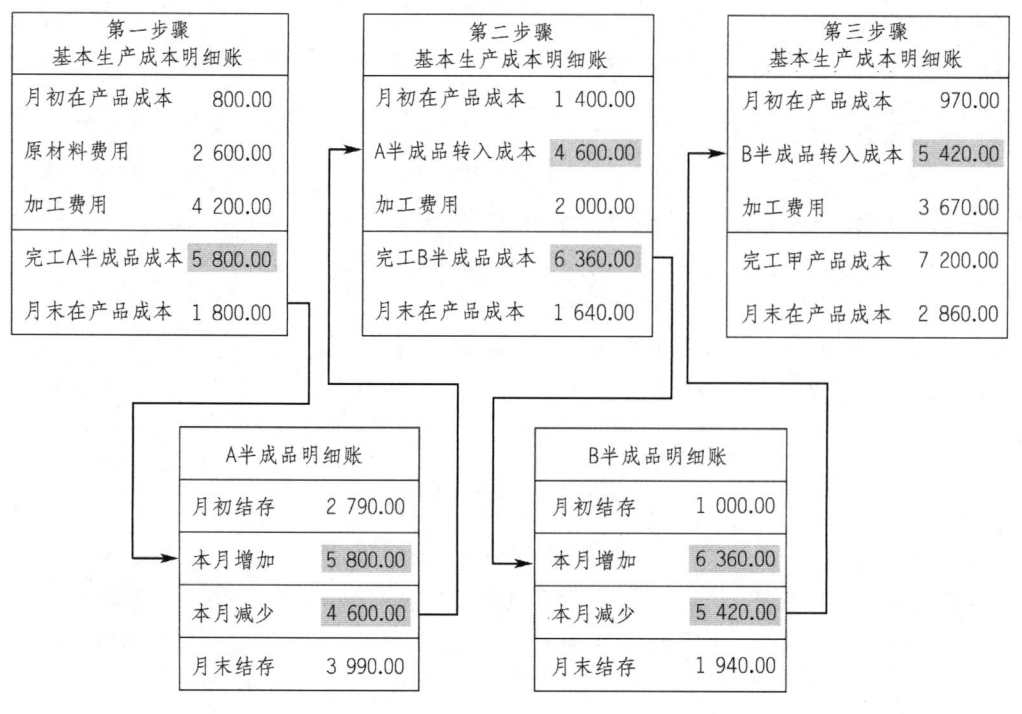

图4-2 逐步结转分步法计算程序(通过半成品库收发)

根据半成品成本结转方式的不同,逐步结转分步法又可以进一步划分为逐步综合结转分步法和逐步分项结转分步法。

## 一、逐步综合结转分步法核算产品成本

逐步综合结转分步法是指各步骤所耗用的上一步骤半成品成本,以"直接材料""原材料"或专设的"半成品"成本项目综合登记到该步骤的基本生产成本明细账中。其一般的计算程序如下:

(1)归集和分配各项生产费用。

(2)计算和结转各步骤完工半成品成本。

(3)计算最后步骤完工产品成本。

(4)对最后步骤完工产品成本进行成本还原。

成本还原是指从最后一个步骤起,将各步骤所耗上一步骤半成品的综合成本逐步分解还原为直接材料、直接人工、制造费用等原始成本项目来反映产品成本的过程。其公式为

$$成本还原率 = \frac{本月产品成本中所耗费的上一步骤半成品成本}{上一步骤所产的半成品成本}$$

以成本还原分配率分别乘以本月所产该种半成品各个成本项目,即可将本月产成品所耗半成品的综合成本分解为以原始成本项目反映的产品成本。

(5)编制完工产品成本汇总表,并结转完工产品成本。

## 能力训练 4-1

哈尔滨起亚纸业有限公司面巾纸的生产依次经过制浆车间和制纸车间进行加工。

原材料在生产开工时一次投入,各车间的加工费用发生比较均衡,月末在产品完工程度均为50%,两车间采用约当产量比例法计算产品(半成品)成本。2019年3月有关资料如下:

产品产量情况见表4-1。

**表 4-1**　　　　　　　　**产品产量表**

2019 年 3 月　　　　　　　　　　　　　　　　　　　　单位:吨

| 车间 | 月初在产品 | 本月投产量 | 本月完工量 | 月末在产品 |
| --- | --- | --- | --- | --- |
| 制浆车间 | 40 | 80 | 100 | 20 |
| 制纸车间 | 60 | 100 | 130 | 30 |

产品生产费用情况见表4-2。

**表 4-2**　　　　　　　　**生产费用表**

2019 年 3 月　　　　　　　　　　　　　　　　　　　　单位:元

| 车间 | | 直接材料(半成品) | 直接人工 | 制造费用 | 合计 |
| --- | --- | --- | --- | --- | --- |
| 制浆车间 | 月初在产品成本 | 18 000.00 | 16 000.00 | 12 900.00 | 46 900.00 |
| | 本月生产费用 | 240 000.00 | 172 100.00 | 112 500.00 | 524 600.00 |
| 制纸车间 | 月初在产品成本 | 24 800.00 | 20 400.00 | 8 750.00 | 53 950.00 |
| | 本月生产费用 | — | 55 000.00 | 13 000.00 | 68 000.00 |

注:假设制浆车间、制纸车间本月发生的生产费用(直接材料、直接人工和制造费用)已归集、汇总、分配完毕。

根据上述资料,采用逐步综合结转分步法计算产品成本如下:

(1)采用约当产量比例法计算制浆车间的面巾纸成本,见表4-3。

**表 4-3**　　　　　　　　**产品成本计算单**

2019 年 3 月

车　间:制浆车间

产品名称:面巾纸　　　　　　　产量:100吨　　　　　　　　　单位:元

| 项目 | 直接材料 | 直接人工 | 制造费用 | 合计 |
| --- | --- | --- | --- | --- |
| 月初在产品成本 | 18 000.00 | 16 000.00 | 12 900.00 | 46 900.00 |
| 本月生产费用 | 240 000.00 | 172 100.00 | 112 500.00 | 524 600.00 |
| 生产费用合计 | 258 000.00 | 188 100.00 | 125 400.00 | 571 500.00 |
| 完工产品产量 | 100 | 100 | 100 | |
| 在产品约当产量 | 20 | 10 | 10 | |
| 约当总产量 | 120 | 110 | 110 | |
| 分配率 | 2 150.00 | 1 710.00 | 1 140.00 | |
| 完工半成品成本 | 215 000.00 | 171 000.00 | 114 000.00 | 500 000.00 |
| 月末在产品成本 | 43 000.00 | 17 100.00 | 11 400.00 | 71 500.00 |

会计主管:李佳红　　　　　　审核:周正开　　　　　　制单:刘欣

根据"产品成本计算单"编制会计分录：

借：生产成本——基本生产成本（制纸车间——面巾纸）500 000.00

　　贷：生产成本——基本生产成本（制浆车间——面巾纸）500 000.00

（2）采用约当产量比例法计算制纸车间的面巾纸成本，见表4-4和表4-5。

表4-4　　　　　　　　　　　**产品成本计算单**

2019年3月

车　　间：制纸车间

产品名称：面巾纸　　　　　　产量：130吨　　　　　　　　单位：元

| 项目 | 半成品 | 直接人工 | 制造费用 | 合计 |
|---|---|---|---|---|
| 月初在产品成本 | 24 800.00 | 20 400.00 | 8 750.00 | 53 950.00 |
| 本月生产费用 | 500 000.00 | 55 000.00 | 13 000.00 | 568 000.00 |
| 生产费用合计 | 524 800.00 | 75 400.00 | 21 750.00 | 621 950.00 |
| 完工产品产量 | 130 | 130 | 130 | |
| 在产品约当产量 | 30 | 15 | 15 | |
| 约当总产量 | 160 | 145 | 145 | |
| 分配率 | 3 280.00 | 520.00 | 150.00 | |
| 完工产品成本 | 426 400.00 | 67 600.00 | 19 500.00 | 513 500.00 |
| 月末在产品成本 | 98 400.00 | 7 800.00 | 2 250.00 | 108 450.00 |

会计主管：李佳红　　　　审核：周正开　　　　制单：刘欣

表4-5　　　　　　　　　　　　**入库单**

交库部门：制纸车间　　　　2019年3月　　　　产成品库：091库

| 产品 | 计量单位 | 实收数量 | 单位成本 | 总成本 |
|---|---|---|---|---|
| 面巾纸 | 吨 | 130 | 3 950.00 | 513 500.00 |
|  |  |  |  |  |
|  |  |  |  |  |
| 合　计 |  |  |  | 513 500.00 |

保管：冯悦淼　　　　检验：张立国　　　　交库：孙明强

根据"产品成本计算单"和"入库单"编制会计分录：

借：库存商品——面巾纸　　　　　　　　　　513 500.00

　　贷：生产成本——基本生产成本（制纸车间——面巾纸）513 500.00

(3)编制成本还原计算表进行成本还原,见表4-6。

表4-6　　　　　　　　　　　成本还原计算表
2019年3月　　　　　　　　　　　　　　　　　单位:元

| 项目 | 成本还原率 | 成本项目 | | | |
|---|---|---|---|---|---|
| | | 半成品 | 直接材料 | 直接人工 | 制造费用 | 合计 |
| 还原前产品总成本 | | 426 400.00 | | 67 600.00 | 19 500.00 | 513 500.00 |
| 本月所产半成品成本 | | | 215 000.00 | 171 000.00 | 114 000.00 | 500 000.00 |
| 成本还原 | 0.852 8 | | 183 352.00 | 145 828.80 | 97 219.20 | 426 400.00 |
| 还原后产品总成本 | | | 183 352.00 | 213 428.80 | 116 719.20 | 513 500.00 |

通过表4-6可以看出,成本还原就是将完工面巾纸成本中的半成品成本426 400.00元分解为直接材料、直接人工和制造费用三个原始成本项目,也就是求解三个数相加等于426 400.00元。

其依据的是本月制浆车间完工半成品成本,也就是将本月完工半成品成本500 000.00元乘以一个常量,使其等于426 400.00元。这个常量就是成本还原率,即完工半成品成本的多少倍等于完工产品成本中的半成品成本。

将构成半成品成本的215 000.00元(直接材料)、171 000.00元(直接人工)和114 000.00元(制造费用)三个成本数分别乘以0.852 8,其总数即为426 400.00元,这就是成本还原的过程。

**请思考**

如何理解成本还原?

需要说明的是,在成本会计工作中,逐步综合结转分步法可以按照半成品的实际成本结转,也可以按照半成品的计划成本(或定额成本)结转。

从上述的处理可以看出,逐步综合结转分步法具有以下优点和缺点:

优点:能够反映各步骤完工产品所耗用上一步骤半成品成本和本步骤加工费用的水平,有利于各个步骤的成本管理。

缺点:为了从整个企业的角度反映产品成本的构成,加强企业综合的成本管理,必须进行成本还原,从而增加了成本核算的工作量。

**能力训练 4-2**

哈尔滨天悦帆布制品有限公司货运汽车涂塑帆布的生产经过涂塑车间和缝纫车间进行加工。

帆布经过涂塑车间涂塑后交由自制半成品库收发,其发出成本采用一次加权平均法计算。两个车间采用在产品按固定成本计算法计算产品(半成品)成本。2019年3月有关成本资料如下:

产品产量情况见表4-7。

表 4-7　　　　　　　　　　　　产品产量表

2019 年 3 月　　　　　　　　　　　　　　　　　　单位:平方米

| 项目 | 月初在产品 | 本月投产量 | 本月完工量 | 月末在产品 |
|---|---|---|---|---|
| 涂塑车间（货运汽车涂塑帆布） | 190 | 2 410 | 2 400 | 200 |
| 缝纫车间（货运汽车涂塑帆布） | 55 | 2 000 | 2 010 | 45 |

产品生产费用情况见表 4-8。

表 4-8　　　　　　　　　　　　生产费用表

2019 年 3 月　　　　　　　　　　　　　　　　　　单位:元

| 车间 | | 直接材料或半成品 | 直接人工 | 制造费用 | 合计 |
|---|---|---|---|---|---|
| 涂塑车间 | 月初在产品成本 | 4 000.00 | 2 600.00 | 1 300.00 | 7 900.00 |
| | 本月生产费用 | 19 000.00 | 11 000.00 | 10 000.00 | 40 000.00 |
| 缝纫车间 | 月初在产品成本 | 6 400.00 | 1 300.00 | 1 000.00 | 8 700.00 |
| | 本月生产费用 | — | 5 400.00 | 3 600.00 | 9 000.00 |

注:假设涂塑车间、缝纫车间本月发生的生产费用（直接材料、直接人工和制造费用）已归集、汇总、分配完毕。

根据上述资料,采用逐步综合结转分步法计算产品成本如下:

（1）采用在产品按固定成本计算法计算涂塑车间货运汽车涂塑帆布的半成品成本,见表 4-9 和表 4-10。

表 4-9　　　　　　　　　　　　产品成本计算单

2019 年 3 月

车　　间:涂塑车间

产品名称:货运汽车涂塑帆布　　　产量:2 400 平方米　　　　　　　　　单位:元

| 项目 | 直接材料 | 直接人工 | 制造费用 | 合计 |
|---|---|---|---|---|
| 月初在产品成本 | 4 000.00 | 2 600.00 | 1 300.00 | 7 900.00 |
| 本月生产费用 | 19 000.00 | 11 000.00 | 10 000.00 | 40 000.00 |
| 生产费用合计 | 23 000.00 | 13 600.00 | 11 300.00 | 47 900.00 |
| 完工半成品成本 | 19 000.00 | 11 000.00 | 10 000.00 | 40 000.00 |
| 月末在产品成本 | 4 000.00 | 2 600.00 | 1 300.00 | 7 900.00 |

会计主管:冯名　　　　　审核:陈伟凯　　　　　制单:姜丽艳

表 4-10　　　　　　　　　　　　入库单

交库部门:涂塑车间　　　2019 年 3 月　　　　　　　　　半成品库:001 库

| 产品 | 计量单位 | 实收数量 | 单位成本 | 总成本 |
|---|---|---|---|---|
| 货运汽车涂塑帆布 | 平方米 | 2 400 | 16.67 | 40 000.00 |
| | | | | |
| 合　　计 | | | | 40 000.00 |

保管:赵红丽　　　　　检验:钱力凯　　　　　交库:伍小天

根据"产品成本计算单"和"入库单"编制会计分录：

借：自制半成品——货运汽车涂塑帆布　　　　　　　　　　40 000.00
　　贷：生产成本——基本生产成本(涂塑车间——货运汽车涂塑帆布) 40 000.00

（2）计算缝纫车间的领料成本，见表 4-11 和表 4-12。

表 4-11　　　　　　　　　　　　**半成品成本计算单**
2019 年 3 月

| 月初余额 | | 本月增加 | | 合计 | | | 本月减少 | | 月末余额 | |
|---|---|---|---|---|---|---|---|---|---|---|
| 数量 | 实际成本 | 数量 | 实际成本 | 数量 | 实际成本 | 单位成本 | 数量 | 实际成本 | 数量 | 实际成本 |
| 800 | 11 200.00 | 2 400 | 40 000.00 | 3 200 | 51 200.00 | 16.00 | 2 000 | 32 000.00 | 1 200 | 19 200.00 |

会计主管：冯名　　　　　　审核：陈伟凯　　　　　　制单：姜丽艳

表 4-12　　　　　　　　　　　　**出库单**

领用部门：缝纫车间　　　　2019 年 3 月　　　　　　半成品库：001 库

| 产品 | 计量单位 | 领用数量 | 单位成本 | 总成本 |
|---|---|---|---|---|
| 货运汽车涂塑帆布（半成品） | 平方米 | 2 000 | 16.00 | 32 000.00 |
| | | | | |
| | | | | |
| 合　计 | | | | 32 000.00 |

保管：赵红丽　　　　　　检验：钱力凯　　　　　　领用：贺家红

根据"半成品成本计算单"和"出库单"编制会计分录：

借：生产成本——基本生产成本(缝纫车间——货运汽车涂塑帆布) 32 000.00
　　贷：自制半成品——货运汽车涂塑帆布　　　　　　　　　　　　32 000.00

（3）采用在产品按固定成本计算法计算缝纫车间货运汽车涂塑帆布的产品成本，见表 4-13 和表 4-14。

表 4-13　　　　　　　　　　　　**产品成本计算单**
2019 年 3 月

车　　　间：缝纫车间
产品名称：货运汽车涂塑帆布　　　产量：2 010 平方米　　　　　　　　　单位：元

| 项目 | 半成品 | 直接人工 | 制造费用 | 合计 |
|---|---|---|---|---|
| 月初在产品成本 | 6 400.00 | 1 300.00 | 1 000.00 | 8 700.00 |
| 本月生产费用 | 32 000.00 | 5 400.00 | 3 600.00 | 41 000.00 |
| 生产费用合计 | 38 400.00 | 6 700.00 | 4 600.00 | 49 700.00 |
| 完工产品成本 | 32 000.00 | 5 400.00 | 3 600.00 | 41 000.00 |
| 月末在产品成本 | 6 400.00 | 1 300.00 | 1 000.00 | 8 700.00 |

会计主管：冯名　　　　　　审核：陈伟凯　　　　　　制单：姜丽艳

**表 4-14**　　　　　　　　　　　　　　入 库 单

交库部门：缝纫车间　　　　　2019 年 3 月　　　　　　　产成品库：002 库

| 产品 | 计量单位 | 实收数量 | 单位成本 | 总成本 |
|---|---|---|---|---|
| 货运汽车涂塑帆布 | 平方米 | 2 010 | 20.40 | 41 000.00 |
|  |  |  |  |  |
| 合　计 |  |  |  | 41 000.00 |

保管：赵红丽　　　　　　检验：钱力凯　　　　　　交库：伍小天

根据"产品成本计算单"和"入库单"编制会计分录：

借：库存商品——货运汽车涂塑帆布　　　　　　　　　　41 000.00
　　贷：生产成本——基本生产成本（缝纫车间——货运汽车涂塑帆布）41 000.00

（4）编制成本还原计算表进行成本还原，见表 4-15。

**表 4-15**　　　　　　　　　　　　成本还原计算表

2019 年 3 月　　　　　　　　　　　　　　　　　　　　　　　单位：元

| 项目 | 成本还原率 | 成本项目 | | | | |
|---|---|---|---|---|---|---|
| | | 半成品 | 直接材料 | 直接人工 | 制造费用 | 合计 |
| 还原前产品总成本 |  | 32 000.00 |  | 5 400.00 | 3 600.00 | 41 000.00 |
| 本月所产半成品成本 |  |  | 19 000.00 | 11 000.00 | 10 000.00 | 40 000.00 |
| 成本还原 | 0.80 |  | 15 200.00 | 8 800.00 | 8 000.00 | 32 000.00 |
| 还原后产品总成本 |  |  | 15 200.00 | 14 200.00 | 11 600.00 | 41 000.00 |

**请思考**

成本还原率若没有整除，在还原中如何计算后续相应的数据？

## 二、逐步分项结转分步法核算产品成本

逐步分项结转分步法是将各步骤所耗上一步骤半成品成本，区分成本项目分项（直接材料、直接人工、制造费用等）转入本步骤基本生产成本明细账的相应项目中，以此逐步计算产品成本的方法。

### 能力训练 4-3

承接【能力训练 4-1】，采用逐步分项结转分步法计算面巾纸成本。

（1）采用约当产量比例法计算制浆车间的面巾纸成本，见表 4-16。

表 4-16　　　　　　　　　　　　**产品成本计算单**
　　　　　　　　　　　　　　　　2019 年 3 月

车　　　　间:制浆车间
产品名称:面巾纸　　　　　　　　产量:100 吨　　　　　　　　　　　　单位:元

| 项目 | 直接材料 | 直接人工 | 制造费用 | 合计 |
|---|---|---|---|---|
| 月初在产品成本 | 18 000.00 | 16 000.00 | 12 900.00 | 46 900.00 |
| 本月生产费用 | 240 000.00 | 172 100.00 | 112 500.00 | 524 600.00 |
| 生产费用合计 | 258 000.00 | 188 100.00 | 125 400.00 | 571 500.00 |
| 完工产品产量 | 100 | 100 | 100 | |
| 在产品约当产量 | 20 | 10 | 10 | |
| 约当总产量 | 120 | 110 | 110 | |
| 分配率 | 2 150.00 | 1 710.00 | 1 140.00 | |
| 完工半成品成本 | 215 000.00 | 171 000.00 | 114 000.00 | 500 000.00 |
| 月末在产品成本 | 43 000.00 | 17 100.00 | 11 400.00 | 71 500.00 |

会计主管:李佳红　　　　　　审核:周正开　　　　　　制单:刘欣

根据"产品成本计算单"编制会计分录:

借:生产成本——基本生产成本(制纸车间——面巾纸)500 000.00
　　贷:生产成本——基本生产成本(制浆车间——面巾纸) 500 000.00

(2)采用约当产量比例法计算制纸车间的面巾纸成本,见表 4-17 和表 4-18。

表 4-17　　　　　　　　　　　　**产品成本计算单**
　　　　　　　　　　　　　　　　2019 年 3 月

车　　　　间:制纸车间
产品名称:面巾纸　　　　　　　　产量:130 吨　　　　　　　　　　　　单位:元

| 项目 | 直接材料 | 直接人工 | 制造费用 | 合计 |
|---|---|---|---|---|
| 月初在产品成本 | 24 800.00 | 20 400.00 | 8 750.00 | 53 950.00 |
| 上一车间转入的成本 | 215 000.00 | 171 000.00 | 114 000.00 | 500 000.00 |
| 本车间生产费用 | | 55 000.00 | 13 000.00 | 68 000.00 |
| 生产费用合计 | 239 800.00 | 246 400.00 | 135 750.00 | 621 950.00 |
| 完工产品产量 | 130 | 130 | 130 | |
| 在产品约当产量 | 30 | 15 | 15 | |
| 约当总产量 | 160 | 145 | 145 | |
| 分配率 | 1 498.75 | 1 699.31 | 936.21 | |
| 完工产品成本 | 194 837.50 | 220 910.30 | 121 707.30 | 537 455.10 |
| 月末在产品成本 | 44 962.50 | 25 489.70 | 14 042.70 | 84 494.90 |

会计主管:李佳红　　　　　　审核:周正开　　　　　　制单:刘欣

表 4-18　　　　　　　　　　　入 库 单
交库部门:制纸车间　　　　　2019 年 3 月　　　　　产成品库:091 库

| 产品 | 计量单位 | 实收数量 | 单位成本 | 总成本 |
|---|---|---|---|---|
| 面巾纸 | 吨 | 130 | 4 134.27 | 537 455.10 |
|  |  |  |  |  |
|  |  |  |  |  |
| 合　计 |  |  |  | 537 455.10 |

保管:冯悦淼　　　　　检验:张立国　　　　　交库:孙明强

根据"产品成本计算单"和"入库单"编制会计分录:
借:库存商品——面巾纸　　　　　　　　　　　　537 455.10
　　贷:生产成本——基本生产成本(制纸车间——面巾纸)　537 455.10

从上述的处理可以看出,逐步分项结转分步法具有以下优点和缺点:

优点:可以直接提供按原始成本项目反映的产品成本资料,便于从整个企业的角度考核和分析产品成本计划的执行情况,不需要进行成本还原。

缺点:这一方法的成本结转工作比较复杂,而且在各步骤完工产品成本中看不出所耗上一步骤半成品成本是多少和本步骤加工费用是多少,不便于进行各步骤完工产品的成本分析。

## 知 识 链 接

### 逐步综合结转分步法和逐步分项结转分步法的联系与区别

联系:

半成品成本都是随着半成品实物的转移而结转的,均要求提供各生产步骤的半成品成本资料,均按照生产步骤的顺序计算产品成本。

区别:

从结转方式看,逐步综合结转分步法是将各步骤所耗用的上一步骤半成品成本,按照成本项目综合转入各该步骤基本生产成本明细账的各个成本项目中;逐步分项结转分步法是将各步骤所耗用的上一步骤半成品成本,按照成本项目分项转入各该步骤基本生产成本明细账的各个成本项目中。

从结转方法看,逐步综合结转分步法可以按照半成品的实际成本结转,也可以按照半成品的计划成本(或定额成本)结转;逐步分项结转分步法由于工作量大而一般多采用按实际成本分项结转的方法。

从成本还原角度看,逐步综合结转分步法一般需要将综合结转计算出的产品成本进行成本还原,以便从整个企业的角度分析和考核产品成本的构成;而逐步分项结转分步法已经反映产品成本的具体构成,不需要进行成本还原。

## 任务二　平行结转分步法核算产品成本

在平行结转分步法下,不计算各步骤所产半成品成本,也不计算各步骤所耗上一步骤半成品成本,只计算本步骤发生的生产费用和这些生产费用中应计入产品成本的"份额",然后将相同产品各步骤份额平行结转、汇总,即可计算出产品成本。

由于上一步骤的半成品成本不随着半成品实物的转移而结转,因此,平行结转分步法又称为"不计列半成品成本的分步法"。

### 知 识 链 接

#### 平行结转分步法成本核算程序

平行结转分步法成本核算程序如图4-3所示。

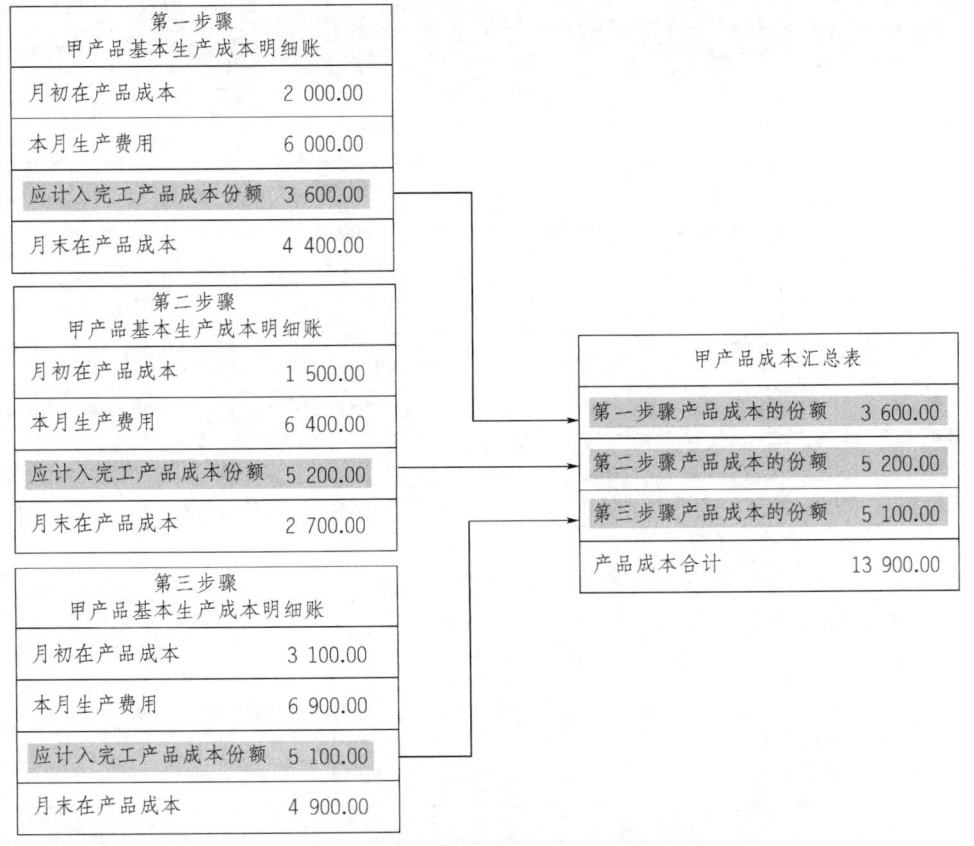

图4-3　平行结转分步法成本核算程序

平行结转分步法下,应计入产品成本中的"份额"可用约当产量比例法、定额比例法等方法计算求得。

## 能力训练 4-4

哈尔滨中江造纸厂卫生纸的生产依次经过制浆车间、制纸车间和包装车间进行加工。

原材料在生产开始时一次投入,各车间的加工费用发生比较均衡,采用约当产量比例法计算产品成本。2019 年 3 月有关资料如下:

产品产量情况见表 4-19。

表 4-19　　　　　　　　　　　产品产量表

2019 年 3 月　　　　　　　　　　　　　　　　　　单位:吨

| 车间 | 月初在产品 | 本月投产量 | 本月完工量 | 月末在产品 | 加工程度 |
|---|---|---|---|---|---|
| 制浆车间 | 25 | 275 | 250 | 50 | 50% |
| 制纸车间 | 50 | 250 | 250 | 50 | 50% |
| 包装车间 | 100 | 250 | 275 | 75 | 50% |

产品生产费用情况见表 4-20。

表 4-20　　　　　　　　　　　生产费用表

2019 年 3 月　　　　　　　　　　　　　　　　　　单位:元

| 项目 | | 直接材料 | 直接人工 | 制造费用 | 合计 |
|---|---|---|---|---|---|
| 制浆车间 | 月初在产品成本 | 180 000.00 | 81 250.00 | 85 000.00 | 346 250.00 |
| | 本月生产费用 | 450 000.00 | 173 750.00 | 212 500.00 | 836 250.00 |
| 制纸车间 | 月初在产品成本 | | 100 000.00 | 82 500.00 | 182 500.00 |
| | 本月生产费用 | | 200 000.00 | 187 500.00 | 387 500.00 |
| 包装车间 | 月初在产品成本 | | 150 000.00 | 72 500.00 | 222 500.00 |
| | 本月生产费用 | | 210 000.00 | 212 500.00 | 422 500.00 |

注:假设制浆车间、制纸车间和包装车间本月发生的生产费用(直接材料、直接人工和制造费用)已归集、汇总、分配完毕。

根据上述资料,采用平行结转分步法计算产品成本如下:

(1)采用约当产量比例法计算制浆车间计入卫生纸的成本份额,见表 4-21。

表 4-21　　　　　　　　　　　**产品成本计算单**

2019 年 3 月

车　　间:制浆车间
产品名称:卫生纸　　　　　　　产量:275 吨　　　　　　　　　　单位:元

| 项目 | 直接材料 | 直接人工 | 制造费用 | 合计 |
|---|---|---|---|---|
| 月初在产品成本 | 180 000.00 | 81 250.00 | 85 000.00 | 346 250.00 |
| 本月生产费用 | 450 000.00 | 173 750.00 | 212 500.00 | 836 250.00 |
| 生产费用合计 | 630 000.00 | 255 000.00 | 297 500.00 | 1 182 500.00 |

(续表)

| 项目 | 直接材料 | 直接人工 | 制造费用 | 合计 |
|---|---|---|---|---|
| 完工产品产量 | 275 | 275 | 275 | |
| 在产品约当产量 | 175 | 150 | 150 | |
| 约当总产量 | 450 | 425 | 425 | |
| 分配率 | 1 400 | 600 | 700 | |
| 计入产品成本的份额 | 385 000.00 | 165 000.00 | 192 500.00 | 742 500.00 |
| 月末在产品成本 | 245 000.00 | 90 000.00 | 105 000.00 | 440 000.00 |

会计主管：杨德江　　　　　　审核：赵红　　　　　　制单：郎园园

**请思考**

表4-21中的"175"和"150"是如何计算出来的？

(2) 采用约当产量比例法计算制纸车间计入卫生纸的成本份额，见表4-22。

表4-22　　　　　　　　　**产品成本计算单**
　　　　　　　　　　　　　　2019年3月

车　　　间：制纸车间
产品名称：卫生纸　　　　　　产量：275吨　　　　　　　　　　单位：元

| 项目 | 直接材料 | 直接人工 | 制造费用 | 合计 |
|---|---|---|---|---|
| 月初在产品成本 | | 100 000.00 | 82 500.00 | 182 500.00 |
| 本月生产费用 | | 200 000.00 | 187 500.00 | 387 500.00 |
| 生产费用合计 | | 300 000.00 | 270 000.00 | 570 000.00 |
| 完工产品产量 | | 275 | 275 | |
| 在产品约当产量 | | 100 | 100 | |
| 约当总产量 | | 375 | 375 | |
| 分配率 | | 800 | 720 | |
| 计入产品成本的份额 | | 220 000.00 | 198 000.00 | 418 000.00 |
| 月末在产品成本 | | 80 000.00 | 72 000.00 | 152 000.00 |

会计主管：杨德江　　　　　　审核：赵红　　　　　　制单：郎园园

**请思考**

表4-22中的"100"是如何计算出来的？

(3) 采用约当产量比例法计算包装车间计入卫生纸的成本份额,见表4-23。

表 4-23

**产品成本计算单**

**2019 年 3 月**

车　　间：包装车间
产品名称：卫生纸　　　　　　产量：275 吨　　　　　　　　　　　　单位：元

| 项目 | 直接材料 | 直接人工 | 制造费用 | 合计 |
|---|---|---|---|---|
| 月初在产品成本 | | 150 000.00 | 72 500.00 | 222 500.00 |
| 本月生产费用 | | 210 000.00 | 212 500.00 | 422 500.00 |
| 生产费用合计 | | 360 000.00 | 285 000.00 | 645 000.00 |
| 完工产品产量 | | 275 | 275 | |
| 在产品约当产量 | | 37.5 | 37.5 | |
| 约当总产量 | | 312.5 | 312.5 | |
| 分配率 | | 1 152 | 912 | |
| 计入产品成本的份额 | | 316 800.00 | 250 800.00 | 567 600.00 |
| 月末在产品成本 | | 43 200.00 | 34 200.00 | 77 400.00 |

会计主管：杨德江　　　　　审核：赵红　　　　　制单：郎园园

**请思考**

表4-23中的"37.5"是如何计算出来的?

(4) 汇总产品成本,见表4-24和表4-25。

表 4-24

**完工产品成本汇总表**

**2019 年 3 月**　　　　　　　　　　　　　　　　　　　单位：元

| 项目 | 直接材料 | 直接人工 | 制造费用 | 合计 |
|---|---|---|---|---|
| 制浆车间 | 385 000.00 | 165 000.00 | 192 500.00 | 742 500.00 |
| 制纸车间 | | 220 000.00 | 198 000.00 | 418 000.00 |
| 包装车间 | | 316 800.00 | 250 800.00 | 567 600.00 |
| 合计 | 385 000.00 | 701 800.00 | 641 300.00 | 1 728 100.00 |
| 单位成本 | 1 400.00 | 2 552.00 | 2 332.00 | 6 284.00 |

会计主管：杨德江　　　　　审核：赵红　　　　　制单：郎园园

表 4-25

**入 库 单**

交库部门：包装车间　　　　2019 年 3 月　　　　　　　产成品库：201 库

| 产品 | 计量单位 | 实收数量 | 单位成本 | 总成本 |
|---|---|---|---|---|
| 面巾纸 | 吨 | 275 | 6 284.00 | 1 728 100.00 |
| | | | | |
| | | | | |
| 合计 | | | | 1 728 100.00 |

保管：褚艳梅　　　　　检验：杜家正　　　　　交库：蒋春艳

根据"产品成本计算单"、"完工产品成本汇总表"和"入库单"编制会计分录：

借：库存商品——卫生纸　　　　　　　　　　　　　1 728 100.00
　　贷：生产成本——基本生产成本（制浆车间——卫生纸）　742 500.00
　　　　　　　　——基本生产成本（制纸车间——卫生纸）　418 000.00
　　　　　　　　——基本生产成本（包装车间——卫生纸）　567 600.00

## 知识链接

### 逐步结转分步法和平行结转分步法的区别

**1. 成本管理的要求不同**

逐步结转分步法要求提供半成品成本资料，计算半成品成本；而平行结转分步法不计算半成品成本。

**2. 产品成本计算的方式不同**

逐步结转分步法是按照产品生产步骤的先后顺序，逐步计算并结转半成品成本，直至最后生产步骤计算出产品成本；而平行结转分步法是将各生产步骤应计入产品成本的份额平行汇总，从而计算出产品成本。

**3. 半成品成本的结转与实物转移不同**

在逐步结转分步法下，半成品的成本随实物的转移而逐步结转至下一生产步骤，成本结转与实物转移一致；而在平行结转分步法下，半成品的成本不随实物的转移而结转至下一生产步骤，成本结转与实物转移不一致。

**4. 在产品的概念不同**

在逐步结转分步法下，在产品概念是狭义的；而在平行结转分步法下，在产品概念是广义的。

**5. 完工产品的概念不同**

在逐步结转分步法下，完工产品概念是广义的；而在平行结转分步法下，完工产品概念是狭义的。

**6. 适用范围不同**

逐步结转分步法适用于大量大批连续式多步骤生产且需要提供半成品成本资料的企业；而平行结转分步法适用于大量大批装配式多步骤生产且不需要提供半成品成本资料的企业。

通过上述处理可以看出，平行结转分步法有以下优点和缺点：

优点：各生产步骤能同时计算产成品成本；能提供按原始成本项目反映的产品成本资料，无须进行成本还原；简化了成本计算程序并提高了工作效率。

缺点：不能提供各个步骤半成品的资料；各个步骤的产品成本不包括所耗上一步骤半成品的费用，不能全面反映各步骤产品的生产耗费水平，不能更好地满足各生产步骤成本管理的要求；不能为各生产步骤的在产品实物管理和资金管理提供资料。

## 项目小结

本项目主要内容是分步法核算产品成本,包括逐步结转分步法核算产品成本和平行结转分步法核算产品成本。

逐步结转分步法核算产品成本 { 逐步综合结转法核算产品成本
　　　　　　　　　　　　　　　逐步分项结转法核算产品成本

平行结转分步法核算产品成本

## 问题思考

1. 什么是逐步结转分步法？如何进行核算？
2. 什么是平行结转分步法？如何进行核算？
3. 如何理解完工产品和在产品的含义？
4. 综合结转分步法和分项结转分步法有什么联系与区别？
5. 逐步结转分步法和平行结转分步法有什么联系与区别？
6. 什么是成本还原？成本还原率的基本含义是什么？

## 职业能力·职业资格测试

一、单项选择题

1. 下列方法中属于不计算半成品成本的分步法是（　　）。
   A. 逐步结转分步法　　　　　　　B. 逐步综合结转法
   C. 逐步分项结转法　　　　　　　D. 平行结转分步法

2. 采用逐步结转分步法,其在完工产品与在产品之间分配费用,是指在（　　）之间的费用分配。
   A. 完工产品与月末在产品
   B. 完工半成品与月末加工中的在产品
   C. 完工产品与广义的在产品
   D. 前面步骤的完工半成品与加工中的在产品,最后步骤的完工产品与加工中的在产品

3. 下列方法中需要进行成本还原的是（　　）。
   A. 平行结转分步法　　　　　　　B. 逐步结转分步法
   C. 逐步综合结转法　　　　　　　D. 逐步分项结转法

4. 成本还原的对象是（　　）。
   A. 库存商品成本　　　　　　　　B. 各步骤所耗上一步半成品的综合成本
   C. 各步骤半成品成本　　　　　　D. 完工产品中所耗各步骤半成品成本

5. 成本还原就是从最后一个步骤起,把各步骤所耗上一步骤半成品成本,按照( )逐步分解,还原算出按原始成本项目反映的产成品成本。
   A. 本月所耗半成品成本结构　　　　B. 上一步骤所产该种半成品成本的结构
   C. 本月完工产品成本的结构　　　　D. 上一步骤月末在产品成本的结构

6. 进行成本还原,应以成本还原率分别乘以( )。
   A. 本月所产半成品各个成本项目的费用
   B. 本月所耗半成品各个成本项目的费用
   C. 本月所产该种半成品各个成本项目的费用
   D. 本月所耗该种半成品各个成本项目的费用

7. 在平行结转分步法下,其完工产品与在产品之间的分配,是指( )之间的费用分配。
   A. 完工产品与月末广义在产品　　　　B. 各步骤完工的半成品与月末在产品
   C. 完工产品与狭义在产品　　　　　　D. 各步骤完工的半成品与广义的在产品

8. 在采用分步法计算产品成本时,半成品成本不随实物的转移而结转的成本计算方法是( )。
   A. 逐步综合结转法　　　　　　　　B. 逐步分项结转法
   C. 逐步结转分步法　　　　　　　　D. 平行结转分步法

9. 逐步结转分步法中,"在产品"的含义是指( )。
   A. 自制半成品　　　　　　　　　　B. 狭义在产品
   C. 广义在产品　　　　　　　　　　D. 产成品

10. 平行结转分步法中,"在产品"的含义是指( )。
    A. 自制半成品　　　　　　　　　　B. 狭义在产品
    C. 广义在产品　　　　　　　　　　D. 产成品

二、多项选择题

1. 对于逐步结转分步法,下列说法中正确的有( )。
   A. 各步骤的在产品成本是狭义在产品成本
   B. 各步骤的在产品成本是广义在产品成本
   C. 需要计算各步骤半成品成本
   D. 半成品成本随着半成品实物的转移而结转

2. 采用逐步结转分步法,按照结转的半成品成本在下一步骤基本生产成本明细账中反映方法不同,可分为( )。
   A. 逐步综合结转法　　　　　　　　B. 逐步分项结转法
   C. 按实际成本结转　　　　　　　　D. 按计划成本结转

3. 平行结转分步法下的在产品包括( )。
   A. 正在本步骤加工的在产品
   B. 本步骤完工转入半成品库的半成品
   C. 最后步骤完工入库的完工产品
   D. 从半成品仓库转入以后各步骤进一步加工但尚未最终完成的在产品

4. 与逐步结转分步法相比,平行结转分步法的缺点是( )。
A. 各步骤不能同时计算产品成本  B. 不能为成本管理提供资料
C. 不需要进行成本还原  D. 不能提供各步骤的半成品成本资料

5. 采用逐步结转分步法( )。
A. 半成品成本的结转同其实物的流转是同步进行的
B. 成本核算手续简便
C. 能够提供半成品成本资料
D. 有利于加强成本管理

6. 所谓成本还原就是将完工产品所耗用的上一步骤半成品的综合成本分解还原为原始的( )等项目的一种成本计算工作。
A. 直接材料  B. 直接人工
C. 制造费用  D. 其他直接支出

7. 采用逐步综合结转法,根据需要而进行成本还原时,所计算的成本还原率可能会( )。
A. 大于1  B. 小于1
C. 等于1  D. 小于0

8. 逐步综合结转法是将各步骤所耗用的上一步骤半成品成本,以( )的形式,综合计入各该步骤生产成本明细账中的方法。
A. 完工产品  B. 在产品
C. 直接材料  D. 半成品

9. 采用平行结转分步法不能提供( )。
A. 按原始成本项目反映的完工产品成本资料
B. 所耗上一步骤半成品成本的资料
C. 各步骤完工半成品成本的资料
D. 本步骤应计入完工产品成本份额的资料

10 平行结转分步法特点是( )。
A. 不计算各步骤的半成品成本
B. 不结转各步骤半成品成本
C. 要计算各步骤的半成品成本
D. 计算各生产步骤应计入完工产品成本的生产费用"份额"

### 三、判断题

1. 完工产品的各成本项目,其成本还原后的合计与成本还原前的合计应该是相等的。( )
2. 逐步综合结转法能够提供各生产步骤的半成品成本资料,而分项结转分步法却不能。( )
3. 采用逐步结转分步法计算成本时,每一个步骤的成本计算都是一个品种法,实际上是品种法的多次连续应用。( )
4. 采用逐步综合结转法,需要将上一步骤半成品成本,按照成本项目分别转入下一步骤基本生产成本明细账相对应的成本项目中。( )
5. 在采用逐步分项结转法时,为了反映产成品成本的真实构成,必须进行成本还原。( )

6. 采用平行结转分步法计算产品成本,半成品成本的结转与半成品实物的转移不是同步的。( )

7. 逐步综合结转法是将各步骤所耗用上一步骤半成品的成本,以"直接材料"或"半成品"项目的形式,综合计入各该步骤产品成本明细账中的方法。( )

8. 成本还原分配率 = $\dfrac{\text{本月产品成本中耗用上一步骤半成品成本合计}}{\text{本月生产的该种半成品成本合计}}$ ( )

9. 平行结转分步法各步骤不计算半成品成本。( )

10. 怎样正确地将各步骤的生产费用在完工产品和广义在产品之间进行合理的分配,是平行结转分步法计算产品成本的核心问题。( )

11. 采用平行结转分步法,其在产品是指广义在产品。( )

12. 采用逐步综合结转法,各生产步骤半成品的成本不随半成品实物的转移而结转。( )

### 四、能力训练题

××企业2019年3月A产品生产经过第一和第二两个车间进行,采用逐步结转分步法核算产品成本。第一车间为第二车间提供A半成品。A半成品经验收后入半成品库。第二车间所耗A半成品成本采用加权平均法计算。两个车间月末在产品成本按定额成本计算。

(1) 填制产品成本计算单,计算第一车间完工A半成品成本,见表4-26。

表4-26　　　　　　　　　　**产品成本计算单**

2019年3月

第一车间 A半成品　　　　　　　　　　　　　　　　　　　　　　　　　　　金额单位:元

| 项目 | 产量(件) | 直接材料 | 直接人工 | 制造费用 | 合计 |
|---|---|---|---|---|---|
| 月初在产品成本 |  | 5 420.00 | 1 860.00 | 1 320.00 |  |
| 本月生产费用 |  | 31 000.00 | 16 200.00 | 8 600.00 |  |
| 生产费用合计 |  |  |  |  |  |
| 完工半成品成本转出 | 4 000 |  |  |  |  |
| 月末在产品成本 |  | 3 320.00 | 1 140.00 | 808.00 |  |

会计主管:　　　　　　　　　　审核:　　　　　　　　制单:

(2) 根据第一车间产品成本计算单和半成品入库单编制A半成品完工入库的会计分录。

(3) 根据半成品入库单和第二车间半成品领用单,计算半成品成本,见表4-27。

表4-27　　　　　　　　　　**半成品成本计算表**

2019年3月

| 月初余额 | | 本月增加 | | 合计 | | | 本月减少 | |
|---|---|---|---|---|---|---|---|---|
| 数量 | 实际成本 | 数量 | 实际成本 | 数量 | 实际成本 | 单位成本 | 数量 | 实际成本 |
| 1 600 | 58 600.00 |  |  |  |  |  | 4 820.00 |  |

会计主管:　　　　　　　　　　审核:　　　　　　　　制单:

(4) 根据第二车间半成品领用单,编制第二车间领用A半成品的会计分录。

(5) 计算第二车间完工A产品成本,并填制基本生产成本明细账,A产品成本计算单见表4-28。

表 4-28　　　　　　　　　　　　　产品成本计算单

2019 年 3 月

第二车间 A 产品　　　　　　　　　　　　　　　　　　　　　　　　　　金额单位:元

| 摘要 | 产量(件) | 半成品 | 直接人工 | 制造费用 | 合计 |
|---|---|---|---|---|---|
| 月初在产品成本 |  | 12 400.00 | 1 160.00 | 980.00 |  |
| 本月生产费用 |  |  | 14 200.00 | 12 600.00 |  |
| 生产费用合计 |  |  |  |  |  |
| 完工产品成本转出 | 2 000 |  |  |  |  |
| 完工产品单位成本 |  |  |  |  |  |
| 月末在产品成本 |  | 22 100.00 | 2 068.00 | 1 746.00 |  |

会计主管:　　　　　　　　　　　　审核:　　　　　　　　　　　制单:

(6)编制成本还原表进行成本还原,见表 4-29。

表 4-29　　　　　　　　　　　　　成本还原计算表

2019 年 3 月　　　　　　　　　　　　　　　　　　　　　　　　　　　　　单位:元

| 摘要 | 成本还原率 | 成本项目 | | | | |
|---|---|---|---|---|---|---|
| | | 半成品 | 直接材料 | 直接人工 | 制造费用 | 合计 |
| 还原前产品总成本 |  |  |  |  |  |  |
| 本月所产 A 半成品 |  |  |  |  |  |  |
| 成本还原 |  |  |  |  |  |  |
| 还原后产品总成本 |  |  |  |  |  |  |

## 案例阅读

### 1.香坊棉纺织厂的成本核算

香坊棉纺织厂主要生产棉纱和各种棉布产品。

企业生产工艺过程包括纺纱和织布两大生产步骤。在纺纱生产车间,原料(原棉)投入生产之后,经过清花、梳棉、并条、粗纺、细纱等工序,纺成各种棉纱;然后送往织布生产车间,经过络经、整经、浆纱、穿筘、织造等工序,织成各种棉布,再经过整理、打包,即可入库等待销售。

企业生产的棉纱,既可以继续加工成各种棉布,又可以作为商品直接对外出售。在这种情况下,为了计算产品销售成本,除了需要计算产成品成本外,还必须计算各生产步骤所产半成品成本。

为此,香坊棉纺织厂以棉布及其生产所经过的各个生产步骤为成本计算对象,采用逐步结转分步法核算产品成本。

问题:

(1)企业采用逐步结转分步法核算产品成本是否科学合理?

(2)依据企业生产工艺过程说明逐步结转分步法的核算程序。

**2. 黄明丽设计成本核算方法**

黄明丽在锦州志诚会计咨询服务公司工作。日前,公司经理派其去新成立的锦州可乐饮料公司协助设计可乐饮料产品的成本核算方法。

黄明丽经过调查初步得知,该公司主要生产罐装可乐饮料,该饮料所需要的直接材料是糖浆、碳酸水和易拉罐。其生产过程是:第一步是生产糖浆;第二步是将糖浆与碳酸水混合制成可罐装的饮料,这一步骤的直接材料费用是糖浆和碳酸水的成本;第三步是将可乐的液体装入易拉罐空罐,这一步骤的成本主要是人工成本;第四步是在罐上加盖,然后将已装罐的可乐饮料包装成箱,从而完成整个生产流程。

根据调查掌握的资料,黄明丽认为该公司的产品生产是典型的分步骤生产,将其成本核算方法设计为分步法。

问题:

(1)黄明丽的分析设计是否科学合理?

(2)是否还有其他方法可供选择?

(3)黄明丽的做法是否符合职业规范?

**3. 华南机械制造厂的成本核算**

华南机械制造厂主要生产各种机械产品。

企业的车间按生产工艺过程设置,设有铸工、锻工、加工、装配车间。铸工车间利用生铁、钢、铜等各种原料熔铸各种铸件。锻工车间利用各种外购钢材锻造各种锻件。加工车间对各种铸件、锻件、外购半成品和外购材料进行加工,制造各种产品的零件和部件;然后转入装配车间进行装配,生产各种机械产品。

企业各生产步骤所产半成品的种类很多,而半成品外售的情况较少,因此在管理上不要求计算半成品成本。华南机械制造厂以各种机械产品及其所经生产步骤为成本计算对象,采用平行结转分步法核算产品成本。

问题:

(1)企业采用平行结转分步法核算产品成本是否科学合理?

(2)依据企业生产工艺流程说明平行结转分步法的核算程序。

**4. 山东和盛重工科技有限公司的成本核算**

山东和盛重工科技有限公司是一家基础装备生产企业。公司主要生产数控双柱立式车床、重型卧式车床、数控落地镗铣床、龙门刨铣磨床、数控动梁/动柱龙门镗铣床、车铣复合数控车床,还可根据用户特殊要求量身定做特种大型机床,并随时提供完善的技术支持和售后服务。另外,公司特种铸造车间除为公司产品提供专有钢性配方的骨骼铸件外,还可对外提供特大型铸造。

该公司生产自动化程度较高,各步骤机器工时均有记录;原材料消耗有产品消耗定额作为考核依据,生产车间有定额生产工时作为考核依据;废品在每个步骤均有记录;生产工人工资除基本工资之外与加工轴承数量挂钩作为效益工资,其他管理人员工资是每月基本工资加个人平均效益奖;基本生产车间与辅助生产车间经济效益独立考核。

该公司成本核算员钟玲玲依据企业生产特点和管理要求,提出如下成本核算方法:

(1)该企业应以产品品种及其所经过的生产步骤或产品订单作为成本核算对象,设置生产成本明细账。

(2)该企业核算成本时,如采用分批法,成本计算期与会计报告期一致,有期末在产品时需要在本期完工产品和期末在产品之间进行分配。

问题：

(1)本案例中,钟玲玲提出的核算方案是否正确？为什么？

(2)对钟玲玲提出的核算方案进行更正,并分析说明。

# 项目五　分类法核算产品成本

> **教学目标**
>
> **知识**
> - 能阐述分类法的含义和特点。
> - 能说明分类法的核算程序。
>
> **技能**
> - 能填制生产费用分配表、产品成本计算单等成本核算单据。
> - 能执行按照产品类别核算成本的成本核算制度。
>
> **素养**
> - 培养沟通合作、严谨细致、遵规守则的职业素养。

　　分类法是先按照产品的类别归集生产费用，计算各类完工产品成本，然后采用一定标准分配计算该类内各产品成本的一种成本计算方法。

　　分类法与生产的类型没有直接关系，适用于产品的品种、规格繁多，又可以按一定标准分类的车间或企业。例如，灯泡厂生产的不同类别和瓦数的灯泡，食品厂生产的不同口味的饼干和面包。

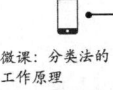
微课：分类法的工作原理

## 知 识 链 接

### 分类法成本核算程序

分类法成本核算的具体操作步骤如下：

**1. 将产品划分为不同的类别**

根据产品的结构、性能、用途、耗用的原材料和生产工艺过程等特点进行分类，并以每一类产品作为成本计算对象，按产品类别设置成本明细账。

**2. 计算出某类产品的完工产品总成本**

根据各类产品生产特点和成本管理要求，采用某种产品成本计算的基本方法，在基本生产成本明细账中按成本项目归集生产费用，计算出各类产品完工产品和月末在产品的成本。

**3. 按一定标准分配计算类别内各种产品的成本**

在计算出各类产品完工产品成本的基础上，需要采用一定的分配标准，计算确定类内各产品的总成本和单位成本。

采用分类法计算产品成本时,其成本核算程序如图 5-1 所示。

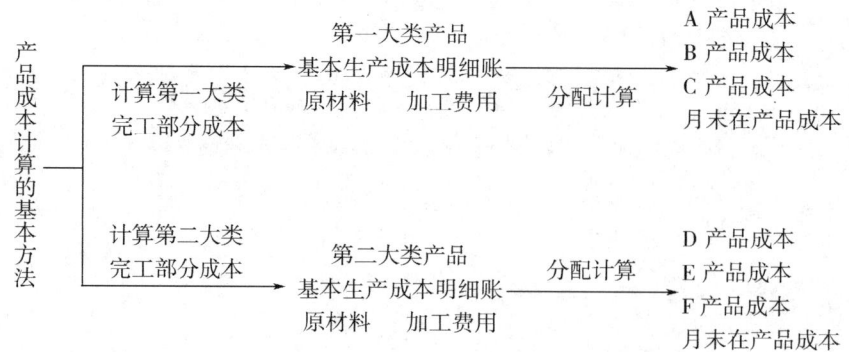

**图 5-1　分类法成本核算程序**

需要说明的是,分类法不是一种独立的成本核算方法,要与品种法、分批法或分步法结合起来使用。

## 任务一　核算联产品成本

### 一、联产品的含义

联产品是指企业在同一生产过程中,利用同一种原材料,同时生产出来的地位相同但用途不同的主要产品。例如,炼油厂的催化原油经过催化,可以生产出汽油、柴油、煤油和润滑油等联产品;制糖厂用甜菜制成各种冰糖、红糖和白糖等联产品。联产品具有以下特点:

(1)联产品均为企业的主要产品。
(2)联产品使用的原材料以及经过的加工过程完全相同,但是各种联产品的性质和用途不同。

### 二、联产品的成本构成

联产品从原材料投入到产品完工经历分离前、分离点、分离后三个阶段。

投入相同的原材料,经过同一生产过程后,在某一个"点"分离为各种联产品,这个点称为"分离点",即各种联产品在生产过程中分离的时点。

在分离点之前各种联产品共同发生的成本称为"联合成本",即分离前是联合成本的归集过程。

分离点是联合成本的分配过程。

分离后联产品有的可直接销售,有的需要进一步加工后再销售。在分离点之后发生的进一步加工成本称为"可归属成本"。分离后是联产品成本的归集过程,即联产品进一步加工,其成本为分配的联合成本和可归属成本之和;若联产品直接出售,其成本仅为分配的联合成本。

联产品的成本构成如图 5-2 所示。

从联产品的成本构成可以看出,联产品成本计算的关键是如何将联合成本在各种联产品之间进行分配。

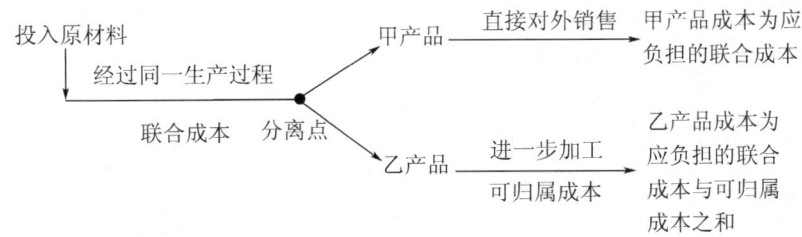

图 5-2 联产品的成本构成图

## 三、核算联产品成本

在成本会计工作中,为了简化成本计算工作,联产品视为一大类产品进行成本核算。首先,采用一定方法将联合成本(月初在产品成本和本月生产费用之和)在该大类产品的完工产品和月末在产品之间分配,然后,再采用一定的方法将该大类完工产品成本在类内各产品之间分配。

**请思考**

生产费用在完工产品和月末在产品之间分配有哪些方法?

一般而言,在类内各产品之间分配联合成本主要有系数分配法、实物量分配法、销售价值分配法、净实现价值分配法等方法。

### (一)系数分配法

系数分配法是将各种联产品的实际产量按事前规定的系数折算为标准生产量(相对生产量),然后将联合成本按照各种联产品的标准生产量比例来进行分配。系数分配法的具体计算步骤如下:

**1. 选择标准产品确定系数**

一般选择一种产量较大、生产稳定或规格适中的产品作为标准产品,并确定该标准产品的系数为"1"。

**2. 计算各产品的系数**

在标准产品选定后,将其他各种产品的分配标准与标准产品的分配标准相比,求出其他产品的分配标准与标准产品的分配标准的比率,即为各种产品的系数。

原材料费用(直接材料)系数一般采用单位产品定额原材料费用标准计算,其他加工费用(直接人工、制造费用等)一般采用单位产品定额工时标准计算。

$$原材料费用系数 = \frac{其他产品单位产品定额原材料费用}{标准产品单位产品定额原材料费用}$$

$$其他加工费用系数 = \frac{其他产品单位产品定额工时}{标准产品单位产品定额工时}$$

## 3. 折算总系数

将各产品产量乘以对应的该产品系数,折算出总系数。

## 4. 分配计算各联产品成本

按照总系数分配该类完工产品总成本,计算出各种联产品的成本。

### 能力训练 5-1

哈尔滨招远食品加工公司加工鸡杂、白条鸡、分割鸡三种联产品,归为鸡肉类,采用分类法计算成本。

采用不计算在产品成本法核算完工产品成本。原材料费用系数采用原材料定额费用标准计算,其他加工费用系数采用定额工时标准计算(白条鸡为标准产品)。2019年3月相关资料如下:

产量和单位产品定额资料见表5-1。

表5-1　　　　　　　　产量和单位产品定额成本表

2019年3月

| 产品类别 | 产品名称 | 产量(箱) | 单位产品原材料定额(元) | 单位产品工时定额(小时) |
|---|---|---|---|---|
| 鸡肉类 | 鸡杂 | 1 000 | 200 | 20 |
| | 白条鸡 | 750 | 160 | 18 |
| | 分割鸡 | 800 | 220 | 23 |

月初在产品成本和本月生产费用资料见表5-2。

表5-2　　　　　　　　本月生产费用表

2019年3月　　　　　　　　　　　　　　　单位:元

| 产品类别 | 直接材料 | 直接人工 | 制造费用 |
|---|---|---|---|
| 本月生产费用 | 793 600.00 | 49 305.00 | 67 470.00 |

采用分类法计算产品成本如下:

(1)计算鸡肉类产品成本,填制产品成本计算单,见表5-3。

表5-3　　　　　　　　产品成本计算单

2019年3月

产品名称:鸡肉类　　　　　　　　　　　　　　单位:元

| 项目 | 直接材料 | 直接人工 | 制造费用 | 合计 |
|---|---|---|---|---|
| 本月生产费用 | 793 600.00 | 49 305.00 | 67 470.00 | 910 375.00 |
| 生产费用合计 | 793 600.00 | 49 305.00 | 67 470.00 | 910 375.00 |
| 完工产品成本 | 793 600.00 | 49 305.00 | 67 470.00 | 910 375.00 |

会计主管:鲁军　　　　　审核:尹春雪　　　　　制单:褚东梅

(2)根据原材料定额费用和定额工时计算系数,见表5-4。

**表5-4**            **系数计算表**

2019年3月

| 产品名称 | 产量（箱） | 单位产品原材料定额费用(元) | 原材料费用系数 | 原材料总系数 | 单位产品定额工时(小时) | 其他加工费用系数 | 其他加工费用总系数 |
|---|---|---|---|---|---|---|---|
| 鸡杂 | 1 000 | 2 000 | 1 | 1 000 | 20 | 1 | 1 000 |
| 白条鸡 | 750 | 1 600 | 0.8 | 600 | 18 | 0.9 | 675 |
| 分割鸡 | 800 | 2 200 | 1.1 | 880 | 23 | 1.15 | 920 |
| 合计 | | | | 2 480 | | | 2 595 |

会计主管：鲁军      审核：尹春雪      制单：褚东梅

(3)计算鸡肉类产品中鸡杂、白条鸡、分割鸡的产品成本,见表5-5。

**表5-5**            **产品成本计算单**

2019年3月                                单位:元

| 产品 | 产品产量（箱） | 总系数 材料费用 | 总系数 加工费用 | 总成本 直接材料（分配率:320.00） | 总成本 直接人工（分配率:19.00） | 总成本 制造费用（分配率:26.00） | 成本合计 |
|---|---|---|---|---|---|---|---|
| 鸡杂 | 1 000 | 1 000 | 1 000 | 320 000.00 | 19 000.00 | 26 000.00 | 365 000.00 |
| 白条鸡 | 750 | 600 | 675 | 192 000.00 | 12 825.00 | 17 550.00 | 222 375.00 |
| 分割鸡 | 800 | 880 | 920 | 281 600.00 | 17 480.00 | 23 920.00 | 323 000.00 |
| 合计 | | 2 480 | 2 595 | 793 600.00 | 49 305.00 | 67 470.00 | 910 375.00 |

会计主管：鲁军      审核：尹春雪      制单：褚东梅

采用系数分配法核算联合成本,其正确程度取决于系数的确定,而系数的确定取决于分配标准和标准产品的确定。

### (二)实物量分配法

实物量分配法是将联合成本按照各种联产品的重量、长度或容积等比例进行分配。计算出各种联产品应负担的联合成本,再加上其发生的可归属成本,即可计算出该产品的总成本。

这种方法的优点是简便易行,各联产品的单位成本是一致的。但这种方法亦存在某些缺陷:一是并非所有产品的成本都与实物量直接相关;二是未考虑各联产品的特性;三是未考虑产品的销售价值,可能出现销售价值低的产品亏损的情况。这种分配方法一般适用于成本的发生与产量关系密切,而且各联产品销售价值较为均衡的联合成本的分配。

## 知识链接

**联产品成本核算——实物量分配法**

××企业2019年3月用同一种原料,在同一生产过程中同时生产出甲、乙、丙、丁四种联产品。本期累计发生直接材料 23 632.00 元,直接人工 5 486.00 元,制造费用 2 110.00 元。生产出甲产品 1 800 千克,乙产品 600 千克,丙产品 900 千克,丁产品 700 千克。假定各联产品之间规定的系数为 1∶1.2∶0.8∶1.4。

甲产品分离后还要继续加工,其加工费用为:直接材料 810.00 元,直接人工 195.00 元,制造费用 105.00 元。

编制联产品成本计算单分配联合成本,见表 5-6。

表 5-6　　　　　　　　　　　联产品成本计算单
2019 年 3 月　　　　　　　　　　　　　　　　　　　　单位:元

| 产品 | 产量（千克） | 应负担的联合成本 | | | 合计 |
| --- | --- | --- | --- | --- | --- |
| | | 直接材料（分配率:5.908） | 直接人工（分配率:1.371 5） | 制造费用（分配率:0.527 5） | |
| 甲产品 | 1 800 | 10 634.40 | 2 468.70 | 949.50 | 14 052.60 |
| 乙产品 | 600 | 3 544.80 | 822.90 | 316.50 | 4 684.20 |
| 丙产品 | 900 | 5 317.20 | 1 234.35 | 474.75 | 7 026.30 |
| 丁产品 | 700 | 4 135.60 | 960.05 | 369.25 | 5 464.90 |
| 合计 | 4 000 | 23 632.00 | 5 486.00 | 2 110.00 | 31 228.00 |

会计主管:　　　　　　　　　审核:　　　　　　　　　制单:

编制甲产品成本汇总表,计算甲产品成本,见表 5-7。

表 5-7　　　　　　　　　　　完工产品成本汇总表
2019 年 3 月　　　　　　　　　　　　　　　　　　　　单位:元

| 项目 | 直接材料 | 直接人工 | 制造费用 | 总成本 |
| --- | --- | --- | --- | --- |
| 分配的联合成本 | 10 634.40 | 2 468.70 | 949.50 | 14 052.60 |
| 分离后的加工成本 | 810.00 | 190.00 | 105.00 | 1 105.00 |
| 合计 | 11 444.40 | 2 658.70 | 1 054.50 | 15 157.60 |

会计主管:　　　　　　　　　审核:　　　　　　　　　制单:

### (三)销售价值分配法

销售价值分配法是将联合成本按各联产品的销售价值的比例来分配,其结果是各联产品可取得一致的毛利率。

这种方法克服了实物量分配法的不足,但其本身也存在着缺陷:一是并非所有的产品成本都与售价有关,价格较高的产品不一定要负担较高的成本,因为影响产品价格的因素不止其价值一项;二是并非所有的联产品都具有同样的获利能力。若不分情况盲目采用这种方法,对产品生产决策会带来不利影响。这种方法一般适用于分离后不再加工,而且价格波动不大的联产品成本的计算。若企业的某些联产品分离后仍需进一步加工才可销售,这时联合成本的分配可考虑采用净实现价值分配法。

## 知识链接

**联产品成本核算——销售价值分配法**

××企业用同种原材料经过同一生产过程同时生产出A、B两种联产品。2019年3月生产A产品2 000千克,B产品1 000千克。本期累计发生直接材料30 000.00元,直接人工10 800.00元,制造费用19 200.00元。A产品每千克售价25元,B产品每千克售价30元,A、B产品全部售出。

编制联产品成本计算单计算联产品成本,见表5-8。

表5-8　　　　　　　　　　**联产品成本计算单**

2019年3月　　　　　　　　　　　　　　　　　　　　　单位:元

| 产品 | 产量(千克) | 单价 | 销售价值 | 应负担的联合成本 | | | 合计 |
|---|---|---|---|---|---|---|---|
| | | | | 直接材料(分配率:0.375) | 直接人工(分配率:0.135) | 制造费用(分配率:0.24) | |
| A产品 | 2 000 | 25 | 50 000.00 | 18 750.00 | 6 750.00 | 12 000.00 | 37 500.00 |
| B产品 | 1 000 | 30 | 30 000.00 | 11 250.00 | 4 050.00 | 7 200.00 | 22 500.00 |
| 合计 | 3 000 | | 80 000.00 | 30 000.00 | 10 800.00 | 19 200.00 | 60 000.00 |

会计主管:　　　　　　　审核:　　　　　　　制单:

### (四)净实现价值分配法

净实现价值分配法是将联产品的联合成本按净实现价值的比例分配。

净实现价值的计算公式为

$$净实现价值 = 产品销售价格 - 该产品可归属成本$$

由此公式可以看出,无须进一步加工的联产品,其净实现价值与其销售价格一致。

## 知识链接

**联产品成本核算——净实现价值分配法**

××企业2019年3月用同种原材料经过同一生产过程同时生产出A、B两种联产品。2019年3月生产A产品2 000千克,B产品1 000千克。本期累计发生直接材料30 000.00元,直接人工10 800.00元,制造费用19 200.00元。A产品每千克售价25.00元,B产品每千克售价30.00元,A、B产品全部售出。

假设A产品还需进一步加工,其加工费用为5 000.00元。编制联产品成本计算单计算联产品成本,见表5-9。

表 5-9　　　　　　　　　　　联产品成本计算单

2019 年 3 月　　　　　　　　　　　　　　　　单位:元

| 产品 | 销售价值 | 分离后加工成本 | 净实现价值 | 应负担的联合成本 | | | 合计 |
| --- | --- | --- | --- | --- | --- | --- | --- |
| | | | | 直接材料<br>(分配率:0.40) | 直接人工<br>(分配率:0.144) | 制造费用<br>(分配率:0.256) | |
| A 产品 | 50 000.00 | 5 000.00 | 45 000.00 | 18 000.00 | 6 480.00 | 11 520.00 | 36 000.00 |
| B 产品 | 30 000.00 | — | 30 000.00 | 12 000.00 | 4 320.00 | 7 680.00 | 24 000.00 |
| 合计 | 80 000.00 | 5 000.00 | 75 000.00 | 30 000.00 | 10 800.00 | 19 200.00 | 60 000.00 |

会计主管：　　　　　　　　　　　审核：　　　　　　　　　　制单：

以上几种方法各有其优缺点,企业可根据具体情况,选择最合适的方法,合理、准确、简便地计算出联产品的成本。

## 任务二　核算副产品成本

### 一、副产品的含义

微课：副产品的含义

副产品是指在同一生产过程中,利用同种原料,在生产主产品的同一生产过程中附带生产出来的非主产品。例如,炼油企业在提炼原油的过程中所产生的渣油、石焦油;制皂企业在生产过程中所产生的甘油等。副产品具有以下特点:

(1)副产品不是企业生产活动的主要目的,是随主产品附带生产出来的,是企业的次要产品。副产品依附于主产品。

(2)相对于主产品而言,副产品的价值相对较低,在企业全部产品中所占比重较小。

需要说明的是,主副产品的区分并不是绝对的,可以相互转化。

另外,副产品和联产品之间也是有区别的,一般情况下,联产品的价值较高,地位同等,而副产品相对于主产品价值较低,处于次要地位。而且副产品和联产品的划分并非一成不变,而是可以相互转化的。

### 二、核算副产品成本

主产品和副产品一般是在同一生产过程中形成的,很难划分两者耗费的生产费用。因此,可将主产品、副产品作为一类产品,采用分类法核算产品成本。

但是,副产品是次要产品,对企业的收入和利润影响甚微,通常确定副产品的扣除价格从联合成本中扣除,所以副产品成本核算的关键是副产品的计价。

#### (一)副产品的成本为零

当副产品价值极小时,假定其分配的联合成本为零,联合成本全部由主产品负担,副产品的收入直接列为其他业务收入。

## (二)副产品只负担进一步加工成本

联合成本归主产品,副产品的收入列为其他业务收入,副产品进一步加工成本列为其他业务成本。

## (三)副产品作价核算

按照副产品的销售价格扣除进一步加工成本、销售费用、销售税金及合理利润后的余额,作为副产品应负担的联合成本。若副产品需要进一步加工,其成本为应负担的联合成本与进一步加工成本之和。

主产品应负担的联合成本为分离前联合成本扣除由副产品负担联合成本后的余额。

## (四)联合成本在主副产品之间分配

如果副产品在企业销售额中占一定的比例,可以按照联产品分配的方法来分配联合成本。副产品所分配的联合成本加上进一步加工成本就是副产品的成本。

### 能力训练 5-2

哈尔滨明家制皂公司在生产主产品——肥皂的同时,附带生产出甘油,甘油分离后需进一步加工后才能出售。2019 年 3 月共发生联合成本 155 000.00 元,其中直接材料 77 500.00 元,直接人工 31 000.00 元,制造费用 46 500.00 元。甘油进一步加工发生直接人工 2 000.00 元;制造费用 2 500.00 元。本月生产肥皂 1 000 千克,甘油 200 千克,甘油的市场售价 150.00 元/千克,单位税金和利润为 50.00 元/千克。

根据联合成本计算各项成本项目所占的比重:

直接材料比重 $=\dfrac{77\,500.00}{155\,000}=50\%$

直接人工比重 $=\dfrac{31\,000.00}{155\,000}=20\%$

制造费用比重 $=\dfrac{46\,500.00}{155\,000}=30\%$

计算副产品负担的联合成本:

副产品负担的联合总成本 $=200\times(150.00-50.00)-(2\,000.00+2\,500.00)$
$=15\,500.00(元)$

直接材料 $=15\,500.00\times50\%=7\,750.00(元)$

直接人工 $=15\,500.00\times20\%=3\,100.00(元)$

制造费用 $=15\,500.00\times30\%=4\,650.00(元)$

填制副产品成本计算单,见表 5-10。

表 5-10　　　　　　　　　　　副品成本计算单

2019 年 3 月

产品名称:甘油　　　　　　　　　　　　　　　　　　　　　　　　　　　　单位:元

| 项目 | 直接材料 | 直接人工 | 制造费用 | 合计 |
| --- | --- | --- | --- | --- |
| 分摊的联合成本 | 7 750.00 | 3 100.00 | 4 650.00 | 15 500.00 |
| 可归属的成本 |  | 2 000.00 | 2 500.00 | 4 500.00 |
| 副产品总成本 | 7 750.00 | 5 100.00 | 7 150.00 | 20 000.00 |
| 单位成本 | 38.75 | 25.50 | 35.75 | 100.00 |

会计主管:张建军　　　　　审核:刘美　　　　　制单:单婷婷

填制主产品成本计算单,见表 5-11。

表 5-11　　　　　　　　　　　主产品成本计算单

2019 年 3 月

产品名称:肥皂　　　　　　　　　　　　　　　　　　　　　　　　　　　　单位:元

| 项目 | 直接材料 | 直接人工 | 制造费用 | 合计 |
| --- | --- | --- | --- | --- |
| 生产费用合计 | 77 500.00 | 31 000.00 | 46 500.00 | 155 000.00 |
| 结转副产品负担的联合成本 | 7 750.00 | 3 100.00 | 4 650.00 | 15 500.00 |
| 主产品完工成本 | 69 750.00 | 27 900.00 | 41 850.00 | 139 500.00 |
| 单位成本 | 69.75 | 27.90 | 41.85 | 139.50 |

会计主管:张建军　　　　　审核:刘美　　　　　制单:单婷婷

## 任务三　核算等级品成本

### 一、等级品的含义

等级品是指利用相同原材料,在同一生产过程中生产相同品种但在质量上有差别的产品。如纺织品、搪瓷器皿的生产常有等级品的产生。

等级品与联产品、副产品虽然都是使用同种原材料,经过同一生产过程生产出来的,但存在着较大的区别。联产品之间、主产品与副产品之间,属于不同品种产品,性质或用途不同;而等级品是相同品种产品,性质一样,用途相同,只是由于质量上的差异而产生了不同的等级,其销售价格一般也不同。

等级品也不同于废品。等级品都是合格产品,虽然存在质量上的差异,但这种差异通常是产品设计所允许的。而废品为非合格产品,是产品设计所不允许的。

### 二、核算等级品成本

由于造成等级品的原因不同,因而在选用计算方法上也有所不同。核算方法主要有实物量比例法和系数比例法。

## (一)实物量比例法

对于经营管理或技术操作等主观原因形成的等级品,可以选用实物量分配法。其理由是,生产出等级较低产品只是由于工人操作不当或操作不熟练等主观因素造成的,因此不同等级的产品应当承担相同的生产费用,使其单位成本与优质产品的成本相同,以体现不同等级产品对企业盈利产生的不同影响。

### 知 识 链 接

**核算等级品成本——实物量比例法**

××企业2019年3月因工人操作技术问题,使利用同种原材料经过相同的工序生产出的产品产生不同的等级品,其中一等品1 000个,二等品100个,三等品50个。当月共发生联合成本98 900.00元,其中直接材料23 000.00元,直接人工34 500.00元,制造费用41 400.00元。

按实物量比例法计算各等级产品成本,见表5-12。

表5-12  等级产品成本计算表
2019年3月    金额单位:元

| 产品级别 | 实际产量(个) | 应负担的联合成本 | | | 合计 |
|---|---|---|---|---|---|
| | | 直接材料<br>(分配率:20) | 直接人工<br>(分配率:30) | 制造费用<br>(分配率:36) | |
| 一等品 | 1 000 | 20 000.00 | 30 000.00 | 36 000.00 | 86 000.00 |
| 二等品 | 100 | 2 000.00 | 3 000.00 | 3 600.00 | 8 600.00 |
| 三等品 | 50 | 1 000.00 | 1 500.00 | 1 800.00 | 4 300.00 |
| 合计 | 1 150 | 23 000.00 | 34 500.00 | 41 400.00 | 98 900.00 |

会计主管:          审核:          制单:

## (二)系数比例法

对于材料质量或工艺过程等客观原因形成的等级品,应当使不同等级的产品具有相同的毛利水平,因而不能确定相同的单位成本。为此要采用系数分配法来计算各个等级产品的单位成本。具体计算可比照联产品成本计算方法。

### 知 识 链 接

**核算等级品成本——系数比例法**

××企业2019年3月对一种原材料进行加工,生产出质量和规格不同的A、B、C三种等级品。

等级品产量:A产品50 000吨,B产品40 000吨,C产品24 000吨。

等级品单位售价:A 产品每吨 240.00 元,B 产品每吨 210.00 元,C 产品每吨 150.00 元。

该月发生的联合成本为:直接材料 8 400 000.00 元,直接人工 2 400 000.00 元,制造费用 1 200 000.00 元。

按系数比例法(A 产品为标准产品)计算各等级产品成本,见表 5-13。

表 5-13　　　　　　　　　　　**等级产品成本计算单**

2019 年 3 月　　　　　　　　　　　　　　　　　　　　　　　　　金额单位:元

| 产品名称 | 实际产量（吨） | 系数 | 标准产量 | 应负担的联合成本 | | | 合计 |
|---|---|---|---|---|---|---|---|
| | | | | 直接材料（分配率:84.00） | 直接人工（分配率:24.00） | 制造费用（分配率:12.00） | |
| A 产品 | 50 000 | 1 | 50 000 | 4 200 000.00 | 1 200 000.00 | 600 000.00 | 6 000 000.00 |
| B 产品 | 40 000 | 0.875 | 35 000 | 2 940 000.00 | 840 000.00 | 420 000.00 | 4 200 000.00 |
| C 产品 | 24 000 | 0.625 | 15 000 | 1 260 000.00 | 360 000.00 | 180 000.00 | 1 800 000.00 |
| 合计 | 114 000 | | 100 000 | 8 400 000.00 | 2 400 000.00 | 1 200 000.00 | 12 000 000.00 |

会计主管:　　　　　　　　　审核:　　　　　　　　　制单:

注:B 产品和 C 产品系数计算如下:

B 产品系数 $=\dfrac{210}{240}=0.875$

C 产品系数 $=\dfrac{150}{240}=0.625$

## 项目小结

本项目主要内容是运用分类法核算产品成本,包括核算联产品成本、核算副产品成本和核算等级品成本。

分类法核算产品成本
- 核算联产品成本
  - 联产品的含义
  - 联产品的成本构成
  - 联产品成本的核算
- 核算副产品成本
  - 副产品的含义
  - 副产品成本的核算
- 核算等级品成本
  - 等级品的含义
  - 等级品成本的核算

## 问题思考

1. 什么是分类法？其核算程序是什么？
2. 什么是联产品？
3. 什么是副产品？联产品与副产品有什么区别？
4. 什么是等级品？等级品与废品、合格品有什么区别？

## 职业能力·职业资格测试

### 一、单项选择题

1. 采用分类法计算产品成本，应在产品的类别内选择一种（　　）的产品作为标准产品。
   A. 生产稳定、产量适中　　　　　　　　B. 生产稳定、规格适中
   C. 生产稳定、产量大、规格适中　　　　D. 生产稳定、产量适中、规格适中

2. 联产品生产是一种使用同一种原材料进行产品加工，同时生产几个品种不同的（　　）产品的生产。
   A. 主　　　　　　　　　　　　　　　　B. 非主
   C. 质量上有差别　　　　　　　　　　　D. 性能不同

### 二、多项选择题

1. 联产品的成本包括（　　）。
   A. 联合成本　　　　　　　　　　　　　B. 可归属成本
   C. 制造成本　　　　　　　　　　　　　D. 销售成本

2. 联产品的特点有（　　）。
   A. 性质相同　　　　　　　　　　　　　B. 用途不同
   C. 产品不同　　　　　　　　　　　　　D. 地位相同

3. 联产品的联合成本的分配方法有（　　）。
   A. 系数分配法　　　　　　　　　　　　B. 实物量分配法
   C. 销售价值分配法　　　　　　　　　　D. 净实现价值分配法

### 三、判断题

1. 产品成本计算的分类法是指以产品的批别作为成本计算对象归集生产费用，计算产品成本的一种成本计算方法。（　　）

2. 分类法下，采用系数比例法在类内各种产品之间分配费用，所选择的标准产品，必定是产量最高的产品。（　　）

3. 分类法计算产品成本，需在产品类内选择一种生产稳定、产量不大且规格适中的产品作为标准产品，按照有关定额资料将其系数确定为1。（　　）

4. 联产品是企业利用同种原材料，经过同一生产工艺加工，同时生产出来的具有相同用途的主要产品。（　　）

5. 有些加工制造企业，在主产品的生产过程中，还会附带生产出一些非主产品，将这些非主产品称为副产品。（　　）

6. 等级品就是不合格品。（　　）

7. 等级品和不合格品是两个不同的概念。等级品的质量差别是在允许范围内的,而不合格品的质量未达到要求。（　　）

8. 副产品和联产品可以进行严格的区分。（　　）

### 四、能力训练题

（一）核算产品成本

××企业2019年3月A类内共有甲、乙、丙三种产品。原材料费用系数按单位产品原材料定额费用确定,其他费用系数按单位产品定额工时确定。该企业本月A类完工产品总成本中直接材料23 200.00元,直接人工6 640.00元,制造费用8 800.00元。

(1) 计算A类产品系数,并填制A类产品系数计算表,见表5-14。

表 5-14　　　　　　　　　A类产品系数计算表

2019年3月

| 产品名称 | 单位产品原材料定额费用 | 单位产品定额工时 | 原材料费用系数 | 其他费用系数 |
|---|---|---|---|---|
| 甲产品 | 80 | 6 | | |
| 乙产品 | 88 | 9 | | |
| 丙产品 | 64 | 12 | | |

会计主管：　　　　　　　审核：　　　　　　　制单：

(2) 采用分类法计算A类内各完工产品成本,并填制A类产品成本计算单,见表5-15。

表 5-15　　　　　　　　　A类产品成本计算单

2019年3月

| 产品 | 产品产量 | 总系数 | | 总成本 | | | 成本合计 | 单位成本 |
| | | 材料费用 | 加工费用 | 直接材料（分配率：　） | 直接人工（分配率：　） | 制造费用（分配率：　） | | |
|---|---|---|---|---|---|---|---|---|
| 甲 | 100 | | | | | | | |
| 乙 | 60 | | | | | | | |
| 丙 | 15 | | | | | | | |

会计主管：　　　　　　　审核：　　　　　　　制单：

（二）核算联产品成本

××企业2019年3月生产甲、乙、丙三种联产品,本月实际产量为:甲产品40 000千克;乙产品20 000千克;丙产品15 000千克。各种产品的市场售价为:甲产品15元/千克;乙产品24元/千克;丙产品12元/千克。联产品分离前的联合成本为1 008 000.00元(本例为了简化成本计算,不分成本项目计算)。

(1) 以产品售价为系数计算标准(甲产品为标准产品),计算各产品系数。

(2) 计算联产品成本,填制联产品成本计算单,见表5-16。

表 5-16　　　　　　　　　　　　　联产品成本计算单

2019 年 3 月　　　　　　　　　　　　　　　　　　　　单位:元

| 产品 | 实际产量 | 系数 | 标准产量 | 分配率 | 各产品总成本 | 各产品单位成本 |
|---|---|---|---|---|---|---|
| 甲产品 | | | | | | |
| 乙产品 | | | | | | |
| 丙产品 | | | | | | |
| 合计 | | | | | | |

会计主管:　　　　　　　　审核:　　　　　　　　制单:

(3)编制结转完工入库产品成本的会计分录。

(三)核算副产品成本

××企业2019年3月在生产甲产品主产品的同时,附带生产出A副产品,A副产品分离后需进一步加工才能出售。本月共发生联合成本155 000.00元,其中直接材料77 500.00元,直接人工31 000.00元,制造费用46 500.00元。A副产品进一步加工发生直接人工2 000.00元;制造费用2 500.00元。本月生产甲产品1 000千克,A副产品155千克,A副产品的市场售价为150.00元/千克,单位税费和利润为50.00元/千克。

(1)计算主要产品成本,填制主要产品成本计算单,见表5-17。

表 5-17　　　　　　　　　　　　　甲产品成本计算表

品名:甲产品　　　　　　　　2019 年 3 月　　　　　　　　　　　　单位:元

| 项目 | 直接材料 | 直接人工 | 制造费用 | 合计 |
|---|---|---|---|---|
| 生产费用合计 | | | | |
| 费用项目比重 | | | | |
| 结转副产品成本 | | | | |
| 本月完工甲产品成本 | | | | |
| 单位成本 | | | | |

会计主管:　　　　　　　　审核:　　　　　　　　制单:

(2)计算A副产品成本,填制副产品成本计算单,见表5-18。

表 5-18　　　　　　　　　　　　　副产品成本计算单

品名:A副产品　　　　　　　2019 年 3 月　　　　　　　　　　　　单位:元

| 项目 | 直接材料 | 直接人工 | 制造费用 | 合计 |
|---|---|---|---|---|
| 分摊的联合成本 | | | | |
| 可归属成本 | | | | |
| A副产品总成本 | | | | |
| 单位成本 | | | | |

会计主管:　　　　　　　　审核:　　　　　　　　制单:

(四)核算等级品成本

××企业是一家毛纺企业,2019年3月利用羊毛加工生产出一批毛纺布料共52万米,由于羊毛质量问题导致产品质量存在差异,其中一等品40万米,二等品8万米,三等品4万米。本月共发生联合成本1 950 000.00元,其中直接材料1 200 000.00元,直接人工450 000.00元,制造费用300 000.00元。毛纺布料的单位售价分别为:一等品40.00元/米、二等品35.00元/米,三等品30.00元/米。

计算各等级品的总成本和单位成本。

**太阳能电池片生产企业的成本核算**

某企业是一家生产太阳能电池片小型微利企业,生产电池片和组件,生产车间两个,分别承担电池片和组件的生产。电池片所用原料主要是硅片,组件的原料主要是电池片及其他原料,同一车间的产品用的是同一生产流水线,具有相同的生产工艺。

对于产品成本核算方法的选用,会计赵兰月认为:

企业应选用分类法核算产品成本。将该企业的产品分成两类,分别是电池片类和组件类,将每一类作为成本核算对象设置成本项目进行成本核算,电池片的成本项目是直接材料、直接人工、动力和制造费用,这是由于电池片生产耗用的电力成本较大,因此单独设置动力成本项目;组件的成本项目是直接材料、直接人工和制造费用,组件生产动力成本相对较小,将它并入制造费用中。完工产品和在产品的分配采用约当产量法,类内不同品种和型号的产品成本分配采用系数分配法。

问题:

(1)会计赵兰月对产品成本核算方法的选用是否正确?

(2)如果选用分类法核算产品成本是正确的,那么在成本核算中应注意哪些问题?

# 项目六　作业成本法核算成本

**教学目标**

知识
- 能阐述作业成本法的有关概念和原理。
- 能描述作业成本法的核算程序和适用条件。

技能
- 能准确划分作业和确定作业动因。
- 能选用作业成本法核算产品或服务成本。

素养
- 培养沟通合作、严谨细致、遵规守则的职业素养。

　　在前述项目中,诸如品种法、分批法、分步法等传统成本核算方法,均以某一总量(如人工总量、材料总量、机器工时总量等)为基础计算统一的间接费用分配率来分配间接费用,这在间接费用项目较少,间接费用在总成本中所占比例较小,对成本管理要求不高的情况下是可行的。

　　但是,在高新技术环境下,企业自动化程度不断提高,数控机床、智能机器人、电脑辅助设计和现代制造技术的广泛应用造成产品成本结构发生重大变化,直接人工成本所占比例大大降低,而间接费用所占比例大幅上升。70多年前,间接费用仅仅为直接人工成本的50%～60%,而今天大多数公司的间接费用为直接人工成本的400%～500%;以往直接人工成本占产品成本的40%～50%,而今天该比例不到10%,甚至仅为3%～5%。在这样的成本结构下,再沿用传统成本核算方法,就容易出现产品成本高估或低估的情况。

## 知 识 链 接

### 作业成本法的产生

　　作业成本法的产生,最早可以追溯到20世纪杰出的会计大师、美国人埃里克·科勒,其在1952年编著的《会计师词典》中,首次提出了作业、作业账户、作业会计等概念。在会计史上,埃里克·科勒的作业会计思想第一次把作业的观念引入会计和管理之中,被认为是作业成本法的萌芽。

　　乔治·斯托布斯是第二位研究作业成本法的学者。1971年他在《作业成本计算和投入产出会计》中对"作业""成本""作业会计""作业投入产出系统"等概念做了全面、系统的讨论。这是理论上研究作业会计的第一部宝贵著作。

但是,当时作业成本法未能在理论界和实业界引起足够的重视。20世纪80年代后期,美国实业界普遍感到产品成本与现实脱节,成本扭曲普遍存在,且扭曲程度令人吃惊。

1988年,美国芝加哥大学青年学者罗宾·库珀和哈佛大学教授罗伯特·卡普兰在对美国公司调查研究之后,发展了乔治·斯托布斯的思想,提出了以作业为基础的成本计算(Activity-Based Costing)法,简称 ABC 法。

目前,作业成本法得到广泛关注和应用。新型的咨询公司已经扩展了作业成本法的应用范围并研发出相应的软件。

作业成本法突破"产品"界限,将"作业"作为企业管理的重点,提出以"作业"为核心计算产品或服务成本,标志着企业管理历史上一个重大的革命性变革。

## 任务一　认知作业成本法的有关概念和原理

作业成本法对不同作业的间接费用采用不同的间接费用分配率进行分配,因此它能够克服传统成本核算法存在的问题,对于正确分析作业成本,核算产品或服务成本具有重要意义。

### 一、作业成本法的有关概念

在作业成本法核算成本中,主要涉及资源、作业、作业中心、作业成本库和成本动因等有关概念。

#### (一)资源

资源是指企业生产耗费的原始形态,是成本产生的源泉。企业作业活动系统所涉及的人力、物力、财力均属于资源,包括直接材料、直接人工、生产维持成本(如采购人员工资)、间接制造费用以及生产环节以外所发生的成本(如广告费用)。

如果把整个制造(或服务)中心看成一个与外界进行物质交换的投入产出系统,则进入该系统的人力、物力和财力等均属于资源范畴。资源进入该系统,并非都被消耗。即使被消耗,也不一定都是对形成最终产出有意义的消耗。

#### (二)作业

作业是指在一个组织内为了某一目的而进行的耗费资源动作,也就是企业中特定组织(成本中心、部门或产品线)重复执行的任务或活动。作业是作业成本计算系统中最小的成本归集单元。

企业执行任何一项作业都需要耗费一定的资源。每种作业都同特定成本的产生直接相关,只要有作业发生,相关的成本也随之产生。

企业在生产经营管理过程中,一般会涉及四种作业的类型:

**1. 单位级作业**

单位级作业是指每一单位产品或服务至少要执行一次的作业,是使单位产品或服务受益的作业,如直接材料、直接人工成本、机器成本和直接能源消耗等。

单位级作业成本是直接成本,可以追溯到每个单位产品或服务上,即直接计入成本对象的成本计算单。这种作业的成本与产品产量、服务量成比例变动。

**2. 批次级作业**

批次级作业是指使一批产品或顾客受益的作业,如生产前的机器调试、成批产品转移至下一道工序的运输、成批采购和检验等。

批次级作业由生产批别次数直接引起,与产品的批数成比例变动,与生产数量无关,不受产销数量或其他数量影响。

此外,批次级作业的成本也和各批次的数量无关。如不论一次订购1单位还是5 000单位,每次订购成本都不会改变,因此,批次级作业的成本取决于批数而非各批次的数量。

**3. 产品级作业**

产品级作业是指服务于某种型号或样式产品的作业,是使某种产品的每个单位都受益的作业,如产品设计、产品生产工艺规程制定、工艺改造、产品更新等。

产品级作业成本仅仅因为某个特定的产品线存在而发生,随产品品种数而变化,不随产量、批次数而变化。

**4. 生产维持级作业**

生产维持级作业是指服务于整个工厂的作业,如工厂保安、维修、行政管理、保险、财产税等。

生产维持级作业是为了维护生产能力而进行的作业,不依赖于产品的数量、批次和种类,而取决于组织的规模与结构。

> **请思考**
> 随着产量变动而变动的作业是哪种类型的作业?

需要说明的是,在确定作业时应考虑以下问题:

(1)企业经营是由若干作业构成的,企业经营的每一个环节或每一道工序都可以被看成一项作业。

(2)作业划分不一定和职能部门一致,有的是跨部门,有的是一个部门能完成若干不同作业。

(3)作业必须是可量化的。

(4)作业根据管理需要进行划分,不能过细或过粗。过细会加大成本计算工作量,过粗(一个作业包含多种不相干的业务)会降低成本计算的准确性。

## (三)作业中心

作业中心是指构成一个业务过程的相互联系的作业集合,用来汇集业务过程及其产出的成本。作业中心具有以下特点:

(1)作业中心的各项工作有一个核心职能,作业都与这个核心职能紧密联系。

(2)单个作业中心不能完全为外部客户提供一项产品或服务。只有多个作业中心共同协作,才能提供一个完整的产品或服务。

### (四)作业成本库

作业成本库是对作业中心成本进行归集而形成的。它是与一项作业有关的所有成本要素的总和。

在分配过程中,由于资源是逐渐地分配到作业中去的,所以产生了作业成本要素,将每个作业成本要素相加就形成了作业成本库。

### (五)成本动因

成本动因是指引起作业成本的驱动因素,是成本分配的依据,通常以作业活动耗费的资源来进行度量,如质量检查次数、用电量等。

成本动因分为资源动因和作业动因。

**1. 资源动因**

资源动因作为一种分配基础,反映了作业中心对资源的耗费情况,是将资源成本分配到作业中心的标准。

按照作业成本会计规则、作业量决定资源的消耗量,资源消耗量与最终的产品产量没有直接的关系。资源消耗量与作业量的这种关系称作资源动因。

资源动因联系着资源和作业。资源借助于资源动因分配到各项作业。资源动因和作业成本之间一定存在因果关系。

比如,企业耗电 8 000.00 元,这是资源消耗,多项作业均需要用电,那么耗电量就是一个资源动因。

**2. 作业动因**

作业动因作为成本动因的一种形式,它是将作业成本分配到成本对象(产品或劳务)中的标准,也就是资源消耗与最终产出之间的中介。

比如,订单处理作业,其作业成本与其产品订单的处理份数有关,处理份数即为作业动因;再如,机器调整作业,其作业成本与其产品所需的机器调整次数有关,机器调整次数即为作业动因。

## 知识链接

### 作业动因的确定

××企业有以下作业:①机器启动;②生产计划;③材料移动;④供电;⑤质量控制;⑥厂房维护;⑦设备保险;⑧员工监管。

企业选择合适的作业动因如下:①机器启动小时数;②生产批次数;③材料移动次数;④供电量;⑤检验次数;⑥厂房占地面积;⑦保险费;⑧直接人工工时。

作业成本法有关概念的内在关系如图 6-1 所示。

注:资源按照资源动因分配到作业中心,作业成本按照作业动因分配到产品。分配到作业的资源构成成本要素(图 6-1 中黑点),多个成本要素构成作业成本库(图 6-1 中虚方框),多个作业构成作业中心(图 6-1 中虚椭圆)。

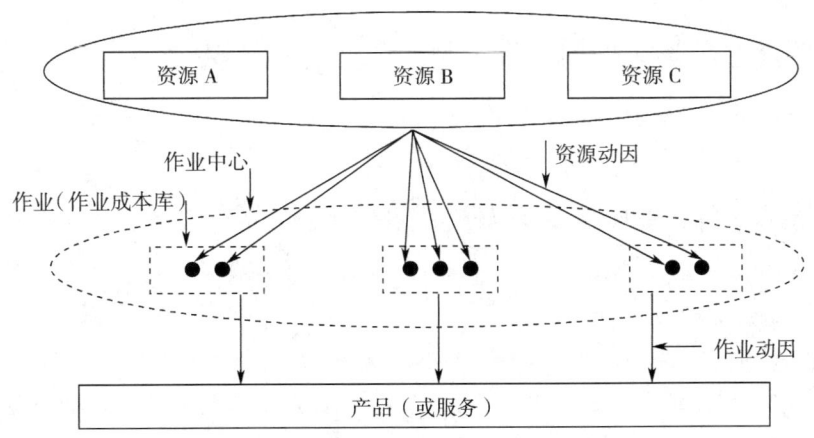

图 6-1 作业成本法中各概念的关系

## 二、作业成本法的原理

作业成本法是以作业为核心,确认和计量耗用企业资源的所有作业,将耗用的资源准确计入作业,然后选择成本动因,将所有作业成本分配给成本计算对象(产品或服务)的一种成本计算方法。

作业成本法的指导思想是"成本对象消耗作业,作业消耗资源"。它以作业为单位收集成本,并把"作业"或"作业成本库"的成本按作业动因分配到产品(或服务)中。作业成本法的原理如图 6-2 所示。

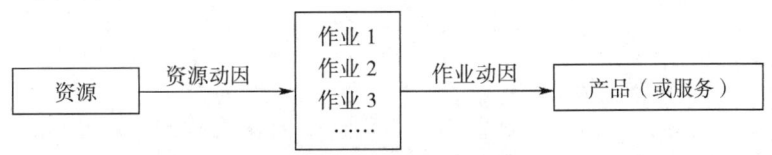

图 6-2 作业成本法的原理

# 任务二 核算成本

在作业成本法下,直接成本可以直接计入有关产品或服务,与传统的成本计算方法并无差异;只是直接成本的范围比传统成本计算的要大,凡是易于追溯到产品或服务的材料、人工和其他成本都可以直接归属于特定产品或服务,尽量减少不准确的分配。不能追溯到产品或服务的成本,则先追溯有关作业或分配到有关作业,计算作业成本,然后再将作业成本分配到有关产品或服务。

## 一、作业成本法核算程序

### (一)按工作内容区分不同类型的作业

在企业的生产活动过程中,构成价值链上的业务内容不同。作业成本法下根据业务内容区分出不同类型的作业,如材料整理准备、机器设备调整准备、机器设备维修保养、产品运送、产品质量检验等。

### (二)分析成本与作业间的关系以确定各项作业的作业动因

材料整理数量就是材料整理准备作业的作业动因,机器调整工时就是设备调整准备作业的作业动因,生产线上运送产品的数量就是产品运送作业的作业动因。

### (三)设置成本库并归集资源耗费到作业中心

成本库又称同质成本库,它以作业中心为对象,把具有相同作业动因的作业所耗费的资源归集到一起。这一过程包括两个环节:

(1)按照资源动因把资源的消耗一项一项地分配到作业。

(2)把具有相同作业动因的作业合并形成作业中心,再将作业中心中各项作业的资源耗费合并加总在一起。

### (四)基于作业成本动因确定各作业成本库的成本分配率并分配成本

在归集同质作业成本库后,需要从中选取恰当的作业成本动因,将各作业成本库中的作业成本除以作业动因的单位数,计算出以作业动因为单位的成本分配率,即作业率。

然后,根据成本对象耗用的作业和作业率,将作业成本分配到产品或服务。

典型的作业动因包括采购订单份数、收单份数、检验报告数、零部件储存数、支付次数、直接人工小时、机器小时、调整次数和制造周转次数等。

## 二、作业成本法核算举例

### 能力训练 6-1

哈尔滨三达顺物流有限公司经营公路、铁路、海运集装箱的运输代理业务,包括揽货、定舱、仓储、中转、集装箱拼装拆箱、结算运杂费及相关的短途运输服务。2019年3月,完成辽宁省锦州弘源公司、大连力重公司两家公司的服务合同。

公司作业中心及成本动因见表6-1。

表6-1　　　　　　　　　作业中心及成本动因

| 作业中心 | 订单处理 | 验货 | 入库 | 分类 | 仓储 | 出库 |
|---|---|---|---|---|---|---|
| 成本动因 | 订单份数 | 托盘数 | 人工工时 | 人工工时 | 体积所占空间 | 订单份数 |
| 计量单位 | 份 | 盘次 | 工时 | 工时 | 立方米 | 份 |

公司发生的直接费用见表6-2。

表6-2　　　　　　　　　直接费用汇总表

2019年3月　　　　　　　　　　　　　　　　　　单位:元

| 服务对象 | 直接费用 |
|---|---|
| 锦州弘源公司 | 26 543.12 |
| 大连力重公司 | 43 874.36 |
| 合计 | 70 417.48 |

公司作业消耗资源情况见表6-3。

表6-3　　　　　　　　　　　作业消耗资源统计表
2019年3月　　　　　　　　　　　　　　　　　　　　　　　单位：元

| 资源消耗 | 作业中心 | | | | | | 合计 |
|---|---|---|---|---|---|---|---|
| | 订单处理 | 验货 | 入库 | 分类 | 仓储 | 出库 | |
| 工资额 | 6 423.36 | 5 009.13 | 8 890.08 | 8 812.23 | 5 096.12 | 12 021.54 | 46 252.46 |
| 设备折旧 | 10 005.12 | 25 089.76 | 30 045.13 | 5 467.35 | 70 002.21 | 40 000.00 | 180 609.57 |
| 水电费 | 1 200.06 | 1 245.80 | 3 054.21 | 2 012.23 | 4 239.23 | 3 210.23 | 14 961.76 |
| 办公费 | 2 135.12 | 1 231.10 | 1 089.28 | 1 101.12 | 4 056.31 | 1 230.10 | 10 843.03 |
| 资源消耗合计 | 19 763.66 | 32 575.79 | 43 078.70 | 17 392.93 | 83 393.87 | 56 461.87 | 252 666.82 |

公司成本动因统计见表6-4。

表6-4　　　　　　　　　　　成本动因统计表
2019年3月

| 服务合同 | 订单处理（订单份数：份） | 验货（托盘数：盘次） | 入库（人工工时：工时） | 分类（人工工时：工时） | 仓储（体积所占空间：立方米） | 出库（订单份数：份） |
|---|---|---|---|---|---|---|
| 锦州弘源公司 | 400 | 1 000 | 200 | 200 | 19 000 | 400 |
| 大连力重公司 | 700 | 2 000 | 400 | 400 | 32 000 | 700 |
| 合计 | 1 100 | 3 000 | 600 | 600 | 51 000 | 1 100 |

公司分配作业成本、汇总服务对象成本见表6-5至表6-11。

表6-5　　　　　　　　　　　订单处理成本计算表
2019年3月

| 服务合同 | 作业成本动因 | 作业成本分配率 | 分配金额（元） |
|---|---|---|---|
| | 订单份数（份） | （元/份） | |
| 锦州弘源公司 | 400 | 17.967 0 | 7 186.80 |
| 大连力重公司 | 700 | | 12 576.86 |
| 合计 | 1 100 | | 19 763.66 |

会计主管：张东龙　　　　　审核：贺兰霞　　　　　制单：陆晓丹

表6-6　　　　　　　　　　　验货成本计算表
2019年3月

| 服务合同 | 作业成本动因 | 成本动因分配率 | 分配金额（元） |
|---|---|---|---|
| | 托盘数（盘次） | （元/盘次） | |
| 锦州弘源公司 | 1 000 | 10.858 6 | 10 858.60 |
| 大连力重公司 | 2 000 | | 21 717.19 |
| 合计 | 3 000 | | 32 575.79 |

会计主管：张东龙　　　　　审核：贺兰霞　　　　　制单：陆晓丹

表 6-7　　　　　　　　　　　入库成本计算表

2019 年 3 月

| 服务合同 | 作业成本动因 | 成本动因分配率 | 分配金额（元） |
|---|---|---|---|
| | 人工工时（小时） | （元/小时） | |
| 锦州弘源公司 | 200 | 71.797 8 | 14 359.56 |
| 大连力重公司 | 400 | | 28 719.14 |
| 合计 | 600 | | 43 078.70 |

会计主管：张东龙　　　审核：贺兰霞　　　制单：陆晓丹

表 6-8　　　　　　　　　　　分类成本计算表

2019 年 3 月

| 服务合同 | 作业成本动因 | 成本动因分配率 | 分配金额（元） |
|---|---|---|---|
| | 人工工时（小时） | （元/小时） | |
| 锦州弘源公司 | 200 | 28.988 2 | 5 797.64 |
| 大连力重公司 | 400 | | 11 595.29 |
| 合计 | 600 | | 17 392.93 |

会计主管：张东龙　　　审核：贺兰霞　　　制单：陆晓丹

表 6-9　　　　　　　　　　　仓储成本计算表

2019 年 3 月

| 服务合同 | 作业成本动因 | 成本动因分配率 | 分配金额（元） |
|---|---|---|---|
| | 体积（所占空间）（立方米） | （元/立方米） | |
| 锦州弘源公司 | 19 000 | 1.635 2 | 31 068.80 |
| 大连力重公司 | 32 000 | | 52 325.07 |
| 合计 | 51 000 | | 83 393.87 |

会计主管：张东龙　　　审核：贺兰霞　　　制单：陆晓丹

表 6-10　　　　　　　　　　　出库成本计算表

2019 年 3 月

| 服务合同 | 作业成本动因 | 成本动因分配率 | 分配金额（元） |
|---|---|---|---|
| | 订单份数（份） | （元/份） | |
| 锦州弘源公司 | 400 | 51.329 0 | 20 531.60 |
| 大连力重公司 | 700 | | 35 930.27 |
| 合计 | 1 100 | | 56 461.87 |

会计主管：张东龙　　　审核：贺兰霞　　　制单：陆晓丹

表 6-11 　　　　　　　　　　合同成本计算单
2019 年 3 月　　　　　　　　　　　　　　　单位：元

| 服务对象 | 直接费用 | 间接费用 | | | | | | | 总额 |
|---|---|---|---|---|---|---|---|---|---|
| | | 订单处理 | 验货 | 入库 | 分类 | 仓储 | 出库 | 小计 | |
| 锦州弘源公司 | 26 543.12 | 7 186.80 | 10 858.60 | 14 359.56 | 5 797.64 | 31 068.80 | 20 531.60 | 89 803.00 | 116 346.12 |
| 大连力重公司 | 43 874.36 | 12 576.86 | 21 717.19 | 28 719.14 | 11 595.29 | 52 325.07 | 35 930.27 | 162 863.82 | 206 738.18 |
| 合计 | 70 417.48 | 19 763.66 | 32 575.79 | 43 078.70 | 17 392.93 | 83 393.87 | 56 461.87 | 252 666.82 | 323 084.30 |

会计主管：张东龙　　审核：贺兰霞　　制单：陆晓丹

# 知 识 链 接

## 作业成本法与传统成本核算法的比较

作业成本法与传统成本核算法的比较如图 6-3 所示。

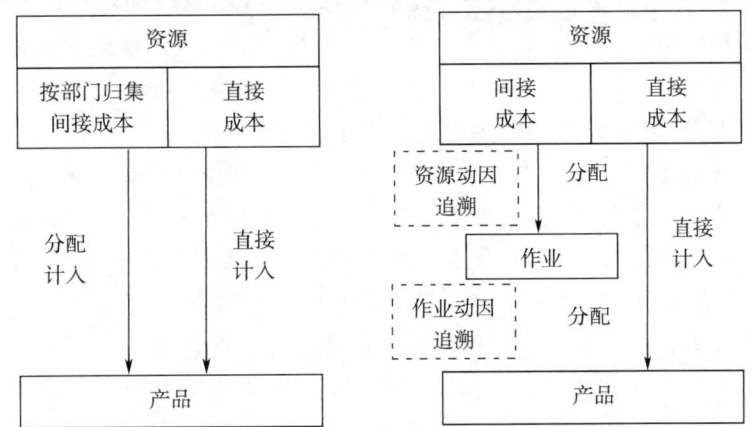

**图 6-3　作业成本法与传统成本核算法比较**

具体而言，两者比较如下：

**1. 间接费用界限的差异**

在传统成本核算法下，间接费用指制造成本，只包括与生产产品直接、间接有关的费用，而用于管理和组织全厂生产、销售产品和筹集生产资金的支出则作为期间费用。

在作业成本法下，产品成本则是完全成本，所有费用只要合理有效，就是对最终企业价值有益的支出，都应计入生产成本。它强调的是费用支出的合理有效，而不论其是否与生产直接、间接有关。在这种情况下，期间费用归集的是所有不合理的、无效的支出。

**2. 信息准确性的差异**

传统成本核算法计算成本的主要目的是把辅助部门归集的制造费用以平均线性方式分配到各产品，没有考虑实际生产中产品消耗与费用的配比问题，只能是一种"绝对不准确"的信息。

作业成本法计算出的产品成本信息可视为一种相对准确的信息。作业成本法分配间接费用时着眼于费用、成本的来源,将间接费用的分配与产生这些费用的原因联系起来。在分配间接费用时,选择多样化的分配标准(成本动因),使成本的可归属性大大提高,并将按人为标准分配间接费用的比重降到最低限度,提高了成本信息的准确性。

**3. 生产管理和质量管理方式的差异**

传统成本核算法下的管理生产系统是一种由前向后推的生产系统。即生产从原材料开始进入第一生产工序,第一生产工序完工后的半成品转入到第二生产工序,以此类推,直至最终形成完工产品,从而传统的成本质量管理一般都将工作重点放在半成品和完工产品的质量检测上,出现问题,及时修补或剔除。

而作业成本法下的生产管理系统一般为适时生产系统,它与传统生产不同,是由后向前拉的一种逆推似的生产系统,企业的生产程序环环相扣,衔接非常紧密,提高了工作效率和收益,也使得企业减少了存货带来的费用。作业成本法下的质量管理是从"摇篮到坟墓"的全面质量管理,要求各个生产环节的工人把好自我生产关口,实现自我质量监督,发现废次品,立即在本生产工序中纠正。

**4. 分配基准特性的差异**

传统成本核算法主要以单一的人工工时等财务变量为分配基准,而忽略了一套良好的非财务变量,因而丧失了一些改善公司管理的有利机会。

作业成本法的分配基础是多元的,不但强调如人工工时、机械工时、生产批量、产品的零部件数量等财务变量,还强调如工艺变更指令、调整准备次数、运输距离等非财务变量。采用多元分配基准,提高了产品与其实际消耗费用的相关性,使管理深入到作业层次,以消除"不增值作业",改进"增值作业",增加"顾客价值"。

**5. 适用条件的差异**

传统成本核算法适用于产品结构单一、制造费用的数额相对较小,且其发生与直接人工成本有事实上相关的劳动密集型企业。

作业成本法一般适用于间接费用所占比重较大,产品品种繁多,产品生产工艺复杂多变,生产经营活动十分复杂,较好地实施了适时生产系统和全面质量管理体系,管理当局对传统成本计算系统提供信息的准确度不满意的技术、资金密集型企业。

## 三、作业成本法实施条件

作业成本法是一个非常有用的管理工具,但其实施需要某些条件,通常应满足以下基本条件:

第一,企业提供的不同产品或服务在数量上和复杂程度上存在显著差异。如果企业的产品较少或生产过程比较简单,那么采用传统成本核算法即可满足需要。

第二,间接成本占总成本的比例较大。作业成本法的核算针对的是间接费用,如果间接费用比例太小,则实施作业成本法不符合成本效益原则。

第三,企业拥有高效的管理信息系统和电算化基础。作业成本法系统非常复杂,这要求企业拥有先进的网络化管理信息系统的软硬件平台、优秀的软件系统和高素质的实施人员。

第四，现有的传统核算系统不能满足内部管理需要。竞争的激烈迫使管理人员需要准确的成本信息进行相关决策，例如定价、投资、考核等。只有管理人员对传统成本核算系统提供的信息持怀疑态度时，管理人员才有动力去尝试新的成本核算系统。

第五，作业成本法涉及成本动因的确定、作业的分解以及业务流程的改进，牵扯到企业的各个部门、各个层次，需要各种专业知识和所有员工的参与，仅仅依靠会计人员是不可能完成的。因此，作业成本法在实施过程中必须取得单位最高层领导和有关部门领导的认可和支持，做好全体员工的培训，提高全员的成本意识。

## 项目小结

本项目主要内容是作业成本法核算成本，包括认知作业成本法的有关概念、原理和核算成本。

作业成本法核算成本
- 认知作业成本法的有关概念和原理
  - 作业成本法的有关概念
  - 作业成本法的原理
- 核算成本
  - 作业成本法核算程序
  - 作业成本法实施条件

## 问题思考

1. 什么是资源？
2. 什么是作业？一般分几种类型？
3. 什么是作业中心？有什么特点？
4. 什么是作业成本库？
5. 什么是成本动因？
6. 什么是作业成本法？如何进行成本核算？

## 职业能力·职业资格测试

### 一、单项选择题

1. 下列属于随着产量变动而变动的作业是（　　）。
   A. 单位级作业　　　　　　　　B. 批次级作业
   C. 产品级作业　　　　　　　　D. 生产维持级作业
2. 作业成本法的成本核算是以（　　）为中心的。
   A. 产品　　　　　　　　　　　B. 作业
   C. 费用　　　　　　　　　　　D. 资源
3. 作业成本的核心内容是（　　）。
   A. 作业　　　　　　　　　　　B. 产品
   C. 资源　　　　　　　　　　　D. 成本动因

4.传统成本计算法的计算对象为( )。
A.资源　　　　　　　　　　B.作业中心
C.费用　　　　　　　　　　D.最终产品

5.能够反映作业量与资源耗费之间因果关系的是( )。
A.资源动因　　　　　　　　B.作业动因
C.产品动因　　　　　　　　D.成本动因

6.与企业整体管理水平有关的作业是( )。
A.单位级作业　　　　　　　B.批次级作业
C.产品级作业　　　　　　　D.生产维持级作业

7.为每生产一批产品所需要执行的作业是( )。
A.单位级作业　　　　　　　B.批次级作业
C.产品级作业　　　　　　　D.生产维持级作业

8.作业成本法是将( )更准确地分配到产品、服务的一种成本计算方法。
A.间接成本　　　　　　　　B.直接成本
C.直接人工　　　　　　　　D.直接材料

9.为维持某特定生产线而执行的作业是( ),该作业成本与产品数量或批数无关,与产品种类成比例变动。
A.单位级作业　　　　　　　B.批次级作业
C.产品级作业　　　　　　　D.生产维持级作业

10.( )是企业特定组织(成本中心、部门或产品线)重复执行的任务或活动。
A.资源动因　　　　　　　　B.作业动因
C.作业　　　　　　　　　　D.成本动因

## 二、多项选择题

1.下列各项中,适合作为单位级作业的作业动因有( )。
A.生产准备次数　　　　　　B.零部件产量
C.采购次数　　　　　　　　D.耗电千瓦时数

2.下列说法正确的有( )。
A.作业量决定资源的耗用量
B.最终产品产出量决定着作业量
C.资源耗用量与最终产品产出量有直接关系
D.成本动因分为资源动因和作业动因

3.作业成本法的原理有( )。
A.产品加工消耗设备折旧　　B.成本对象消耗作业
C.作业消耗资源　　　　　　D.服务客户需要场地

4.根据影响作业的动因不同而将作业区分为( )。
A.单位级作业　　　　　　　B.批次级作业
C.产品级作业　　　　　　　D.生产维持级作业

5.作业成本法中,诱致成本发生的动因包括( )。
A.顾客支持动因　　　　　　B.资源动因
C.产品支持动因　　　　　　D.作业动因

### 三、判断题

1. 作业成本计算法是"资源—作业—产品",传统成本核算法是"资源—成本—产品"。（    ）
2. 作业成本法能完全消除主观分配因素。（    ）
3. 作业成本法的原理是产品消耗作业、客户消耗资源。（    ）
4. 作业成本法中,导致成本发生的动因包括成本动因和作业动因。（    ）
5. 把相关的一系列作业所消耗的资源归集到作业中心,便构成该作业中心的成本库。（    ）

### 四、能力训练题

××企业是一家生产餐具的企业,2019年3月主要生产普通锅和无烟锅。采用作业成本法来核算成本。

公司的间接成本耗费见表6-12。

表6-12　　　　　　　　　间接成本耗费汇总表

2019年3月　　　　　　　　　　　　　　　　　　　　单位:万元

| 资源消耗 | 金额 |
|---|---|
| 人工费 | 105.00 |
| 电费 | 38.35 |
| 折旧费 | 240.30 |
| 办公费 | 52.00 |
| 借款利息 | 10.00 |
| 合计 | 445.65 |

经过对企业生产经营的分析,确定为购货、订货、生产、仓储、顾客关系、一般管理六项作业中心。

汇总计算各作业的作业成本,形成作业成本库,见表6-13。

表6-13　　　　　　　　　作业成本库表

2019年3月　　　　　　　　　　　　　　　　　　　　单位:万元

| 资源消耗 | 作业 | | | | | | 合计 |
| | 购货 | 订货 | 生产 | 仓储 | 顾客关系 | 一般管理 | |
|---|---|---|---|---|---|---|---|
| 人工费 | 10.00 | 15.00 | 41.00 | 5.00 | 16.00 | 18.00 | 105.00 |
| 电费 | 2.00 | 11.00 | 12.00 | 10.00 | 1.75 | 1.60 | 38.35 |
| 折旧费 | 24.30 | 34.60 | 68.90 | 86.50 | 8.00 | 18.00 | 240.30 |
| 办公费 | 10.00 | 3.00 | 14.00 | 12.00 | 4.00 | 9.00 | 52.00 |
| 借款利息 | | | | 10.00 | | | 10.00 |
| 合计 | 46.30 | 63.60 | 135.90 | 123.50 | 29.75 | 46.60 | 445.65 |

普通锅和无烟锅消耗的作业量见表 6-14。

表 6-14　　　　　　　　　　　作业量汇总表

| 产品 | 购货 | 订货 | 生产 | 仓储 | 顾客关系 | 一般管理 |
|---|---|---|---|---|---|---|
| 普通锅 | 24 | 150 | 200 | 14 545 | 40 | 8 000 |
| 无烟锅 | 92 | 20 | 200 | 3 455 | 300 | 10 000 |
| 合计 | 116 | 170 | 400 | 18 000 | 340 | 18 000 |

将各项作业成本,按作业成本动因分配到两种产品上,计算两种产品的作业成本,汇总计算总成本(间接成本),填制表 6-15。

表 6-15　　　　　　　　　　　间接成本汇总表

| 作业 | 作业成本（万元） | 作业分配率 | 普通锅 | | 无烟锅 | |
|---|---|---|---|---|---|---|
| | | | 动因数 | 金额（万元） | 动因数 | 金额（万元） |
| 购货 | | | | | | |
| 订货 | | | | | | |
| 生产 | | | | | | |
| 仓储 | | | | | | |
| 顾客关系 | | | | | | |
| 一般管理 | | | | | | |
| 作业成本合计 | | | | | | |

**案例阅读**

**1. 快递公司成本管理遇到的问题**

某快递公司 CEO 咨询财务经理几个问题：

"我想知道,快递员从国贸取一个银行的快件寄到厦门,这个单子的实际成本是多少?"

财务经理有些诧异,这还是第一次有人问这样的问题,一时不知如何回答。

"我们公司共有多少家分公司?"CEO 又问。

"90 多家。"财务经理回答。

"各分公司盈利情况如何?" CEO 又问。

"我们目前的成本核算方法都是以分公司为单位,按分公司归集成本费用,然后得到公司的总成本。因为一直以来我们都关注公司的整体业绩,所以并没有分析过分公司的盈利情况。"财务经理的回答,使 CEO 很是恼火。

"如果我们不能算出每个单子的实际成本,又不能很好地核算各分公司的成本,这将使公司的盈利能力分析、产品定价决策、物流优化分析等受到限制。"

"这个,这个……"财务经理有些不知所措。

"要找到合适的成本核算方法,你来想办法处理。"CEO 的语气很坚定。

该快递公司需要一套解决问题的成本核算方法和成本管理工具,来解决如何把高额的间接费用准确分配到复杂多样的产品中,如何把多个分支机构的成本串联为产品成本,如何衡量单一产品和客户的盈利性等问题。

问题:

(1)快递公司可以采用哪种成本方法进行核算?

(2)快递公司需要做哪些准备工作?

**2. 评估师与现场管理员的争执**

襄阳市乌兰名南石棉清拆公司是一家专门从事清除来自建筑物的潜在有毒材料的企业。长期以来,公司评估师一直与现场管理员有所争执。

现场管理员认为:评估师没有充分将日常工作(例如对旧房加热水管上石棉材料的清除)和非常规工作(例如对工业用房中被石棉腐蚀的天花板的石膏清除)进行区分;由于非常规工作相对于日常工作要花费更多成本,因此应该向顾客收取更高的费用。

而评估师从以下方面阐述了理由:我的工作就是测量将被清除的石棉区域面积,将面积大小和单位价格(4 800.00元/平方英尺)相乘得到投标价格。由于公司的平均单位成本只有3 500.00元/平方英尺,我们有足够的缓冲空间考虑出现的非常规工作的额外成本。另外,区分日常工作和非常规工作是非常困难的,因此从一开始就没有区分开。

为解决两方争端,公司运用作业成本法,研究发生的所有成本。经过调查,得到基于作业成本系统的数据见表6-16,全年成本见表6-17,作业资源消耗分配见表6-18。

表 6-16  作业衡量统计表

| 作业成本项目 | 成本动因 | 作业量 |
|---|---|---|
| 石棉的清除 | 面积(千平方英尺) | 500 |
| 评估和立项 | 任务数量(份) | 200 |
| 非常规任务 | 非常规任务数量(份) | 25 |

注:非常规任务和日常任务均需要评估和立项,因此评估和立项200份包括非常规任务和日常任务。

表 6-17  全年成本总额    单位:元

| 成本项目 | 总额 |
|---|---|
| 工资总额 | 220 000.00 |
| 处置费用 | 604 000.00 |
| 设备折旧 | 80 000.00 |
| 现场物资 | 666 000.00 |
| 办公室费用 | 198 000.00 |
| 保险费用 | 373 000.00 |
| 总成本 | 2 141 000.00 |

表 6-18  作业资源消耗分配表

| 成本 | 作业资源消耗的分配 | | | |
|---|---|---|---|---|
| | 石棉清除 | 评估和立项 | 非常规任务 | 总和 |
| 工资总额 | 40% | 15% | 45% | 100% |
| 处置费用 | 70% | | 30% | 100% |
| 设备折旧 | 50% | | 50% | 100% |
| 现场物资 | 60% | 15% | 25% | 100% |
| 办公室费用 | 15% | 40% | 45% | 100% |
| 保险费用 | 55% | | 45% | 100% |

公司现在有以下任务：

(1)一项 2 000 平方英尺的石棉清除日常任务；

(2)一项 4 000 平方英尺的石棉清除日常任务；

(3)一项 2 000 平方英尺的石棉清除非常规任务。

问题：

(1)采用作业成本法分析计算公司总成本和单位成本。

(2)根据计算结果，评价评估师的看法，即公司现有投标价格是否合适？

# 项目七　编制和分析成本报表

**教学目标**

知识
- 能阐述成本报表的含义及种类。
- 能说明成本报表的编制方法和分析方法。

技能
- 能编制产品生产成本表、主要产品单位成本表等成本报表。
- 能依据成本报表进行基本的成本分析和控制。

素养
- 培养沟通合作、严谨细致、遵规守则的职业素养。

成本报表是反映企业一定时期内各项生产费用的支出情况和产品成本水平及其构成、升降情况，用于考核、分析企业费用预算和成本计划执行结果的内部会计报表。

成本报表是服务于企业内部经营管理目的的报表，不是对外报送或公布的报表。因此，成本报表的种类、项目、格式和编制方法，应由企业根据自身生产经营的特点和管理的具体要求而定。

微课：成本报表的基础知识

## 知识链接

### 成本报表的分类

一般而言，成本报表主要有以下几种分类：

**1. 按照反映的经济内容分类**

成本报表按照反映的经济内容可以分为生产性费用报表和非生产性费用报表。

生产性费用报表主要包括产品生产成本表、主要产品单位成本表、制造费用明细表。这类报表侧重揭示企业为生产一定种类、一定数量的产品而发生的各种耗费。

非生产性费用报表是指各种期间费用明细表，主要包括管理费用明细表、销售费用明细表和财务费用明细表。这类报表侧重揭示企业在报告期内费用支出的总额及其构成情况，揭示费用支出的合理性和费用支出的变动趋势。

**2. 按照编制的时间分类**

成本报表按照其编制的时间一般可以分为年度报表、半年度报表、季度报表、旬报表、月报表和日报表等。在实际工作中，企业可以根据生产经营特点和管理的要求选择成本报表的编制时间,目的是满足日常、临时、特殊任务的需要。

**3.按照编制的范围分类**

按照编制的范围,成本报表可以分为全厂成本报表、车间成本报表、班组成本报表和责任个人成本报表。这种报表的分类,主要基于评价、考核相关部门和人员的经营业绩。

编制与分析成本报表,是企业经营管理中一项重要工作,可以综合反映报告期内的产品成本水平、综合评价和考核各环节成本管理的业绩,进而为制定成本计划提供决策依据,有利于企业加强成本管理。

## 任务一　编制成本报表

产品生产成本表是反映企业在一定时期内生产产品而发生的全部生产费用的报表。企业根据管理的需要可以编制按成本项目反映的产品生产成本表,也可以编制按产品品种反映的产品生产成本表。

### 知 识 链 接

#### 成本报表的依据

编制成本报表的依据主要来自以下两个方面:

1.会计数据资料

会计数据资料作为成本报表资料的主要渠道,主要包括三个方面:

报告期的成本账簿资料,包括总分类账、明细分类账和备查账等;以前年度的会计报表资料,包括本期以前的各类会计文件;本期成本计划及费用预算等资料。

2.其他数据资料

其他数据资料包括企业有关的计划统计资料、业务计算资料等。如职工人数、出勤记录等。

## 一、编制产品生产成本表

### (一)产品生产成本表的结构

**1.按成本项目反映的产品生产成本表**

按成本项目反映的产品生产成本表是指按成本项目反映企业在报告期内发生的全部生产费用以及产品生产成本合计数的报表。

该表由表头和表体组成。表头列示报表的名称、编报单位名称、编报日期和货币单位等内容。表体格式分纵栏和横栏。纵栏包括生产费用和产品生产成本两部分,生产费用按直接材料、直接人工和制造费用等成本项目列示;横栏则列示各成本项目和产品生产成本的上年实际、本年计划、本月实际和本年累计实际等成本指标。

按成本项目反映的产品生产成本表的格式见表7-1。

表 7-1　　　　　　　　　　产品生产成本表（按成本项目反映）
××年××月

编制企业：　　　　　　　　　　　　　　　　　　　　　　　　　　　　　　单位：

| 成本项目 | 上年实际 | 本年计划 | 本月实际 | 本年累计实际 |
|---|---|---|---|---|
| 直接材料 | | | | |
| 直接人工 | | | | |
| 制造费用 | | | | |
| 生产费用合计 | | | | |
| 加：在产品期初余额 | | | | |
| 减：在产品期末余额 | | | | |
| 产品生产成本合计 | | | | |

**2. 按产品品种反映的产品生产成本表**

按产品品种反映的产品生产成本表是指按产品汇总反映企业在报告期内生产的全部产品的单位成本和总成本的报表。

该表由表头和表体组成。表头列示报表的名称、编报单位名称、编报日期和货币单位等内容。表体内容由可比产品成本、不可比产品成本和补充资料三部分组成，其格式分纵栏和横栏，纵栏按各种产品的名称列示，横栏分别列示各种产品的实际产量、单位成本、本月总成本和本年累计总成本等成本指标。对于可比产品还应该列示上年实际平均单位成本、按上年实际平均单位成本计算的本月总成本、按上年实际平均单位成本计算的本年累计总成本。

需要说明的是，可比产品是指企业过去曾经正式生产过，有完整的成本资料可以进行比较的产品；不可比产品是指企业本期初次生产的新产品，缺乏可比的成本资料。

按产品品种反映的产品生产成本表的格式见表 7-2。

表 7-2　　　　　　　　　　产品生产成本表（按产品品种反映）
××年××月

编制企业：　　　　　　　　　　　　　　　　　　　　　　　　　　　　　　单位：

| 产品名称 | 计量单位 | 实际产量 | | 单位成本 | | | | 本月总成本 | | | 本年累计总成本 | | |
|---|---|---|---|---|---|---|---|---|---|---|---|---|---|
| | | 本月 | 本年累计 | 上年实际平均 | 本年计划 | 本月实际 | 本年累计实际平均 | 按上年实际平均单位成本计算 | 按本年计划单位成本计算 | 本月实际 | 按上年实际平均单位成本计算 | 按本年计划单位成本计算 | 本年实际 |
| ××产品 | | | | | | | | | | | | | |
| 可比产品合计 | | | | | | | | | | | | | |
| ××产品 | | | | | | | | | | | | | |
| 不可比产品合计 | | | | | | | | | | | | | |
| 全部产品成本合计 | | | | | | | | | | | | | |

如果企业对产品质量实施监控，每期检验过程中若含有不合格产品，应单独一行列示，

"不合格产品"不应与合格品合并填列。对于可比产品,如果企业规定了本年成本比上年成本的降低额和降低率,还应根据该表资料计算成本的实际降低额和降低率,作为该表的补充资料列在表的下面。

$$\frac{可比产品}{成本降低额} = \frac{可比产品按上年实际平均单位}{成本计算的本年累计总成本} - \frac{可比产品本年}{累计实际总成本}$$

$$\frac{可比产品}{成本降低率} = \frac{可比产品成本降低额}{可比产品按上年实际平均单位成本计算的本年总成本} \times 100\%$$

### (二)产品生产成本表的编制

**1. 产品生产成本表(按成本项目)的编制**

在实际工作中,产品生产成本表(按成本项目)各项目应按照下列方法填列:

(1)"上年实际"根据上年12月份的产品生产成本表中"本年累计实际"数填列。

(2)"本年计划"根据成本计划资料相关数填列。

(3)"本月实际"中,"直接材料"、"直接人工"和"制造费用"根据各种产品成本明细账的本月生产费用合计数,按成本项目分别汇总填列;"在产品期初余额"和"在产品期末余额"应根据各种产品成本明细账期初、期末余额,分别汇总填列;"产品生产成本合计"根据生产费用(直接材料、直接人工和制造费用)合计数加上"在产品期初余额",减去"在产品期末余额"计算填列。

(4)"本年累计实际"根据本月实际数,加上截至上月末的本年累计实际数计算填列。

#### 能力训练 7-1

哈尔滨中森服装设备有限公司2018年12月生产M-1、M-2、M-3三种型号缝纫机。M-1、M-2为可比产品,M-3为不可比产品。有关成本资料见表7-3和表7-4。

表 7-3　　　　　　　各期生产费用表
2018年12月　　　　　　　　　　　　　　　　单位:元

| 项目 | | | 2017年实际 | 2018年计划 | 2018年12月 | 2018年累计 |
|---|---|---|---|---|---|---|
| 可比产品 | M-1号缝纫机 | 直接材料 | 50 000.00 | 53 100.00 | 3 360.00 | 51 000.00 |
| | | 直接人工 | 30 000.00 | 43 090.00 | 2 400.00 | 40 000.00 |
| | | 制造费用 | 10 010.00 | 15 540.00 | 1 670.00 | 13 740.00 |
| | M-2号缝纫机 | 直接材料 | 21 600.00 | 17 800.00 | 1 580.00 | 17 030.00 |
| | | 直接人工 | 19 000.00 | 11 500.00 | 1 200.00 | 12 700.00 |
| | | 制造费用 | 16 460.00 | 9 750.00 | 1 020.00 | 10 800.00 |
| 不可比产品 | M-3号缝纫机 | 直接材料 | — | 66 200.00 | 5 600.00 | 65 000.00 |
| | | 直接人工 | — | 59 000.00 | 4 200.00 | 58 300.00 |
| | | 制造费用 | — | 26 900.00 | 1 990.00 | 26 670.00 |

表 7-4　　　　　　　　　　各期期初、期末在产品成本

2018 年 12 月　　　　　　　　　　　　　　　　　　　　　　　　　　单位:元

| 项目 | | 2017 年实际 | 2018 年计划 | 2018 年 12 月 | 2018 年累计 | | |
|---|---|---|---|---|---|---|---|
| | | | | | 合计 | 项目 | 金额 |
| M—1 号缝纫机 | 期初余额 | 970.00 | 950.00 | 990.00 | 980.00 | 直接材料 | 480.00 |
| | | | | | | 直接人工 | 400.00 |
| | | | | | | 制造费用 | 100.00 |
| | 期末余额 | 980.00 | 900.00 | 920.00 | 920.00 | 直接材料 | 390.00 |
| | | | | | | 直接人工 | 300.00 |
| | | | | | | 制造费用 | 230.00 |
| M—2 号缝纫机 | 期初余额 | 590.00 | 760.00 | 720.00 | 650.00 | | |
| | 期末余额 | 650.00 | 710.00 | 680.00 | 680.00 | | |
| M—3 号缝纫机 | 期初余额 | — | 470.00 | 400.00 | 460.00 | 直接材料 | 210.00 |
| | | | | | | 直接人工 | 170.00 |
| | | | | | | 制造费用 | 80.00 |
| | 期末余额 | — | 410.00 | 430.00 | 430.00 | 直接材料 | 240.00 |
| | | | | | | 直接人工 | 120.00 |
| | | | | | | 制造费用 | 70.00 |

根据以上资料,编制的按成本项目反映的产品生产成本表见表 7-5。

表 7-5　　　　　　　　产品生产成本表(按成本项目反映)

2018 年 12 月

编制企业:哈尔滨中森服装设备有限公司　　　　　　　　　　　　　　单位:元

| 成本项目 | 上年实际 | 本年计划 | 本月实际 | 本年累计实际 |
|---|---|---|---|---|
| 直接材料 | 71 600.00 | 137 100.00 | 10 540.00 | 133 030.00 |
| 直接人工 | 49 000.00 | 113 590.00 | 7 800.00 | 111 000.00 |
| 制造费用 | 26 470.00 | 52 190.00 | 4 680.00 | 51 210.00 |
| 生产费用合计 | 147 070.00 | 302 880.00 | 23 020.00 | 295 240.00 |
| 加:在产品期初余额 | 1 560.00 | 2 180.00 | 2 110.00 | 2 090.00 |
| 减:在产品期末余额 | 1 630.00 | 2 020.00 | 2 030.00 | 2 030.00 |
| 产品生产成本合计 | 147 000.00 | 303 040.00 | 23 100.00 | 295 300.00 |

根据产品生产成本表(按成本项目反映),该公司 2018 年实际发生数与计划数相比,直接材料费用降低 4 070.00 元,直接人工费用降低 2 590.00 元,制造费用降低 980.00 元。2018 年实际生产成本为 295 300.00 元,2018 年计划生产成本为 303 040.00 元,实际比计划降低 7 740.00 元。可以看出,企业成本控制较好,应该根据实际情况继续控制各项成本消耗,同时也要防止为降低成本,偷工减料,导致产品质量下滑的趋势。

## 2. 产品生产成本表(按产品品种)的编制

在实际工作中,产品生产成本表(按产品品种)各项目应按照下列方法填列:

(1)实际产量

"本月实际产量"应该根据产品生产成本明细账填列。

"本年累计实际产量"应该根据本月实际产量,加上上月末的本年累计实际产量计算填列。

(2)单位成本

"上年实际平均单位成本"应该根据上年度12月份本表所列示全年累计实际平均单位成本填列。

"本年计划单位成本"应该根据本年度成本计划资料填列。

"本月实际单位成本"应该根据表中本月实际总成本除以本月实际产量计算填列。如果在产品成本明细账或产品成本汇总表中有现成的本月产品的实际产量、总成本和单位成本,表中这些项目都可以根据产品成本明细账或产品成本汇总表填列。

"本年累计实际平均单位成本"应该根据表中本年累计实际总成本除以本年累计实际产量计算填列。

(3)本月总成本

"按上年实际平均单位成本计算的本月总成本"应该根据上年实际平均单位成本乘以本月实际产量计算填列。

"按本年计划单位成本计算的本月总成本"应该根据本年计划单位成本乘以本月实际产量计算填列。

"本月实际总成本"应该根据产品成本明细账或产品成本汇总表计算填列。

(4)本年累计总成本

"按上年实际平均单位成本计算的本年累计总成本"应该根据表中上年实际平均单位成本乘以本年累计实际产量计算填列。

"按本年计划单位成本计算的本年累计总成本"应该根据表中本年计划单位成本乘以本年累计实际产量计算填列。

"本年实际累计总成本"应该根据本月实际总成本,加上上月的本年累计实际总成本计算填列,或者根据产品成本明细账或产品成本汇总表本年各月产品成本计算填列。

### 能力训练 7-2

哈尔滨中森服装设备有限公司2018年生产M—1、M—2、M—3三种型号缝纫机。M—1、M—2为可比产品,M—3为不可比产品。产品产量和产品单位成本分别见表7-6、表7-7。

**表7-6**　　　　　　　　　　**产品产量表**

2018年12月　　　　　　　　　　　　　　　　　　　　　　　单位:台

| 项目 | M—1号缝纫机 | M—2号缝纫机 | M—3号缝纫机 |
| --- | --- | --- | --- |
| 上年实际产量 | 300 | 300 | — |
| 本年累计计划产量 | 450 | 230 | 480 |
| 本月产量 | 30 | 24 | 40 |
| 本年累计实际产量 | 400 | 250 | 500 |

表 7-7　　　　　　　　　　　产品单位成本表
　　　　　　　　　　　　　　2018 年 12 月　　　　　　　　　　　　　　　　单位:元

| 项目 | M—1号缝纫机 | M—2号缝纫机 | M—3号缝纫机 |
|---|---|---|---|
| 上年实际平均单位成本 | 300.00 | 190.00 | — |
| 本年计划单位成本 | 248.40 | 170.00 | 317.00 |
| 本月实际单位成本 | 250.00 | 160.00 | 294.00 |
| 本年累计平均单位成本 | 262.00 | 162.00 | 300.00 |

根据以上资料,编制的按产品品种反映的产品生产成本表见表 7-8。

表 7-8　　　　　　　　产品生产成本表(按产品品种反映)
　　　　　　　　　　　　　　　2018 年 12 月
编制企业:哈尔滨中森服装设备有限公司　　　　　　　　　　　　　　单位:元

| 产品名称 | 计量单位 | 实际产量 | | 单位成本 | | | | 本月总成本 | | | 本年累计总成本 | | |
|---|---|---|---|---|---|---|---|---|---|---|---|---|---|
| | | 本月 | 本年累计 | 上年实际平均 | 本年计划 | 本月实际 | 本年累计实际平均 | 按上年实际平均单位成本计算 | 按本年计划单位成本计算 | 本月实际 | 按上年实际平均单位成本计算 | 按本年计划单位成本计算 | 本年实际 |
| M—1号缝纫机 | 件 | 30 | 400 | 300.00 | 248.40 | 250.00 | 262.00 | 9 000.00 | 7 452.00 | 7 500.00 | 120 000.00 | 99 360.00 | 104 800.00 |
| M—2号缝纫机 | 件 | 24 | 250 | 190.00 | 170.00 | 160.00 | 162.00 | 4 560.00 | 4 080.00 | 3 840.00 | 47 500.00 | 42 500.00 | 40 500.00 |
| 可比产品合计 | | | | | | | | 13 560.00 | 11 532.00 | 11 340.00 | 167 500.00 | 141 860.00 | 145 300.00 |
| M—3号缝纫机 | 件 | 40 | 500 | — | 317.00 | 294.00 | 300.00 | — | 12 680.00 | 11 760.00 | — | 158 500.00 | 150 000.00 |
| 不可比产品合计 | | | | | | | | | 12 680.00 | 11 760.00 | | 158 500.00 | 150 000.00 |
| 全部产品合计 | | | | | | | | 13 560.00 | 24 212.00 | 23 100.00 | 167 500.00 | 300 360.00 | 295 300.00 |

作为产品生产成本表(按产品品种反映)的补充资料:
可比产品成本降低额=167 500.00-145 300.00=22 200.00(元)
可比产品成本降低率=$\dfrac{22\,200.00}{167\,500.00}\times 100\%=13.25\%$

如果本年实际总成本比按上年实际平均单位成本计算的总成本大时,补充资料中的成本降低额和成本降低率应以"-"号列示。

需要强调的是,编制产品生产成本表(按产品品种反映),成本计划中的总成本不是根据计划产量计算,而是根据实际产量计算出来的。

按产品品种反映的产品生产成本表中本月实际总成本和本年累计实际总成本,应该与按成本项目反映的产品生产成本表中的本月实际总成本和本年累计实际总成本分别相符。

## 二、编制主要产品单位成本表

主要产品单位成本表是反映企业在一定时期内(月份、季度、年度)生产的各种主要产品单位成本的构成和各项主要经济指标执行情况的成本报表,是按产品品种反映的产品生产成本表中"单位成本"栏的补充和说明。

### (一)主要产品单位成本表的结构

主要产品单位成本表的构成可分为三部分:

**1. 表头**

编制日期和编制单位:列示编制该表的单位名称和日期。

产品名称及产量:主要列示产品名称、规格型号、计量单位、单位售价、本月实际产量、本年累计计划产量和本年累计实际产量。

**2. 单位成本情况**

主要列示各种主要产品成本项目的历史先进水平、上年实际平均单位成本、本年计划单位成本、本月实际单位成本和本年累计实际平均单位成本。

**3. 补充资料**

主要列示产品成本利润率、资金利润率、产品销售率、净产值率、流动资金周转次数、实际利润总额、职工工资总额、年末职工人数和全年职工平均人数。

主要产品单位成本表应按企业生产的各种主要产品分别编制,即每种主要产品编制一张报表。主要产品单位成本表的具体格式见表7-9。

表7-9 主要产品单位成本表

××年××月

编制企业:　　　　　　　　　　　　本月实际产量:
产品名称:　　　　　　　　　　　　本年累计计划产量:
产品规格:　　　　　　　　　　　　本年累计实际产量:
计量单位:　　　　　　　　　　　　单位售价:

| 成本项目 | 历史先进水平 | 上年实际平均 | 本年计划 | 本月实际 | 本年累计实际平均 |
|---|---|---|---|---|---|
| 直接材料 | | | | | |
| 直接人工 | | | | | |
| 制造费用 | | | | | |
| 产品生产成本 | | | | | |

补充资料:

| 项目 | 上年实际 | 本年实际 |
|---|---|---|
| 成本利润率(%) | | |
| 资金利润率(%) | | |
| 产品销售率(%) | | |
| 净产值率(%) | | |
| 流动资金周转次数(次) | | |
| 实际利润总额(元) | | |
| 职工工资总额(元) | | |
| 年末职工人数(人) | | |
| 全年职工平均人数(人) | | |

## （二）主要产品单位成本表的编制

在实际工作中，主要产品单位成本表各项目应按照下列方法填列：

**1. 产量**

(1)本年累计计划产量应该根据生产计划填列。

(2)本月实际产量应该根据产品成本明细账或完工产品成本汇总表填列。

(3)本年累计实际产量应该根据上月本表的本年累计实际产量，加上本月实际产量计算填列。

**2. 单位成本**

(1)历史先进水平单位成本应该根据历史上该种产品成本最低年度本表的实际平均单位成本填列。

(2)上年实际平均单位成本应该根据上年度本表实际平均单位成本填列。

(3)本年计划单位成本应该根据本年度成本计划填列。

(4)本月实际单位成本应该根据该种产品成本明细账或完工产品成本汇总表填列。

(5)本年累计实际平均单位成本应该根据该种产品成本明细账所记录的期初起至报告期期末，完工入库产品总成本除以本年累计实际产量填列。

表中的不可比产品不填列上年实际平均单位成本和历史先进水平单位成本。

**3. 补充资料**

各指标应该分别根据产品定价表、产品成本明细账或完工产品成本汇总表的有关数字以及成本计划的有关资料填列。

需要说明的是，主要产品单位成本表中的上年实际平均单位成本、本年计划单位成本、本月实际单位成本和本年累计实际平均单位成本，应该与按产品品种反映的产品生产成本表中相同品种、相应项目的指标相符。

### 能力训练 7-3

哈尔滨中森服装设备有限公司 2018 年生产 M-1、M-2、M-3 三种型号缝纫机。M-1、M-2 为可比产品，M-3 为不可比产品。M-1、M-3 为主要产品，M-2 为非主要产品。各期生产费用资料见表 7-3，各期期初、期末在产品成本资料见表 7-4，产品产量资料见表 7-6。

企业编制的 M-1 号缝纫机主要产品单位成本表和 M-3 号缝纫机主要产品单位成本表分别见表 7-10 和表 7-11。

表 7-10　　　　　　　　　　主要产品单位成本表

2018 年 12 月

编制企业：哈尔滨中森服装设备有限公司　　本月实际产量：30
产品名称：M-1 号缝纫机　　　　　　　　　本年累计计划产量：450
产品规格：(略)　　　　　　　　　　　　　本年累计实际产量：400
计量单位：台　　　　　　　　　　　　　　单位售价：(略)

| 成本项目 | 历史先进水平 | 上年实际平均 | 本年计划 | 本月实际 | 本年累计实际平均 |
|---|---|---|---|---|---|
| 直接材料 | （略） | 166.70 | 118.00 | 115.00 | 127.73 |
| 直接人工 |  | 99.70 | 96.00 | 83.00 | 100.25 |
| 制造费用 |  | 33.60 | 34.40 | 52.00 | 34.03 |
| 产品生产成本 |  | 300.00 | 248.40 | 250.00 | 262.01 |

补充资料:(略)

对于M—1号缝纫机"本年累计实际平均单位成本"项目计算如下:

"直接材料"项目:

产品中直接材料费用=期初直接材料费用+本期发生直接材料费用-期末直接材料费用=480.00+51 000.00-390.00=51 090.00(元)

$$单位产品成本中直接材料费用=\frac{51\ 090.00}{400}=127.73(元/件)$$

"直接人工"项目:

产品中直接人工费用=400.00+40 000.00-300.00=40 100.00(元)

$$单位产品成本中直接人工费用=\frac{40100.00}{400}=100.25(元/件)$$

"制造费用"项目:

产品中制造费用=100.00+13 740.00-230.00=13 610.00(元)

$$单位产品成本中制造费用=\frac{13\ 610.00}{400}=34.03(元/件)$$

则M—1号缝纫机2018年累计实际平均单位成本=127.73+100.25+34.03
=262.01(元/件)

表7-11　　　　　　　　主要产品单位成本表
2018年12月

编制企业:哈尔滨中森服装设备有限公司　　本月实际产量:40
产品名称:M—3号缝纫机　　　　　　　　　本年累计计划产量:480
产品规格:(略)　　　　　　　　　　　　　本年累计实际产量:500
计量单位:台　　　　　　　　　　　　　　　单位售价:(略)

| 成本项目 | 历史先进水平 | 上年实际平均 | 本年计划 | 本月实际 | 本年累计实际平均 |
|---|---|---|---|---|---|
| 直接材料 | (略) | — | 138.00 | 139.00 | 129.94 |
| 直接人工 |  | — | 123.00 | 105.00 | 116.70 |
| 制造费用 |  | — | 56.00 | 50.00 | 53.36 |
| 产品生产成本 |  | — | 317.00 | 294.00 | 300.00 |

补充资料:(略)

对于M—3号缝纫机"本年累计实际平均单位成本"项目计算如下:

"直接材料"项目:

产品中直接材料费用=期初直接材料费用+本期发生直接材料费用-期末直接材料费用=210.00+65 000.00-240.00=64 970.00(元)

$$单位产品成本中直接材料费用=\frac{64\ 970.00}{500}=129.94(元/件)$$

"直接人工"项目:

产品中直接人工费用=170.00+58 300.00-120.00=58 350.00(元)

$$单位产品成本中直接人工费用=\frac{58\ 350.00}{500}=116.70(元/件)$$

"制造费用"项目：

产品中制造费用＝80.00＋26 670.00－70.00＝26 680.00(元)

$$单位产品成本中制造费用=\frac{26\ 680.00}{500}=53.36(元/件)$$

则 M－3 号缝纫机 2018 年累计实际平均单位成本＝129.94＋116.70＋53.36
　　　　　　　　　　　　　　　　　　　　＝300.00(元/件)

## 三、编制各种费用明细表

各种费用明细表主要包括制造费用明细表、销售费用明细表、管理费用明细表和财务费用明细表。

### (一)各种费用明细表的结构

#### 1. 制造费用明细表的结构

制造费用明细表是反映企业在一定时期内发生的各项制造费用及其构成情况的成本报表。表中的各明细项目，应包括企业各个生产单位为组织和管理生产所发生的各项费用。制造费用明细表的结构见表 7-12。

表 7-12　　　　　　　　　制造费用明细表
××年××月

编制企业：　　　　　　　　　　　　　　　　　　　　　　　　　单位：

| 项目 | 上年实际 | 本年计划 | 本月实际 | 本年累计实际数 |
| --- | --- | --- | --- | --- |
| 机物料消耗 | | | | |
| 职工薪酬 | | | | |
| 折旧费 | | | | |
| 办公费 | | | | |
| 水电费 | | | | |
| 停工损失 | | | | |
| 其他 | | | | |
| 合计 | | | | |

#### 2. 销售费用明细表的结构

销售费用明细表反映企业在一定时期内发生的各项销售费用及其构成情况的成本报表。销售费用明细表通常按月编制。其格式见表 7-13。

表 7-13　　　　　　　　　　　　销售费用明细表
　　　　　　　　　　　　　　　××年××月

编制企业：　　　　　　　　　　　　　　　　　　　　　　　　　　　单位：

| 项目 | 上年实际 | 本年计划 | 本月实际 | 本年累计实际 |
| --- | --- | --- | --- | --- |
| 1.保险费 |  |  |  |  |
| 2.包装费 |  |  |  |  |
| 3.展览费 |  |  |  |  |
| 4.广告费 |  |  |  |  |
| 5.商品维修费 |  |  |  |  |
| 6.预计产品质量保证损失 |  |  |  |  |
| 7.运输费 |  |  |  |  |
| 8.装卸费 |  |  |  |  |
| 9.专设销售机构费用 |  |  |  |  |
| 其中：职工薪酬 |  |  |  |  |
| 　　业务费 |  |  |  |  |
| 　　差旅费 |  |  |  |  |
| 　　办公费 |  |  |  |  |
| 　　租赁费 |  |  |  |  |
| 　　折旧费 |  |  |  |  |
| 　　修理费 |  |  |  |  |
| 　　低值易耗品摊销 |  |  |  |  |
| 合计 |  |  |  |  |

**3.管理费用明细表的结构**

　　管理费用明细表反映企业在一定时期内发生的各项管理费用及其构成情况的成本报表。管理费用明细表通常按月编制。其格式见表 7-14。

表 7-14　　　　　　　　　　　　管理费用明细表
　　　　　　　　　　　　　　　××年××月

编制企业：　　　　　　　　　　　　　　　　　　　　　　　　　　　单位：

| 项目 | 上年实际 | 本年计划 | 本月实际 | 本年累计实际 |
| --- | --- | --- | --- | --- |
| 1.筹建期间开办费 |  |  |  |  |
| 2.公司经费 |  |  |  |  |
| 其中：工资及福利费 |  |  |  |  |
| 　　物料消耗 |  |  |  |  |
| 　　低值易耗品摊销 |  |  |  |  |
| 　　办公费 |  |  |  |  |

(续表)

| 项目 | 上年实际 | 本年计划 | 本月实际 | 本年累计实际 |
|---|---|---|---|---|
| 差旅费 | | | | |
| 折旧费 | | | | |
| 修理费 | | | | |
| 3.工会经费 | | | | |
| 4.职工教育经费 | | | | |
| 5.董事会费 | | | | |
| 其中:董事会成员津贴 | | | | |
| 会议费 | | | | |
| 差旅费 | | | | |
| 6.聘请中介机构费 | | | | |
| 7.咨询费 | | | | |
| 8.诉讼费 | | | | |
| 9.业务招待费 | | | | |
| 10.税费 | | | | |
| 其中:房产税 | | | | |
| 车船使用税 | | | | |
| 土地使用税 | | | | |
| 印花税 | | | | |
| 矿产资源补偿费 | | | | |
| 11.研究费 | | | | |
| 12.排污费 | | | | |
| 13.无形资产摊销 | | | | |
| 14.其他 | | | | |
| 合计 | | | | |

**4.财务费用明细表的结构**

财务费用明细表反映企业在一定时期内发生的各项财务费用及其构成情况的成本报表。财务费用明细表通常按月编制。其格式见表7-15。

表 7-15　　　　　　　　　　财务费用明细表
××年××月

编制企业：　　　　　　　　　　　　　　　　　　　　单位：

| 项目 | 上年实际 | 本年计划 | 本月实际 | 本年累计实际 |
|---|---|---|---|---|
| 利息支出 | | | | |
| 减:利息收入 | | | | |
| 汇兑损失 | | | | |
| 减:汇兑收益 | | | | |
| 金融机构手续费 | | | | |
| 现金折扣 | | | | |
| 合计 | | | | |

### (二)各种费用明细表的编制

#### 1. 制造费用明细表的编制

制造费用明细表一般只反映基本生产车间的制造费用的情况。其主要反映制造费用的本年计划数、上年同期实际数、本月实际数和本年累计实际数等情况。

在实际工作中,制造费用明细表各项目应按照下列方法填列:

(1)本年计划数

本年计划数根据该年度制造费用计划数填列。

(2)上年实际数

上年实际数根据上一年制造费用明细表的本年实际数填列。

(3)本月累计实际数

本月累计实际数根据"制造费用"总账账户所属明细账的本月合计数填列。

(4)本年实际数

本年实际数根据本月实际数加上本月本表的本年累计实际数计算填列。

## 能力训练 7-4

哈尔滨中森服装设备有限公司 2018 年 12 月根据相关成本资料编制的制造费用明细表见表 7-16。

表 7-16　　　　　　　　　　　制造费用明细表

2018 年 12 月

编制企业:哈尔滨中森服装设备有限公司　　　　　　　　　　　　　　　单位:元

| 项目 | 上年实际 | 本年计划 | 本月实际 | 本年累计实际数 |
|---|---|---|---|---|
| 机物料消耗 | (略) | 10 980.00 | 900.00 | 10 242.00 |
| 职工薪酬 |  | 18 480.00 | 1 200.00 | 18 268.00 |
| 折旧费 |  | 6 100.00 | 780.00 | 6 000.00 |
| 办公费 |  | 3 300.00 | 400.00 | 3 240.00 |
| 水电费 |  | 9 700.00 | 340.00 | 9 800.00 |
| 停工损失 |  | 1 630.00 | 380.00 | 1 600.00 |
| 其他 |  | 2 000.00 | 680.00 | 2 060.00 |
| 合计 |  | 52 190.00 | 4 680.00 | 51 210.00 |

#### 2. 销售费用明细表的编制

销售费用明细表主要按上年实际数、本年计划数、本月实际数和本年累计实际数项目反映。

在实际工作中,销售费用明细表各项目应按照下列方法填列:

(1)上年实际数

上年实际数根据本表中的上年 12 月份本年累计实际数填列。

(2)本年计划数

本年计划数根据销售费用预算中确定的本年计划数填列。

(3)本月实际数

本月实际数根据"销售费用"明细账的本月发生额填列。

(4)本年累计实际数

本年累计实际数根据"销售费用"明细账本年累计发生额合计数计算填列,也可以根据上月本表中的本年累计实际数与本表中的本月实际数之和填列。

## 能力训练 7-5

哈尔滨中森服装设备有限公司 2018 年 12 月根据相关成本资料编制的销售费用明细表见表 7-17。

表 7-17　　　　　　　　　　销售费用明细表

2018 年 12 月

编制企业:哈尔滨中森服装设备有限公司　　　　　　　　　　单位:元

| 项目 | 上年实际 | 本年计划 | 本月实际 | 本年累计实际 |
|---|---|---|---|---|
| 1.保险费 | (略) | (略) | (略) | 1 080.00 |
| 2.包装费 |  |  |  | 2 104.00 |
| 3.展览费 |  |  |  | 3 780.00 |
| 4.广告费 |  |  |  | 16 480.00 |
| 5.商品维修费 |  |  |  | 2 470.00 |
| 6.预计产品质量保证损失 |  |  |  | 1 290.00 |
| 7.运输费 |  |  |  | 2 796.00 |
| 8.装卸费 |  |  |  | 1 080.00 |
| 9.专设销售机构费用 |  |  |  | 55 308.00 |
| 其中:职工薪酬 |  |  |  | 11 232.00 |
| 业务费 |  |  |  | 1 572.00 |
| 差旅费 |  |  |  | 4 120.00 |
| 办公费 |  |  |  | 15 480.00 |
| 租赁费 |  |  |  | 14 680.00 |
| 折旧费 |  |  |  | 3 584.00 |
| 修理费 |  |  |  | 2 160.00 |
| 低值易耗品摊销 |  |  |  | 2 480.00 |
| 合计 |  |  |  | 86 388.00 |

**3.管理费用明细表的编制**

管理费用明细表主要按上年实际数、本年计划数、本月实际数和本年累计实际数项目反映。

在实际工作中,管理费用明细表各项目应按照下列方法填列:

(1)上年实际数

上年实际数根据本表中的上年12月份本年累计实际数填列。

(2)本年计划数

本年计划数根据管理费用预算中确定的本年计划数填列。

(3)本月实际数

本月实际数根据"管理费用"明细账的本月发生额填列。

(4)本年累计实际数

本年累计实际数根据"管理费用"明细账本年累计发生额合计数计算填列,也可以根据上月本表中的本年累计实际数与本表中的本月实际数之和填列。

## 能力训练 7-6

哈尔滨中森服装设备有限公司2018年12月根据相关成本资料编制的管理费用明细表见表7-18。

表7-18　　　　　　　　　管理费用明细表

2018年12月

编制企业:哈尔滨中森服装设备有限公司　　　　　　　　　　　　　单位:元

| 项目 | 上年实际 | 本年计划 | 本月实际 | 本年累计实际 |
|---|---|---|---|---|
| 1.筹建期间开办费 | (略) | (略) | (略) | — |
| 2.公司经费 | | | | 46 085.00 |
| 其中:工资及福利费 | | | | 19 400.00 |
| 物料消耗 | | | | 5 385.00 |
| 低值易耗品摊销 | | | | 1 260.00 |
| 办公费 | | | | 10 280.00 |
| 差旅费 | | | | 4 524.00 |
| 折旧费 | | | | 4 116.00 |
| 修理费 | | | | 1 120.00 |
| 3.工会经费 | | | | 4 200.00 |
| 4.职工教育经费 | | | | 3 508.00 |
| 5.董事会费 | | | | — |
| 其中:董事会成员津贴 | | | | — |
| 会议费 | | | | |
| 差旅费 | | | | |
| 6.聘请中介机构费 | | | | 2 600.00 |
| 7.咨询费 | | | | 1 200.00 |

(续表)

| 项目 | 上年实际 | 本年计划 | 本月实际 | 本年累计实际 |
|---|---|---|---|---|
| 8.诉讼费 | | | | 3 600.00 |
| 9.业务招待费 | | | | 6 980.00 |
| 10.税费 | | | | 7 200.00 |
| 其中：房产税 | | | | 2 400.00 |
| 　　　车船使用税 | | | | 2 600.00 |
| 　　　土地使用税 | | | | 1 400.00 |
| 　　　印花税 | | | | 800.00 |
| 　　　矿产资源补偿费 | | | | — |
| 11.研究费 | | | | 3 800.00 |
| 12.排污费 | | | | 1 200.00 |
| 13.无形资产摊销 | | | | 1 880.00 |
| 14.其他 | | | | 1 260.00 |
| 合计 | | | | 83 513.00 |

**4. 财务费用明细表的编制**

财务费用明细表主要按上年实际数、本年计划数、本月实际数和本年累计实际数项目反映。

在实际工作中，财务费用明细表各项目应按照下列方法填列：

(1)上年实际数

上年实际数根据本表中的上年12月份本年累计实际数填列。

(2)本年计划数

本年计划数根据财务费用预算中确定的本年计划数填列。

(3)本月实际数

本月实际数根据"财务费用"明细账的本月发生额填列。

(4)本年累计实际数

本年累计实际数根据"财务费用"明细账本年累计发生额合计数计算填列，也可以根据上月本表中的本年累计实际数与本表中的本月实际数之和填列。

## 能力训练 7-7

哈尔滨中森服装设备有限公司2018年12月根据相关成本资料编制的财务费用明细表见表7-19。

**表 7-19** 财务费用明细表
2018 年 12 月

编制企业:哈尔滨中森服装设备有限公司　　　　　　　　　　　　　　单位:元

| 项目 | 上年实际 | 本年计划 | 本月实际 | 本年累计实际 |
|---|---|---|---|---|
| 利息支出 | （略） | （略） | （略） | 18 000 |
| 减:利息收入 |  |  |  | 1 500 |
| 汇兑损失 |  |  |  | — |
| 减:汇兑收益 |  |  |  | — |
| 金融机构手续费 |  |  |  | 3 120 |
| 现金折扣 |  |  |  | 8 000 |
| 合计 |  |  |  | 27 620 |

## 任务二　分析成本报表

成本报表分析是指以成本报表所提供的反映企业一定时期产品成本水平和构成情况的资料以及其他有关的计划、核算资料为依据,对产品成本水平和构成的变动情况进行分析评价,以揭示影响成本升降的各种因素及其变动原因,寻找降低成本的潜力。

进行成本报表分析,可以评价成本计划的执行情况,考核责任单位的工作业绩,检查是否贯彻执行有关的方针、政策和财经纪律,从而揭示成本差异原因,掌握成本变动规律,有利于挖掘降低成本的潜力以不断提高企业经济效益。

### 知 识 链 接

#### 成本报表分析的方法——对比分析法

对比分析法,又叫指标对比法,是指通过实际数与基期数的对比揭示实际数与基期数之间差异的一种分析方法。对比分析法是一种绝对数的比较分析,只适用于同类型企业、同质指标的对比分析。常用的对比指标主要有以下几种:

本期实际指标与计划指标对比。这种比较方法可以揭示成本计划的执行情况。但在比较时,必须检查计划本身的质量,如果计划制订不合理,就失去了可比的客观依据。

本期实际指标与前期(上期、上年同期或历史最高水平)实际指标对比。这种比较方法可以观察企业成本的变化趋势,了解企业经营管理的改善情况。

本企业实际指标(或某项技术经济指标)与国内外同行业先进指标对比,或者在企业内部开展与先进车间、班组和个人的指标对比。这种比较方法可以在更大范围内发现先进与落后的差距,促使企业不断提高经营管理水平。

××企业对生产甲产品单位原材料的消耗进行分析,2018 年 12 月编制甲产品材料消耗比较分析表,见表 7-20。

表 7-20　　　　　　　　　产品材料消耗比较分析表
产品名称：甲产品　　　　　　　　2018 年 12 月　　　　　　　　　　　　单位：元

| 指标 | 上年实际 | 本年 | | 差异 | |
| --- | --- | --- | --- | --- | --- |
| | | 计划 | 实际 | 比计划 | 比上年 |
| 材料消耗 | 62 | 57 | 55 | −2 | −7 |

由表 7-20 可知，甲产品的材料消耗本年实际比计划、比上年实际都有所降低。

## 知 识 链 接

### 成本报表分析的方法——比率分析法

比率分析法是将反映成本状况或与成本水平相关的两个因素联系起来，通过计算比率进行数量分析，借以评价企业成本状况和经营情况的一种成本分析方法。根据分析的不同内容和不同要求，比率分析法主要有以下几种：

**1. 相关指标比率分析法**

相关指标比率分析法是指将两个性质不同但又相关的指标进行对比，求出比率，借以分析企业的生产经营情况。例如，产值成本率、销售成本率、成本利润率等，其计算公式为

$$产值成本率 = \frac{成本}{产值} \times 100\%$$

$$销售成本率 = \frac{成本}{销售收入} \times 100\%$$

$$成本利润率 = \frac{利润}{成本} \times 100\%$$

**2. 结构比率分析法**

结构比率分析法是指通过计算某项指标的各个组成部分占总体的比重来进行数量分析的一种方法。例如，某成本项目比率的计算公式为

$$某成本项目比率 = \frac{该成本项目金额}{该产品成本} \times 100\%$$

将构成产品成本的各个成本项目同产品成本总额相比，可计算出各个成本项目占总成本的比重，以确定产品成本的构成比率，然后将不同时期的产品成本构成比率进行比较，揭示产品成本构成的变动趋势，反映产品结构是否合理，从而明确进一步降低成本的工作重点。

**3. 趋势比率分析法**

趋势比率分析法是指将几个不同时期同类指标的数字进行对比求出比率，分析其增减速度和发展趋势的一种分析方法。由于计算时采用的基期数值不同，趋势比率又分为定基比率和环比比率两种形式。

$$定基比率 = \frac{比较期数值}{固定基期数值} \times 100\%$$

$$环比比率 = \frac{比较期数值}{前一期数值} \times 100\%$$

综上,比率分析法的主要优点在于,通过比率计算,可以把某些不可比的企业变成可比的企业,便于外部或内部决策者选择投资方案时进行比较分析。但比率法也存在不足之处:比率的数字只反映比值,不能说明其绝对额的变动;比率分析法与比较分析法一样,无法说明指标变动的具体原因。

## 知 识 链 接

### 成本报表分析的方法——连环替代分析法

连环替代分析法是指将某一项综合指标分解为若干个相互联系的因素,根据因素之间的内在依存关系,依次计算、分析各因素变动对指标差异影响程度的一种分析方法。连环替代分析法的程序如下:

**1. 分解指标因素并确定因素的排列顺序**

根据影响某项综合指标完成情况涉及的因素分解指标体系,按照因素内在的依存关系顺序排列。

**2. 逐次替代因素**

每次将其中一个因素由基期数替换成分析期数,其他因素暂时不变。每个因素替换为分析期数后不再返回为基期数。后面因素的替换均是在前面因素已经替换成分析期数的基础上进行的。以此类推,有几个因素需要替换几次,逐一逐一地替换。

**3. 确定影响结果**

每个因素替换以后,均会得出一个综合指标的结果,将每个因素替换以后的结果与替换以前的结果相减,即可得出该替换因素变动对综合指标差异的影响程度。

**4. 汇总影响结果**

将已计算出来的各因素影响额汇总相加,其代数之和应该同该综合指标的实际数与基期数之间的差异相符。

设某一项综合指标 $N$ 是由 $X$、$Y$、$Z$ 三个因素影响,关系式为 $N = X \times Y \times Z$。基期指标 $N_0$ 由 $X_0$、$Y_0$、$Z_0$ 组成,分析期指标 $N_1$ 由 $X_1$、$Y_1$、$Z_1$ 组成。即

基期指标 $N_0 = X_0 \times Y_0 \times Z_0$

分析期指标 $N_1 = X_1 \times Y_1 \times Z_1$

两个时期指标的差异数 $D(N_1 - N_0)$ 即为分析对象。设连环替代顺序依次为 $X$、$Y$、$Z$,那么三个因素对指标 $N$ 变动影响的计算过程如下:

第一次替代 $N_2 = X_1 \times Y_0 \times Z_0$;

第二次替代 $N_3 = X_1 \times Y_1 \times Z_0$;

第三次替代 $N_1 = X_1 \times Y_1 \times Z_1$。

$N_2 - N_0$ 为 $X$ 因素变动的影响;

$N_3 - N_2$ 为 $Y$ 因素变动的影响;

$N_1 - N_3$ 为 Z 因素变动的影响。

将各因素变动的影响程度综合起来,则:

$(N_2 - N_0) + (N_3 - N_2) + (N_1 - N_3) = N_1 - N_0 = D$

××企业生产的乙产品的原材料费用由产品产量、单位产品消耗量和原材料单价三个因素组成。2018 年 12 月运用连环替代分析法分析各因素变动对原材料费用实际脱离计划的影响,见表 7-21。

表 7-21　　　　　　　　乙产品原材料成本分析资料

2018 年 12 月

| 项目 | 计划数($N_0$) | 实际数($N_1$) |
| --- | --- | --- |
| 产品产量(X) | 50 件 | 55 件 |
| 单位产品消耗量(Y) | 25 千克/件 | 20 千克/件 |
| 原材料单价(Z) | 5 元/千克 | 6 元/千克 |
| 原材料费用(N) | 6 250.00 元 | 6 600.00 元 |

确定分析对象:$N_1 - N_0 = 6\ 600.00 - 6\ 250.00 = 350.00$(元)

连环替代因素分析:

$N_0 = X_0 \times Y_0 \times Z_0 = 50 \times 25 \times 5 = 6\ 250.00$(元)

$N_2 = X_1 \times Y_0 \times Z_0 = 55 \times 25 \times 5 = 6\ 875.00$(元)

$N_3 = X_1 \times Y_1 \times Z_0 = 55 \times 20 \times 5 = 5\ 500.00$(元)

$N_1 = X_1 \times Y_1 \times Z_1 = 55 \times 20 \times 6 = 6\ 600.00$(元)

产品产量变动影响数 $= 6\ 875.00 - 6\ 250.00 = 625.00$(元)

单位产品消耗量变动影响数 $= 5\ 500.00 - 6\ 875.00 = -1\ 375.00$(元)

原材料单价变动影响数 $= 6\ 600.00 - 5\ 500.00 = 1\ 100.00$(元)

$D = 625.00 + (-1\ 375.00) + 1\ 100.00 = 350.00$(元)

从以上分析计算可以看出,该种产品所耗原材料费用超支 350.00 元,主要是由原材料单价提高和产品产量增加而引起的。原材料单价提高使产品的原材料成本超支 1 100.00 元,这是企业供应部门的责任,应当由企业供应部门查明原因。产品产量增加使产品的原材料成本超支 625.00 元,应具体分析产量增加的原因。

连环替代分析法的主要作用在于分析计算综合指标变动的原因及其各因素的影响程度。

## 知 识 链 接

### 成本报表分析的方法——差额分析法

差额分析法是直接利用各因素的分析期实际数和基期数之间差额计算确定各因素变动对综合指标影响程度的方法。应用这种方法与连环替代分析法的要求相同,只是在计算上简化一些。

## 一、分析产品生产成本表

产品生产成本表的分析,主要是全部产品成本计划完成情况分析和可比产品成本降低任务完成情况分析。

### (一)全部产品成本计划完成情况分析

在产品生产成本表中,将全部产品的实际总成本与计划总成本进行比较,以了解全部产品成本计划完成情况,并分别考察可比产品成本和不可比产品成本的计划完成情况,为进一步进行成本分析提供依据。

另外,总成本的升降受到产量变动的影响,为了使成本对比指标具有可比性,在分析全部产品成本计划完成情况时,应剔除产量变动对成本计划完成情况的影响,实际总成本和计划总成本均按实际产量计算。

**能力训练 7-8**

根据表 7-8 产品生产成本表,将全部产品的实际总成本与计划总成本进行对比,将可比产品和不可比产品的计划总成本与实际总成本进行对比,确定实际总成本比计划总成本的成本降低额与成本降低率。

$$\begin{aligned}成本降低额 &= 计划总成本 - 实际总成本 \\ &= \sum(实际产量 \times 计划单位成本 - 实际产量 \times 实际单位成本) \\ &= 300\,360.00 - 295\,300.00 \\ &= 5\,060.00(元)\end{aligned}$$

$$计划总成本 = \sum(各种产品实际产量 \times 各该产品计划单位成本)$$

$$\begin{aligned}成本降低率 &= \frac{成本降低额}{全部产品计划总成本} \times 100\% \\ &= \frac{5\,060.00}{300\,360.00} \times 100\% \\ &= 1.68\%\end{aligned}$$

$$\begin{aligned}可比产品成本降低额 &= 可比产品计划总成本 - 可比产品实际总成本 \\ &= 141\,860.00 - 145\,300.00 \\ &= -3\,440.00(元)\end{aligned}$$

$$\begin{aligned}可比产品成本降低率 &= \frac{可比产品成本降低额}{可比产品计划总成本} \times 100\% \\ &= \frac{-3\,440.00}{141\,860.00} \times 100\% \\ &= -2.42\%\end{aligned}$$

$$\begin{aligned}不可比产品成本降低额 &= 不可比产品计划总成本 - 不可比产品实际总成本 \\ &= 158\,500.00 - 150\,000.00 \\ &= 8\,500.00(元)\end{aligned}$$

$$\text{不可比产品成本降低率} = \frac{\text{不可比产品成本降低额}}{\text{不可比产品计划总成本}} \times 100\%$$

$$= \frac{8\,500.00}{158\,500.00} \times 100\%$$

$$= 5.36\%$$

根据计算结果编制产品生产成本分析表,见表7-22。

表7-22　　　　　　　　　　　产品生产成本分析表
2018年12月　　　　　　　　　　　　　　　　　　　单位:元

| 产品名称 | 计量单位 | 本年实际产量 | 单位成本 | | 本年累计总成本 | | 本年实际与本年计划比 | |
|---|---|---|---|---|---|---|---|---|
| | | | 本年计划 | 本年累计实际平均 | 按本年计划单位成本计算 | 本年实际 | 降低额 | 降低率(%) |
| M—1号缝纫机 | 台 | 400 | 248.40 | 262.00 | 99 360.00 | 104 800.00 | −5 440.00 | −5.48 |
| M—2号缝纫机 | 台 | 250 | 170.00 | 162.00 | 42 500.00 | 40 500.00 | 2 000.00 | 4.71 |
| 可比产品合计 | | | | | 141 860.00 | 145 300.00 | −3 440.00 | −2.42 |
| M—3号缝纫机 | 台 | 500 | 317.00 | 300.00 | 158 500.00 | 150 000.00 | 8 500.00 | 5.36 |
| 不可比产品合计 | | | | | 158 500.00 | 150 000.00 | 8 500.00 | 5.36 |
| 全部产品合计 | | | | | 300 360.00 | 295 300.00 | 5 060.00 | 1.68 |

以上分析表明:

全部产品的实际总成本比计划总成本降低5 060.00元,其降低率为1.68%,据此可以判断企业成本降低的任务完成不错。

可比产品中,M—1号缝纫机成本比计划超支5 440.00元,其超支率为5.48%,需要进一步分析原因;M—2号缝纫机成本比计划降低2 000.00元,其降低率为4.71%,说明任务完成较好。

不可比产品,M—3号缝纫机成本比计划降低8 500.00元,其降低率为5.36%,成本降低任务完成不错。

## (二)可比产品成本降低任务完成情况及其影响因素分析

**1. 可比产品成本降低任务完成情况分析**

在全部产品成本中,可比产品成本一般占有很大比重。因此,可比产品成本分析是产品生产成本表分析的重要内容。企业成本计划中,对可比产品不但制订了计划成本,还确定了成本降低任务的指标,即计划成本降低额和降低率。可比产品成本降低任务完成情况的分析,就是通过可比产品实际成本降低额和降低率与计划成本降低额和降低率进行比较,评价可比产品成本降低任务的完成情况。

### 能力训练 7-9

根据表 7-6 和表 7-8，对可比产品成本计划降低任务完成情况进行分析。

可比产品  
成本降低额 $= \sum [\text{计划产量} \times (\text{上年实际单位成本} - \text{本年计划单位成本})]$

$= (450 \times 300.00 + 230 \times 190.00) - (450 \times 248.40 + 230 \times 170.00)$

$= (135\,000.00 + 43\,700.00) - (111\,780.00 + 39\,100.00)$

$= 178\,700.00 - 150\,880.00$

$= 27\,820.00 (元)$

可比产品  
成本降低额 $= \dfrac{\text{可比产品成本计划降低额}}{\sum (\text{计划产量} \times \text{上年实际单位成本})} \times 100\%$

$= \dfrac{27\,820.00}{178\,700.00} \times 100\%$

$= 15.57\%$

根据计算结果编制可比产品计划成本分析表，见表 7-23。

表 7-23　　　　　　　　　　可比产品计划成本分析表  
　　　　　　　　　　　　　　2018 年 12 月　　　　　　　　　　　　　　单位：元

| 产品名称 | 计量单位 | 本年计划产量 | 单位成本 | | 总成本 | | 成本降低指标 | |
|---|---|---|---|---|---|---|---|---|
| | | | 上年实际 | 本年计划 | 按上年实际单位成本计算 | 按本年计划单位成本计算 | 降低额 | 降低率(%) |
| M-1 号缝纫机 | 台 | 450 | 300.00 | 248.40 | 135 000.00 | 111 780.00 | 23 220.00 | 17.20 |
| M-2 号缝纫机 | 台 | 230 | 190.00 | 170.00 | 43 700.00 | 39 100.00 | 4 600.00 | 10.53 |
| 可比产品合计 | | | | | 178 700.00 | 150 880.00 | 27 820.00 | 15.57 |

### 能力训练 7-10

根据表 7-8，对可比产品成本实际降低任务完成情况进行分析。

可比产品成本  
实际降低额 $= \sum [\text{实际产量} \times (\text{上年实际单位成本} - \text{本年实际单位成本})]$

$= (400 \times 300.00 + 250 \times 190.00) - (400 \times 262.00 + 250 \times 162.00)$

$= (120\,000.00 + 47\,500.00) - (104\,800.00 + 40\,500.00)$

$= 167\,500.00 - 145\,300.00$

$= 22\,200.00 (元)$

可比产品成本实际降低率 $= \dfrac{\text{可比产品成本实际降低额}}{\sum (\text{实际产量} \times \text{上年实际单位成本})} \times 100\%$

$$= \frac{22\,200.00}{167\,500.00} \times 100\%$$
$$= 13.25\%$$

根据计算结果编制可比产品实际成本分析表,见表7-24。

**表 7-24　　　　　　　可比产品实际成本分析表**
　　　　　　　　　　　　　2018年12月　　　　　　　　　　　　　　　　　单位:元

| 产品名称 | 计量单位 | 本年实际产量 | 单位成本 | | 总成本 | | 成本降低指标 | |
|---|---|---|---|---|---|---|---|---|
| | | | 上年实际 | 本年实际 | 按上年实际单位成本计算 | 按本年实际单位成本计算 | 降低额 | 降低率(%) |
| M—1号缝纫机 | 台 | 400 | 300.00 | 262.00 | 120 000.00 | 104 800.00 | 15 200.00 | 12.67 |
| M—2号缝纫机 | 台 | 250 | 190.00 | 162.00 | 47 500.00 | 40 500.00 | 7 000.00 | 14.74 |
| 可比产品合计 | | | | | 167 500.00 | 145 300.00 | 22 200.00 | 13.25 |

从表7-23中可知,该公司可比产品成本计划降低额为27 820.00元,计划降低率为15.57%。通过表7-24的计算,该公司可比产品成本实际降低额为22 200.00元,降低率为13.25%。从总体上分析,该公司的可比产品成本降低额计划和成本降低率计划均未完成。针对具体的可比产品,M—1号缝纫机计划成本降低额为23 220.00元,实际成本降低额为15 200.00元;计划成本降低率为17.20%,实际成本降低率为12.67%,成本降低额和降低率计划均未完成。M—2号缝纫机的计划成本降低额和降低率分别为4 600.00元和10.53%,实际成本降低额和降低率分别为7 000.00元和14.74%,成本降低额和降低率计划均已完成。

据以计算实际脱离计划差异如下:

降低额:22 200.00－27 820.00＝－5 620.00(元)

降低率:13.25%－15.57%＝－2.32%

通过对比,说明该企业的成本降低计划未能完成。但这种实际脱离计划的差异只是成本降低计划执行的结果,并不能说明是什么原因造成成本计划执行背离了计划。为此,有必要对成本降低计划执行情况做进一步的分析。

**2.可比产品成本降低计划完成情况因素分析**

影响可比产品成本降低计划完成情况的因素概括起来有以下三个方面:可比产品产量变动、可比产品品种结构变动和可比产品单位成本变动。

(1)可比产品产量变动

可比产品总成本的降低任务是根据各种可比产品的计划产量计算的,而可比产品的实际成本是按实际产量计算的,在其他因素不变的情况下,可比产品产量的增减变动,就会引起可比产品总成本的增减变动,从而影响成本降低额。产品产量变动对可比产品总成本降低额的影响可采用差额分析法进行分析。其计算公式为

$$\text{产品产量变动对成本降低额的影响} = \left[\sum\left(\text{实际产量}\times\text{上年单位成本}\right) - \sum\left(\text{计划产量}\times\text{上年单位成本}\right)\right] \times \text{计划降低率}$$

根据表 7-23 和表 7-24 计算如下：

产品产量变动对成本降低额的影响＝(167 500.00－178 700.00)×15.57%
$$=-1\ 743.84(元)$$

产品产量变动使实际成本降低额比计划多－1 743.84 元，因此，产品产量变动不影响成本降低率。

(2)可比产品品种结构变动

产品品种结构对成本降低额、降低率均有影响，这是因为各种产品的成本降低率不尽相同。若成本降低率高的产品比重升高，则可比产品的平均降低率升高，反之则降低。可比产品成本降低率变动后，降低额也随之受影响。其计算公式为

$$\text{产品品种结构变动对成本降低额的影响}=\sum\begin{bmatrix}\text{按上年实际单}\\\text{位成本计算的}\\\text{实际总成本}\end{bmatrix}\times\begin{pmatrix}\text{某产品}\\\text{实际产}\\\text{品结构}\end{pmatrix}-\begin{pmatrix}\text{该产品}\\\text{计划产}\\\text{品结构}\end{pmatrix}\times\begin{pmatrix}\text{该产品的}\\\text{计划成本}\\\text{降低率}\end{pmatrix}$$

$$\text{某产品的产品结构}=\frac{\text{该产品产量}\times\text{该产品上年实际单位成本}}{\sum(\text{某产品产量}\times\text{某产品上年实际单位成本})}\times100\%$$

$$\text{产品品种结构变动对成本降低率的影响}=\frac{\text{产品品种结构变动对成本降低额的影响}}{\sum(\text{某产品实际产量}\times\text{某产品上年实际单位成本})}\times100\%$$

根据表 7-23 和表 7-24 计算可比产品品种结构变动对成本降低计划的影响如下：

①M－1 号缝纫机、M－2 号缝纫机可比产品的计划产品品种结构分别为：

$$\text{M－1 号缝纫机比重}=\frac{135\ 000.00}{178\ 700.00}\times100\%=75.55\%$$

$$\text{M－2 号缝纫机比重}=\frac{43\ 700.00}{178\ 700.00}\times100\%=24.45\%$$

②M－1 号缝纫机、M－2 号缝纫机的实际产品品种结构分别为：

$$\text{M－1 号缝纫机比重}=\frac{120\ 000.00}{167\ 500.00}\times100\%=71.64\%$$

$$\text{M－2 号缝纫机比重}=\frac{47\ 500.00}{167\ 500..00}\times100\%=28.36\%$$

③结构变动对成本降低额的影响为：

甲产品结构变动的影响＝167 500.00×(71.64%－75.55%)×17.20%
$$=-1\ 126.47(元)$$

乙产品结构变动的影响＝167 500.00×(28.36%－24.45%)×10.53%
$$=689.64(元)$$

结构变动对成本降低额的影响＝－1 126.47＋689.64
$$=-436.83(元)$$

④结构变动对成本降低率的影响

$$\text{产品品种结构变动对成本降低率影响}=\frac{-436.83}{167\ 500.00}\times100\%$$
$$=-0.26\%$$

(3)可比产品单位成本变动

可比产品成本降低任务完成情况,是以上年实际单位成本为基础进行分析计算的。因此,某种产品本年实际单位成本与计划单位成本之间发生变动后,必然会引起实际成本降低额与降低率和计划成本降低额与降低率之间发生变动。可比产品单位成本变动既影响成本降低额又影响成本降低率。其计算公式为

$$\text{单位成本变动对成本降低额影响} = \sum(\text{产品实际产量} \times \text{该产品计划单位成本}) - \sum(\text{产品实际产量} \times \text{该产品实际单位成本})$$

$$\text{单位成本变动对成本降低率影响} = \frac{\text{单位成本变动对成本降低额的影响}}{\sum(\text{某产品实际产量} \times \text{某产品上年实际单位成本})} \times 100\%$$

根据表 7-23 和表 7-24 计算可比产品单位成本变动对成本降低计划的影响如下:

单位成本的变动对成本降低额的影响 = 141 860.00 - 145 300.00
= -3 440.00(元)

单位成本的变动对成本降低率的影响 = $\frac{-3\,440.00}{167\,500.00} \times 100\%$
= -2.05%

通过计算可以看出,单位产品成本变动对成本降低额的影响值为 -3 440.00 元,对成本降低率的影响为 -2.05%。

将各因素对成本降低计划的影响结果进行汇总,见表 7-25。

表 7-25　　　　　　　各因素对成本降低额和降低率的影响

2018 年 12 月　　　　　　　　　　　　　　　　　　　　单位:元

| 影响因素 | 影响程度 | |
|---|---|---|
| | 降低额 | 降低率(%) |
| 产品产量变动 | -1 743.84 | 0 |
| 产品品种结构变动 | -436.83 | -0.26 |
| 产品单位成本变动 | -3 440.00 | -2.05 |
| 合　计 | -5 620.67 | -2.31 |

通过以上分析可以对公司 2018 年度可比产品成本降低任务完成情况做出评价:

该公司的可比产品成本降低任务未能完成,计划成本降低额为 27 820.00 元,实际成本降低额仅为 22 200.00 元,未完成成本降低额 5 260.00 元;成本降低率为 13.25%,脱离计划 2.31%。就不同产品而言,M-2 号缝纫机的成本降低任务完成良好,而 M-1 号缝纫机成本降低计划未能完成。从具体影响因素分析,产量变动使产品成本超支 1 743.84 元,产品品种结构变动使产品成本超支了 436.83 元,单位成本变动使产品成本超支了 3 440.00 元,企业应进一步查明原因。

## 二、分析主要产品单位成本表

主要产品单位成本分析的内容包括主要产品单位成本计划完成情况的分析和影响主要

产品单位成本变动的主要因素分析。

### (一)主要产品单位成本计划完成情况的分析

对主要产品单位成本计划完成情况的分析,要依据产品单位成本各项目的实际数与计划数,确定其差异额和差额率以及各成本项目变动对单位成本计划的影响程度。

**能力训练 7-11**

根据表7-10和表7-11所列资料,对主要产品M—1号缝纫机和M—3号缝纫机的单位成本进行分析,分析表见表7-26和表7-27。

表7-26　　　　　M—1号缝纫机单位成本分析表

2018年12月　　　　　　　　　　　　　　　　　　　单位:元

| 成本项目 | 本年计划 | 本年实际 | 升降情况 | | 项目升降对单位成本的影响(%) |
|---|---|---|---|---|---|
| | | | 升降额 | 升降率(%) | |
| 直接材料 | 118.00 | 127.73 | 9.73 | 8.25 | 3.92 |
| 直接人工 | 96.00 | 100.25 | 4.25 | 4.43 | 1.71 |
| 制造费用 | 34.40 | 34.02 | −0.38 | −1.10 | −0.15 |
| 产品生产成本 | 248.40 | 262.00 | 13.6 | 5.48 | 5.48 |

从表7-26中可以看出,M—1号缝纫机单位成本实际比计划的增加额为13.60元,增长率为5.48%。直接材料和直接人工超支,制造费用比计划有所降低。对于直接材料和直接人工的超支需要进一步查明原因。

表7-27　　　　　M—3号缝纫机单位成本分析表

2018年12月　　　　　　　　　　　　　　　　　　　单位:元

| 成本项目 | 本年计划 | 本年实际 | 升降情况 | | 项目升降对单位成本的影响(%) |
|---|---|---|---|---|---|
| | | | 升降额 | 升降率(%) | |
| 直接材料 | 138.00 | 129.94 | −8.06 | −5.84 | −2.54 |
| 直接人工 | 123.00 | 116.70 | −6.30 | −5.12 | −1.99 |
| 制造费用 | 56.00 | 53.36 | −2.64 | −4.71 | −0.83 |
| 产品生产成本 | 317.00 | 300.00 | −17.00 | −5.36 | −5.36 |

从表7-27中可以看出,M—3号缝纫机单位成本实际比计划的降低额为17.00元,降低率为5.36%。直接材料、直接人工和制造费用比计划都有降低。

### (二)影响主要产品单位成本变动的主要因素分析

**1. 直接材料费用的分析**

直接材料是直接用于产品生产的原材料,生产一种产品往往要消耗多种原材料。直接材料费用的分析应根据耗用的各种原材料进行分析,结合单位产品各种材料的消耗量(简称单耗)和材料单价两个因素进行分析。其计算公式为

$$单位产品直接材料费用 = \sum(直接材料消耗量 \times 材料单价)$$

$$\begin{array}{l}单位产品直接材\\料费用的差异额\end{array} = \begin{array}{l}单位产品直接\\材料实际费用\end{array} - \begin{array}{l}单位产品直接\\材料计划费用\end{array}$$

$$\begin{array}{l}单位产品直接材料\\消耗量变动的影响\end{array} = \sum[(实际材料单耗 - 计划材料单耗) \times 材料计划单价]$$

$$\begin{array}{l}单位产品直接材料\\单价变动的影响\end{array} = \sum[(实际材料单价 - 计划材料单价) \times 实际材料单耗]$$

(1)影响单位产品原材料消耗量变动的因素

影响单位产品原材料消耗量变动的因素很多,归纳起来,主要有以下几点:

①原材料加工方法的改变

改进工艺和加工方法,减少毛坯的切削余量和工艺耗损或采取合理的套裁下料措施,就能提高原材料利用率,节约原材料消耗,降低产品成本。

②原材料代用或配料比例的变化

在保证产品质量的前提下,采用廉价的代用材料,选用经济合理的材料配方,就会节约原材料消耗,或降低原材料费用。

③原材料质量的变化

实际使用的原材料可能较计划规定的质量高,因而节约了材料消耗,或提高了产品质量;如果原材料质量不符合生产要求,不仅会增大材料消耗量,而且会增加生产操作时间,或降低产品质量。

④产品或产品零部件结构的变化

在保证产品质量的前提下,不断改进产品设计,使产品结构合理,体积缩小,重量减轻,就能减少原材料消耗,降低原材料费用。

⑤原材料综合利用

有些工业企业在利用原材料生产主产品的同时,还生产多种副产品,这样就可以用同等的原材料生产出更多数量和品种的产品,降低单位产品和原材料的消耗。同样多的原材料费用被分配到更多品种和数量的产品,必然会使产品成本中的原材料费用相应地降低。

(2)影响原材料单价变动的因素

①采购费用的变动

采购地点、运输工具、交货方式等,都会影响采购费用的变动。

②采购部门的管理水平

由于采购人员不了解市场行情,缺乏经济观念或其他原因,购入了价格贵的原材料。

③原材料买价的变动

在市场经济条件下,由于供求关系的影响,在不同时间、不同地点采购,不同或相同质量的原材料都可能出现不同的单价。

④原材料采购批量的大小

原材料采购批量的大小也会影响到单价变动。

**2.直接人工费用的分析**

单位产品直接人工费用的变动,主要受劳动生产率和工资水平两个因素的影响。其计

算公式为

$$单位产品直接人工费用 = \sum(单位产品生产工时 \times 小时工资率)$$

$$\begin{matrix}单位产品直接人工\\费用的差异额\end{matrix} = \begin{matrix}单位产品直接\\人工实际费用\end{matrix} - \begin{matrix}单位产品直接\\人工计划费用\end{matrix}$$

$$\begin{matrix}单位产品工时\\变动的影响\end{matrix} = \sum\left[\left(\begin{matrix}单位产品\\实际工时\end{matrix} - \begin{matrix}单位产品\\计划工时\end{matrix}\right) \times 计划小时工资率\right]$$

$$\begin{matrix}小时工资率\\变动的影响\end{matrix} = \sum\left[(实际材料单价 - 计划材料单价) \times 实际材料单耗\right]$$

其中单位产品消耗工时数的多少体现劳动生产率(人工效率)的高低。劳动生产率越高,单位产品消耗的工时越少,工资费用就会越低;反之,就会超支。影响劳动生产率变动的因素主要有生产技术工艺、劳动组织、生产工人的熟练程度、材料质量等。小时工资率体现平均工资水平的高低,它取决于生产工人工资总额和生产工时数。生产工人工资水平提高,就会使直接人工增加。

**3. 制造费用的分析**

单位产品制造费用的变动主要受单位产品工时消耗量和每小时制造费用分配率的影响。其计算公式为

$$单位产品制造费用 = \sum(单位产品生产工时 \times 小时制造费用率)$$

$$\begin{matrix}单位产品制造\\费用的差异额\end{matrix} = \begin{matrix}单位产品实际\\制造费用\end{matrix} - \begin{matrix}单位产品计划\\制造费用\end{matrix}$$

$$\begin{matrix}单位产品工时\\变动的影响\end{matrix} = \sum\left[\left(\begin{matrix}单位产品\\实际工时\end{matrix} - \begin{matrix}单位产品\\计划工时\end{matrix}\right) \times 计划小时制造费用率\right]$$

$$\begin{matrix}小时制造费用率\\变动的影响\end{matrix} = \sum\left[\left(\begin{matrix}实际小时\\制造费用率\end{matrix} - \begin{matrix}计划小时\\制造费用率\end{matrix}\right) \times \begin{matrix}单位产品\\实际工时\end{matrix}\right]$$

## 三、分析制造费用明细表

制造费用明细表的分析主要采用对比分析法。这是通过实际数与基数的对比来揭示实际数与基数之间的差异,借以了解经济活动的成绩和问题的一种分析方法。

在采用对比分析法进行分析时,通常先将本月实际数与上年同期实际数进行对比,揭示本月实际与上年同期实际之间的增减变化。在表中列有本月计划数的情况下,应先与计划数进行对比,以便分析和考核制造费用月度计划的执行结果。在将本年累计实际数与本年计划数进行对比时,数据不是来自12月份的制造费用明细表,这两者的差异只反映年度内某一期间计划执行的情况,据以发出信号,提醒人们应该注意的问题。例如利用4月份的制造费用明细表数据进行对比,发现企业本年度制造费用累计实际数已经接近、达到甚至超过本年计划的半数时,就应注意节约以后各月的费用,以免全年的实际数超过计划数。如果数据来自12月份的制造费用明细表,则本年累计实际数和本年计划数的差异,就是全年费用计划执行的结果。为了具体分析制造费用增减变动和计划执行好坏的情况及原因,上述对比分析应该按照费用项目进行。由于制造费用的项目很多,可以选择变化较大、差异较大或者费用比重较大的项目有重点地进行分析。

各项制造费用的性质和用途不同,评价各项费用超支或节约时应该联系费用的性质和用途进行具体分析,不能简单地将一切超支都看成不合理和不利的,也不能简单地将一切节约都看成合理和有利的。例如,修理费和劳动保护费的节约,可以导致缺少必要的劳动保护措施,影响安全生产,只有在保证机器设备的维修质量和正常运转,保证安全生产的条件下节约修理费和劳动保护费才是合理的、有利的。又如,机物料消耗的超支也可能是由于追加了生产计划,增加了机物料的消耗。这样的超支也是合理的,不是成本管理的责任。

此外,在分项目进行制造费用分析时,还应特别注意"在产品盘亏和毁损"以及"停工损失"等非生产性的损失项目的分析,这些项目的发生额通常都是生产管理不善的结果。在分析"在产品盘亏和毁损"项目时,还应注意其中有无盘盈的抵消数。因为在产品盘盈的价值会冲减、掩盖一部分盘亏和毁损的损失。在产品盘盈也是由于生产经营管理不善或核算上的差错造成的,不是生产车间的工作结果。

## 项目小结

本项目主要内容是编制和分析成本报表,包括编制产品生产成本表、编制主要产品单位成本表、编制各种费用明细表以及分析产品生产成本表、分析主要产品单位成本表、分析制造费用明细表。

编制和分析成本报表
- 编制成本报表
  - 编制产品生产成本表
  - 编制主要产品单位成本表
  - 编制各种费用明细表
- 分析成本报表
  - 分析产品生产成本表
  - 分析主要产品单位成本表
  - 分析制造费用明细表

## 问题思考

1. 成本报表有哪几种分类?其具体内容是什么?
2. 产品生产成本表各项目如何填列?
3. 主要产品单位成本表各项目如何填列?
4. 什么是可比产品?什么是不可比产品?

## 职业能力·职业资格测试

### 一、单项选择题

1. 按照相关规定,成本报表是(  )。
   A. 对外报表
   B. 对内报表
   C. 既是对内报表,又是对外报表
   D. 对内还是对外,由企业自行决定

2. 成本报表是服务于( )的报表。
   A. 企业债权人　　　　　　　　　B. 企业管理者
   C. 有关管理当局　　　　　　　　D. 各有关投资人

3. 下列报表不属于成本报表的是( )。
   A. 产品生产成本表　　　　　　　B. 制造费用明细表
   C. 利润表　　　　　　　　　　　D. 管理费用明细表

4. 企业成本报表的种类、格式、项目和内容( )。
   A. 由国家统一规定　　　　　　　B. 由企业自行确定
   C. 由企业主管部门统一规定　　　D. 由企业主管部门与企业共同制定

5. 可比产品成本降低额＝( )－可比产品本年累计实际总成本。
   A. 全部产品按上年实际平均单位成本计算的本年累计总成本
   B. 可比产品按上年实际平均单位成本计算的本年累计总成本
   C. 全部产品按本年计划平均单位成本计算的本年累计总成本
   D. 可比产品按本年计划平均单位成本计算的本年累计总成本

6. 按照产品品种反映的产品生产成本表应该按( )。
   A. 可比产品和不可比产品分别编制
   B. 可比产品和不可比产品合并在一起编制
   C. 历史先进水平设置栏目编制
   D. 成本项目和产品品种混合编制

7. 按照产品品种反映的产品生产成本表中,所反映上年成本资料的产品是( )。
   A. 库存商品　　　　　　　　　　B. 已销售商品
   C. 可比产品　　　　　　　　　　D. 不可比产品

8. 通过实际数与基期数的对比从数量上揭示实际数与基期数之间差异的成本报表分析方法是( )。
   A. 对比分析法　　　　　　　　　B. 差额分析法
   C. 连环替代分析法　　　　　　　D. 比率分析法

9. 直接利用各因素的分析期实际数和基期数之间差额计算确定各因素变动对综合指标影响程度的成本报表分析方法是( )。
   A. 对比分析法　　　　　　　　　B. 比率分析法
   C. 连环替代分析法　　　　　　　D. 差额分析法

10. 通过计算两个性质不同而又相关的指标进行对比分析的成本报表分析方法是( )。
    A. 结构比率分析法　　　　　　　B. 相关指标比率分析法
    C. 差额分析法　　　　　　　　　D. 趋势比率分析法

11. 将几个不同时期同类指标的数字进行对比求出比率,分析其增减速度和发展趋势的成本报表分析方法是( )。
    A. 连环替代分析法　　　　　　　B. 趋势比率分析法
    C. 结构比率分析法　　　　　　　D. 相关指标比率分析法

12.通过计算某项指标的各个组成部分占总体的比重进行数量分析的成本报表分析方法是（　　）。
   A.对比分析法　　　　　　　　B.结构比率分析法
   C.相关指标比率分析法　　　　D.趋势比率分析法
13.可以反映成本计划执行情况的报表有（　　）。
   A.产品生产成本表　　　　　　B.制造费用明细表
   C.财务费用明细表　　　　　　D.管理费用明细表
14.产品产量、产品品种结构、产品单位成本是影响（　　）变动的主要因素。
   A.产品销售费用　　　　　　　B.产品销售总成本
   C.可比产品生产成本　　　　　D.主要产品单位成本
15.影响主要产品单位成本变动的直接材料费用从（　　）因素进行分析。
   A.产品利润和产品产量　　　　B.产品产量和产品价格
   C.产品结构和产品销量　　　　D.单位产品原材料消耗量和原材料单价

## 二、多项选择题

1.企业成本报表一般包括（　　）。
   A.产品生产成本表　　　　　　B.主要产品单位成本表
   C.制造费用明细表　　　　　　D.各种期间费用明细表
2.成本报表的编制要求有（　　）。
   A.数字准确　　　　　　　　　B.项目重要
   C.内容完整　　　　　　　　　D.报送及时
3.企业编制成本报表的主要依据有（　　）。
   A.报告期的成本账簿资料　　　B.以前年度的会计报表资料
   C.本期成本计划及费用预算资料　D.计划统计资料、业务计算资料
4.产品生产成本表一般分为（　　）两种。
   A.按成本项目反映　　　　　　B.按要素费用反映
   C.按产品品种反映　　　　　　D.按产品类别反映
5.产品生产成本表（按成本项目）可以用来反映产品（　　）。
   A.上年实际成本　　　　　　　B.本年计划成本
   C.本月实际成本　　　　　　　D.本年累计实际成本
6.主要产品单位成本表反映的单位成本，包括（　　）。
   A.历史先进水平　　　　　　　B.本年累计实际平均
   C.上年实际平均　　　　　　　D.本年计划和本月实际
7.产品生产成本表（按产品品种反映）中，对于不可比产品应填列（　　）项目。
   A.按上年实际平均单位成本计算的本年累计总成本
   B.本月实际单位成本
   C.本年累计实际平均单位成本
   D.本年累计实际产量
8.制造费用明细表设有（　　）等多个栏目。
   A.本年计划　　　　　　　　　B.上年实际
   C.本月实际　　　　　　　　　D.本年累计实际

9. 期间费用明细表包括( )等。
A. 销售费用明细表 B. 管理费用明细表
C. 财务费用明细表 D. 采购费用明细表

10. 管理费用明细表设有( )等多个栏目。
A. 本年计划 B. 上年实际
C. 本月实际 D. 本年累计实际

11. 成本报表分析的方法,包括( )。
A. 对比分析法 B. 比率分析法
C. 连环替代分析法 D. 差额分析法

12. 成本报表分析的比率分析法主要有( )。
A. 对比分析法 B. 结构比率分析法
C. 相关指标比率分析法 D. 趋势比率分析法

13. 连环替代分析法的程序主要包括( )。
A. 顺序逐次替代因素 B. 分解指标因素并确定因素的排列
C. 确定影响结果 D. 汇总影响结果

14. 连环替代分析法也有一定的局限性,在运用时应注意( )特点。
A. 连环替代的相关性 B. 连环替代的顺序性
C. 替代因素的连环性 D. 计算结果的假设性

15. 既影响可比产品成本降低额变动,又影响成本降低率变动的因素有( )。
A. 产品产量变动 B. 产品价格变动
C. 产品品种结构变动 D. 产品单位成本变动

16. 对可比产品成本降低计划完成情况的分析主要从( )因素进行分析。
A. 产品产量 B. 产品价格
C. 产品品种结构 D. 产品单位成本

17. 影响主要产品单位成本变动的主要因素有( )。
A. 直接材料费用 B. 直接人工费用
C. 制造费用 D. 销售费用

18. 进行单位产品( )变动分析时,可以从单位产品工时和每小时费用分配率两个因素进行。
A. 直接材料费用 B. 直接人工费用
C. 管理费用 D. 制造费用

19. 影响单位产品原材料消耗量变动的因素主要有( )。
A. 原材料加工方法的改变 B. 原材料代用或配料比例的变化
C. 原材料质量的变化 D. 产品或产品零部件结构的变化

20. 影响原材料单价变动的因素主要有( )。
A. 采购费用的变动 B. 采购部门的管理水平
C. 原材料买价的变动 D. 原材料采购批量的大小

### 三、判断题

1. 成本报表是服务于企业内部经营管理的报表,对外报送。（    ）
2. 成本报表必须按照统一制定的格式和项目进行编制,不允许企业随意变动。（    ）
3. 成本报表提供的成本资料可以为企业制订成本计划提供依据。（    ）
4. 产品生产成本表是反映企业在一定时期内生产产品而发生的全部生产费用的报表。（    ）
5. 产品生产成本表一般分为两种:一种按照成本项目反映;另一种按照产品的类别反映。（    ）
6. 按成本项目反映的产品生产成本表的"上年实际数"根据上年12月份本表的本年累计实际数填列。（    ）
7. 主要产品单位成本表是反映企业一定时期内可比产品单位生产成本、成本变动及其构成情况的成本报表。（    ）
8. 可比产品成本降低额是指可比产品本年实际总成本比上年实际总成本降低的数额。（    ）
9. 可比产品指企业从来没生产过的产品。（    ）
10. 期间费用明细表包括销售费用明细表、管理费用明细表和财务费用明细表。（    ）
11. 制造费用明细表是反映企业一定时期内发生的各项制造费用及其构成情况的成本报表。（    ）
12. 管理费用明细表是反映企业在一年内为管理和组织生产所发生的各项管理费用及其构成情况的成本报表。（    ）
13. 产品生产成本表的分析主要包括全部产品成本计划完成情况分析和可比产品成本降低任务完成情况分析。（    ）
14. 影响可比产品成本降低额指标变动的因素有产品产量、产品品种构成、产品单位成本和产品销量。（    ）
15. 影响可比产品成本降低率指标变动的因素有产品品种构成和产品单位成本。（    ）

### 四、能力训练题

（一）编制和分析产品生产成本表

××企业生产甲、乙、丙三种产品,其中甲、乙产品为可比产品,丙产品为不可比产品。该企业2018年12月有关产品生产情况资料见表7-28。

表 7-28　　　　　　　　　　　产品生产情况表

2018 年 12 月　　　　　　　　　　　　　　　　　　　　　单位:元

| 项目 | 可比产品(甲) | 可比产品(乙) | 不可比产品(丙) |
|---|---|---|---|
| 单位生产成本(元) | | | |
| 上年实际平均 | 600.00 | 420.00 | |
| 本年计划 | 580.00 | 400.00 | 270.00 |
| 本月实际 | 555.00 | 414.00 | 276.00 |
| 本年累计实际平均 | 573.00 | 417.00 | 273.00 |
| 生产量(件) | | | |
| 本月实际 | 90 | 105 | 60 |
| 本年累计实际 | 765 | 960 | 630 |
| 本年计划 | 720 | 890 | 650 |

(1)根据上述资料编制产品生产成本表,见表 7-29。

表 7-29　　　　　　　　　　产品生产成本表(按产品品种反映)

2018 年 12 月

编制单位:××企业　　　　　　　　　　　　　　　　　　　　单位:元

| 产品名称 | 计量单位 | 实际产量 | | 单位成本 | | | | 本月总成本 | | | 本年累计总成本 | | |
|---|---|---|---|---|---|---|---|---|---|---|---|---|---|
| | | 本月 | 本年累计 | 上年实际平均 | 本年计划 | 本月实际 | 本年累计实际平均 | 按上年实际平均单位成本计算 | 按本年计划单位成本计算 | 本月实际 | 按上年实际平均单位成本计算 | 按本年计划单位成本计算 | 本年实际 |
| 甲产品 | 件 | | | | | | | | | | | | |
| 乙产品 | 件 | | | | | | | | | | | | |
| 可比产品合计 | | | | | | | | | | | | | |
| 丙产品 | 件 | | | | | | | | | | | | |
| 不可比产品合计 | | | | | | | | | | | | | |
| 全部产品合计 | | | | | | | | | | | | | |

(2)编制可比产品计划成本分析表,见表 7-30。

表 7-30　　　　　　　　　　可比产品计划成本分析表

2018 年 12 月　　　　　　　　　　　　　　　　　　　　　单位:元

| 产品名称 | 计量单位 | 本年计划产量 | 单位成本 | | 总成本 | | 成本降低指标 | |
|---|---|---|---|---|---|---|---|---|
| | | | 上年实际 | 本年计划 | 按上年实际单位成本计算 | 按本年计划单位成本计算 | 降低额 | 降低率(%) |
| 甲产品 | | | | | | | | |
| 乙产品 | | | | | | | | |
| 可比产品合计 | | | | | | | | |

(3)编制可比产品实际成本分析表,见表 7-31。

表 7-31　　　　　　　　　　可比产品实际成本分析表

2018 年 12 月　　　　　　　　　　　　　　　　　　　　　单位:元

| 产品名称 | 计量单位 | 本年实际产量 | 单位成本 | | 总成本 | | 成本降低指标 | |
|---|---|---|---|---|---|---|---|---|
| | | | 上年实际 | 本年实际 | 按上年实际单位成本计算 | 按本年实际单位成本计算 | 降低额 | 降低率(%) |
| 甲产品 | | | | | | | | |
| 乙产品 | | | | | | | | |
| 可比产品合计 | | | | | | | | |

(4)对可比产品计划完成情况做简要分析。

(二)编制和分析主要产品单位成本表

××企业甲产品2018年12月有关资料见表7-32和表7-33。

表7-32 甲产品成本资料

2018年12月 单位:元

| 单位生产成本 | 直接材料 | 直接人工 | 制造费用 | 合　计 |
|---|---|---|---|---|
| 历史先进水平 | 279.00 | 135.00 | 114.00 | 528.00 |
| 上年实际平均 | 315.00 | 156.00 | 129.00 | 600.00 |
| 本年计划 | 300.00 | 150.00 | 130.00 | 580.00 |
| 本月实际 | 285.00 | 147.00 | 123.00 | 555.00 |
| 本年累计实际平均 | 294.00 | 153.00 | 126.00 | 573.00 |

表7-33 甲产品其他资料

2018年12月

| 项　目 | 单位 | 上年实际 | 本年实际 |
|---|---|---|---|
| 单位产品售价 | 元 | 900.00 | 930.00 |
| 产品计划销售量 | 件 | 765 | 770 |
| 产品实际销售量 | 件 | 750 | 780 |

(1)根据以上资料编制甲产品的主要产品单位成本表,见表7-34。

表7-34 主要产品单位成本表

2018年12月

编制单位: 本月实际产量:(略)
产品名称: 本年累计计划产量:
产品规格:(略) 本年累计实际产量:
计量单位: 单位售价:

| 成本项目 | 历史先进水平 | 上年实际平均 | 本年计划 | 本月实际 | 本年累计实际平均 |
|---|---|---|---|---|---|
| 直接材料 | | | | | |
| 直接人工 | | | | | |
| 制造费用 | | | | | |
| 产品生产成本 | | | | | |

(2)对主要产品单位成本表做简要分析。

案例阅读

**1.格兰仕的成本控制**

规模和效益有时候并不同步,尤其是与规模相伴而行的固定资产投资往往成为很多工业企业难以摆脱的悬顶之剑,一旦销售出现问题,这柄利剑就毫不迟疑地向企业砍去。广东格兰仕充分利用中国人力、土地廉价的优势,采取给别人代工的方式换取生产线,然后采取

内部挖潜、压榨生产线的剩余生产能力为自己生产产品。这种使用权的虚拟扩张方式迅速形成了竞争力的成本动因,创造了微波炉制造、光波炉制造第一的世界奇迹。

### 降价成长的优美曲线

当创始人梁庆德将企业改名为格兰仕的时候,他就已经立志要创出一个闪耀全球的品牌。1993年格兰仕第一批1万台微波炉正式下线,虽然销售步履艰难,但是梁庆德的目光已经聚焦在100万台的数量级。到了1996年,格兰仕微波炉产量增至60万台,随即在全国掀起了大规模的降价风暴,当年降价40%。降价的结果是格兰仕产量增至近200万台,市场占有率已经达到47.1%。此后,格兰仕高举降价大旗,前后进行了9次大规模降价,每次降价,最低降幅为25%,一般都在30%~40%,被业界比喻为"价格杀手"。

规模扩大带动的是成本下降,微波炉降价又直接扩大了市场容量,企业资金回流也相应增加,企业规模再次扩大,成本再次下降……这个简单的循环引起了中国微波炉一波又一波的价格战。至今,其微波炉的国内市场占有率高达70%,国际市场占有率高达35%,演绎了一条优美的成长曲线。

### 价格屠夫的真正底牌

格兰仕能够打"价格战"的基础就是从大规模中获取规模效益,但是从另一方面来看,与规模扩大相伴生的就是固定投资的增多。一个企业最大的投资之一就是设备投资,制造企业的设备投资更是庞大。这不仅仅会影响企业现金流,同时固定资产的折旧也会导致价格竞争力的下滑。

与收购国外企业或者生产线相反,格兰仕走了一条虚拟联合规模扩张的路子,其没有动用自有资金投资固定资产,而是将别人的生产线一个个地搬到了国内,而且建这些工厂用的还是别人的钱。规模的扩大不仅仅没有让格兰仕背上沉重的成本包袱,反而成为克敌制胜的不二法门,格兰仕通过固定资产的虚拟式扩张完美地为价格战做了一个经典注解。

本来格兰仕没有微波炉的变压器生产线,但格兰仕有质优价廉的生产能力。在认清了自己的优势以及目标后,梁庆德运用成本优势的支点,"虚拟"出了自己的生产线。以微波炉的变压器为例,格兰仕开始时分别向日本和欧洲进口,从日本的进口价为23美元/个,从欧洲的进口价为30美元/个。梁庆德对欧洲的企业说,"你把生产线搬过来,我们帮你干,然后按8美元/个给你供货。"日本的企业在成本的挤压下倍感煎熬,这时,梁庆德对日本企业说,"你把生产线搬过来,我们帮你干,干完后按5美元/个给你供货。"于是,一条条先进的生产线都逐渐搬过来了,规模大了,专业化、集约化程度高了,成本也大幅度降下来,格兰仕现在生产变压器的实际成本只要4美元/个。

与此同时,格兰仕每天实行三班倒24小时工作制,这使得格兰仕的一条生产线创造出相当于欧美企业的6~7条生产线的产能。"我们拼进去的是工与费,换回来的是一周六天的生产效益",不分昼夜的格兰仕将对手远远抛在后面。扣除为别人代工生产的时间,格兰仕还可以保证满足自己的产量要求。加之双方的工资水平、土地使用成本、水电费、劳动生产率等相差较大,再加上大大节约了固定资产投资,格兰仕获得了其他企业不可比拟的总成本优势。

紧接着,格兰仕趁热打铁,进一步整合国际资源,从元器件再到整机,又开始直接为跨国公司做代工。目前,格兰仕已经同200多家跨国公司建立了合作关系,许多跨国公司将附加值微薄的微波炉等产业战略转移到格兰仕,通过优势互补实现了生产力水平的进一步提升。

目前,格兰仕制造的变压器等配套元器件一年的产能已突破2 000万个,其中一半左右的产量要返销到发达国家,在磁控管、定时器、微动开关、集成电路、微型电机等元器件、零部件的生产制造方面同样达到了国际一流水准。

**虚拟扩张的整合思维**

格兰仕这种虚拟扩张的要诀在于其特殊的资源嫁接方式,其一方面利用了中国的劳动力优势和庞大的市场规模,另一方面将国外的生产线拿过来又无形中得到了国外现成的市场,这又为规模的扩张提供了市场支持。现在在格兰仕的生产车间堆满了花花绿绿的盒子,贴着GE、晶石、翡利(英文名称Fillony)、哈利士(英文名称Harvard)各色标志的微波炉从这里运往世界各地。

这种通过合理整合全球家电产品生产力的方式,不仅大大降低了成本,而且成功地甩掉了市场风险、固定资产投资风险等风险,并购了全球多家家电企业,顺利地实现了资本、市场的同步扩张,从而使自己能够在一轮轮价格战中始终立于不败之地。

经济师梁庆德对价格战有着独到的理解,"这个看似很简单的策略背后是一个价值链条,你必须最大可能地掌控这个价值链条,才能拥有别人所没有的降价空间。"利用类似办法,格兰仕将自己的触角伸到了空调行业,先后引进了80条组装及零配件生产线。

问题:

请思考格兰仕成本控制的核心是什么?其运作的方式是什么?

**2.成本控制管理的历史坐标——邯钢经验**

邯钢在1991年始创的"模拟市场核算,实行成本否决"的管理应用模式,首次跳出了中国企业责任会计体系下的成本控制管理模式,建立了"以成本为核心的、以市场为基础的、全员参与、全程控制的综合企业管理系统",不仅在实践中大获成功,更获国务院发文向全国推广。

**背景:经营困境催生改革需求**

邯钢是1958年建成投产的一个钢铁老厂。建厂前20年,有超过一半的年份是亏损的。十一届三中全会以后,邯钢逐渐走上了良性循环的轨道,"六五"和"七五"期间,通过强化管理,利用自筹资金进行技术改造等,其铁、钢材生产能力有了较大的发展。

1990年,由于国家对宏观经济进行治理整顿,紧缩银根,压缩基建规模,造成钢材市场疲软,钢材售价一跌再跌,同时,原燃材料涨价,钢材成本猛升。由于当时的邯钢实力相对比较薄弱,难以抵御如此巨大的市场风浪,因而当年连续5个月出现亏损,全厂所产的28个钢材品种,仅有两个品种盈利,其余全部亏损。邯钢的生产经营面临巨大的困难。

当时尽管已经改革开放十多年了,但是,邯钢的财务核算体制仍带着强烈的计划经济时代的色彩。邯钢实行的是以总厂核算为中心、二级专业核算为基础的两级核算制,即由总厂制定一套以国家调拨价为基础的内部计划价格,各二级厂根据总厂制定的内部计划价格核算其成本和内部利润。月末,二级厂的成本结转到公司总部,公司财务部门进行价差调整和必要的费用调整、分配,然后计算出公司的实际成本。这个实际成本才是计算盈亏、编制报表的最终依据。

1990年前后,邯钢全部商品中,市场调节的部分已占很大比重。生产这部分产品的原燃材料是从市场上用高价买来的,产品也是随行就市卖高价,即实行"高进高出"。但内部核算却仍然以调拨价为核算系数,"低进低出"。

这种核算制度仿佛是一堵无形的"墙",割断了二级分厂和市场之间的联系。市场的风浪直接打在总厂的身上,而分厂和职工却感受不到。

要改革,首先是要推倒这堵"墙",引进市场价格机制。这就是所谓的"推墙入海"。邯钢具有历史意义的管理改革由此开始。

### 改革:模拟市场核算,实行成本否决

邯钢"模拟市场核算,实行成本否决"的经营机制改革,概括起来就是八个字,即市场、倒推、全员、否决。

市场——邯钢首先要做的就是改革价格体系,即通过模拟市场,使二级分厂和总厂一样感受到市场的压力。邯钢制定内部价格的具体做法是:按照市场变化对计划价格进行动态调整,使调整后的价格更接近市场价格,这样就把原来全部由总厂分担的市场价格和计划价格的差额传导到了各二级分厂,使二级分厂也能感受到市场的压力。

倒推——通过调整,确定了市场价格。接下来就是根据市场价格倒推目标成本。邯钢改变了过去以计划价格为基础的"正算法",采用以市场价格为依据的"倒推法"来确定目标成本,使目标成本各项指标能真实反映市场的需求变化。

全员——制定了总的目标成本,还需要把指标细化分解,落实到人。邯钢的具体做法就是把总厂下达的目标成本指标,在全厂范围进行"纵向到底,横向到边"的细化分解。"纵向到底"就是指标分解从分厂到车间工段,再到班组、岗位,最后到具体的人。"横向到边"就是指标分解要涵盖分厂各个管理部门。这样就形成了全员参与、全方位、全过程的目标成本管理体系。

否决——成本否决制度是邯钢目标成本体系的最终落脚点。邯钢实行严格的成本考核和成本否决制度,制定了"四不"规定:"不迁就、不照顾、不讲客观、不搞下不为例",将个人的奖金与目标成本直接挂钩,实行成本目标一票否决权。即使其他指标完成得再好,只要目标成本指标完不成就扣发当月奖金,连续3个月完不成就延缓单位工资升级。

问题:

请思考邯钢成本控制管理的核心思想及具体做法有什么实践价值。